विवेक की प्रतिबद्धता

विवेक की प्रतिबद्धता

डॉ. नरेंद्र दाभोलकर

प्रधान संपादक
डॉ. सुनीलकुमार लवटे

अनुवादक
डॉ. प्रकाश अभिमन्यु कांबले

अनुवाद संपादक
डॉ. चंदा सोनकर

सार्थक
राजकमल प्रकाशन का उपक्रम

मूल मराठी ग्रंथ 'विवेकाची पताका घेऊ खांद्यावरी' का हिंदी अनुवाद।

ISBN : 978-93-89598-50-6

मूल्य : ₹ 199

पहला संस्करण : 2020

सार्थक राजकमल प्रकाशन का उपक्रम

प्रकाशक
राजकमल प्रकाशन प्रा.लि.
1-बी, नेताजी सुभाष मार्ग, दरियागंज
नई दिल्ली-110 002

शाखाएँ
अशोक राजपथ, साइंस कॉलेज के सामने, पटना-800 006
पहली मंज़िल, दरबारी बिल्डिंग, महात्मा गांधी मार्ग, इलाहाबाद-211 001
36 ए, शेक्सपियर सरणी, कोलकाता-700 017
वेबसाइट : www.rajkamalprakashan.com
ई-मेल : info@rajkamalprakashan.com

मुद्रक
वैभव प्रोडक्ट्स
टोनिका सिटी (उत्तर प्रदेश)

VIVEK KI PRATIBADDHTA
by Narendra Dabholkar

दामाद यानी बेटा और बहू यानी बेटी होती है
यह जिनके कारण मैं समझ पाया और जो
मेरे सभी कार्यों में तहेदिल से शरीक होते हैं
उन अनिश और मुग्धा को सप्रेम

भूमिका

प्रस्तुत संग्रह सन् 2003 से सन् 2008 तक के काल में मेरे कई समाचार-पत्रों में प्रसंगानुरूप लिखे हुए कुछ लेखों का संकलन है। ये लेख, अंधविश्वास उन्मूलन के संदर्भ में कई जगह, कई बार जो घटनाएँ घटीं अथवा समस्याएँ आईं उनके संबंध में, उस समय लिखे गए थे। स्वाभाविक रूप से इनमें प्रासंगिकता है लेकिन पूरी किताब को देखें तो ज्ञात होगा कि यह एक सूत्र में बाँधी गई हैं। लेखन की यह शैली पूर्वनियोजित नहीं है। यह आंदोलन के विचार और अनुभव के कारण हुआ है। इसलिए स्वाभाविक रूप से ये लेख आंदोलन की चतु:सूत्री में अपने आप पिरोए गए हैं। अंधविश्वास उन्मूलन क्यों? इसकी भी एक चतु:सूत्री है।

1. शोषण करने वाले, गुमराह करने वाले अंधविश्वासों का विरोध करना।
2. वैज्ञानिक दृष्टिकोण का प्रचार करना तथा उस आधार पर घटनाओं को जाँचना।
3. धर्म की विधायक कृतिशील छानबीन करना। अर्थात धर्म संबंधी कुछ आकलन और धर्मनिरपेक्षता के अलग दृष्टिकोण विकसित करना।
4. व्यापक परिवर्तन का एहसास जाग्रत करना, उसे सजग बनाना।

इनमें से प्रथम तीन सूत्र आंदोलन से संबंधित हैं। चौथा सूत्र मात्र पहले तीन सूत्रों के एकीकरण के परिणामों की दिशा को दर्शाता है। पाठकों से यह विनती है कि इस पुस्तक के सभी लेखों को इन्हीं सूत्रों को ध्यान में रखकर देखें। इस पुस्तक के सभी लेखों की तरतीब इसी क्रम में देने का प्रयास किया गया है।

कुछ लेखों में कुछ आशय किसी न किसी स्वरूप में दोहराये हैं। वहाँ वे उतने ही महत्त्वपूर्ण हैं इसलिए उनमें बदलाव न कर उन्हें उसी रूप में रखा गया है।

मैंने यहाँ शोषण और गुमराह करने वाले अंधविश्वासों के चार गंभीर प्रकारों के संबंध में लिखा है। माहिम की खलीज का नमकीन पानी अचानक मीठा होने का कथित चमत्कार हुआ और वहाँ के लोगों ने कुछ समय एक घमंड की स्थिति का अनुभव लिया। अस्लम बाबा तो बाबागिरी के शोषण का अव्वल नमूना था। हाथों की उँगलियों से सभी प्रकार के ऑपरेशन करने का उसका दावा था। उसके

पास जाने वाले मरीजों की संख्या हजारों में थी क्योंकि वे बेचारे असहाय थे और झूठी आशा की खातिर काफी समय, पैसा, श्रम को बरबाद कर रहे थे। इस बाबा को आंदोलन के द्वारा सोलापुर से निर्वासित किया था। उसने बागलकोट (कर्नाटक) में अपना सम्राज्य बनाया। उसके पास महाराष्ट्र से हजारों मरीजों का आना होता था लेकिन कार्रवाई नहीं होती थी। इस संबंध में मैंने गृहमंत्री आर.आर.पाटील को समाचार-पत्र में खुलेआम लिखा। उस पत्र का समावेश इस संग्रह में किया है। बालू मामा की भेड़ों को अजब प्रकार का ही मानना होगा। बालू मामा की भेड़ों को लोग जैसे ईश्वर का अवतार ही मानते हैं। तीन से चार हजार भेड़ों का झुण्ड खड़ी फसल में घुसता और फसल को बर्बाद करता है लेकिन कोई किसान शिकायत के लिए आगे नहीं आता। बालू मामा की घूमती हुई कब्र के आगे भेड़ को मन्नत के रूप में देकर मरीज अपनी इच्छापूर्ति की माँग करता है। यह बड़े पैमाने पर पूरे महाराष्ट्र में हो रहा है। आंदोलन और मुकदमा करने के बावजूद उस पर कोई कार्रवाई नहीं हुई है। पैसों की बारिश कराने के लोभ से नांदोस में 11 लोगों का हत्याकांड हुआ। ये सारे उदाहरण प्रगतिशील महाराष्ट्र के सुविज्ञ व्यक्तियों को अचंभित करने वाला यथार्थ सामने लेकर आते हैं।

इस पर प्रतिवाद करने का महत्त्वपूर्ण मार्ग यह कि विकृत अंधविश्वासों के उन्मूलन हेतु कानून बनाना। ऐसे कानून को बनाने का काम महाराष्ट्र में कुछ मुश्किलों के साथ हो रहा है। यह कानून राज्य मंत्रिमंडल में एकमत से पारित किया गया है और विधानसभा में रखते समय ही मुख्यमंत्री की उपस्थिति में खुद सत्ताधीश पार्टी के विधायकों ने ही इसका विरोध किया। इस कानून का संशोधित सौम्य संस्करण बाद में महाराष्ट्र की विधानसभा में स्वीकृत हुआ है। इसके कुछ समय बाद विधानसभा में यह कानून पास होना बहुत ही आसान था लेकिन आज भी यह पास नहीं हो पाया है। इसलिए मैंने दिसंबर 2006 में 10 दिनों का अनशन भी किया है। यह समूचा सफर यही दर्शाता है कि अंधविश्वास का विरोध, संघर्ष कितना कठिन होता है। इस विषय से संबंधित तीन लेख इस संकलन में हैं। यह सब इसी कारण होता आ रहा है क्योंकि नेतृत्व करने वाले नेतागण ही बाबा, महाराज और अंधविश्वास के आगे दंडवत हो रहे होते हैं। 'मानसिक गुलामी के गढ़' इस लेख में इसकी तरतीब की गई है।

अंधविश्वास उन्मूलन आंदोलन का दूसरा सूत्र है, वैज्ञानिक दृष्टिकोण का विचार, प्रसार और उसे स्वीकार करना। इस संबंध में महाराष्ट्र की अंधविश्वास निर्मूलन समिति ने एक शैक्षिक घोषणा-पत्र तैयार करने के लिए राज्यव्यापी चर्चासत्र का आयोजन किया। इस बहाने और महाराष्ट्र में राज्यस्तरीय शालेय राज्य विज्ञान शिविर की स्मरणिका में समावेश करने के लिए लिखे हुए लेख भी इस पुस्तक में हैं। सबसे महत्त्वपूर्ण बात यह है कि वैज्ञानिक दृष्टिकोण के कारण व्यक्ति घटनाओं का

कार्यकारण भाव समझता है। गुलाम व्यक्ति स्वतंत्र होता है। व्यक्ति को गुलाम बनाने वाली तीन सबसे बड़ी अवैज्ञानिक चीजें हैं, ज्योतिषशास्त्र, वास्तुशास्त्र और जाति। वैज्ञानिक दृष्टिकोण से इस संदर्भ के कुछ इकाइयों को किस प्रकार देखें इसका विवरण इन तीन लेखों में किया गया है। भ्रामक वास्तुशास्त्र का खोखलापन स्पष्ट किया है। सर्वोच्च न्यायालय ने ज्योतिष शास्त्र के संबंध में जो निर्णय दिया है, उसकी समीक्षा की है। अंतर्जातीय विवाह का समर्थन करने वाला लेख देखकर संभव है, पाठक यह कह सकते हैं कि इस विषय का अंधविश्वास निर्मूलन समिति से क्या संबंध है? मेरे विचार से जातीय शोषण में आर्थिक, सामाजिक, राजनीतिक परिणाम होते हैं लेकिन वह अवैज्ञानिकता का एक बड़ा परिणाम भी है। एक जाति जन्मतः उच्च और दूसरी जन्मतः निम्न, यह पूरी तरह अवैज्ञानिक है। विश्व के सभी मनुष्यों का जिनोम पैटर्न 99.97 तक भिन्न है तो कैसी उच्चता-नीचता? इसी के साथ जाति उन्मूलन के लिए धर्मग्रंथों की चिकित्सा भी आवश्यक है, जिसकी नींव भी वैज्ञानिक दृष्टिकोण ही है।

धर्म की कृतिशील एवं विधायक चिकित्सा महाराष्ट्र अंधविश्वास निर्मूलन आंदोलन का प्रमुख अंग है। अभी इस विषय पर महाराष्ट्र में लगभग मौन ही दिखाई देता है। 'मांढर देवी' में काफी बड़ी दुर्घटना हुई। इसलिए पुणे विभाग के आयुक्त ने देवी माँ की शांति साजो-संगीत के साथ की। यह तो महाराष्ट्र के समाजसुधारकों के विचारों की सीधी हार थी। इस संबंध का विवरण 'यह मौन बोलता है' इस लेख में दिया गया है। पारंपरिक धार्मिक उत्सव बड़ी मात्रा में पर्यावरण की हानि करते हैं। इस संबंध में अंधविश्वास निर्मूलन समिति बड़ी पैमाने पर कृतिशील है। होली प्रथा और प्रदूषण रहित गणेश विसर्जन इन दो त्योहारों पर विसर्जन समिति ने प्रभावी रूप से काम किया है। यह धर्म में हस्तक्षेप है, यह मानकर स्वयं को धर्मरक्षक कहने वाले संगठनों ने इसका तीव्र विरोध किया। यह सारी हकीकत समय-समय पर विचार और कृतिशीलता की बुनावट के साथ जिन लेखों में उतारी गई है उनको इस पुस्तक में शामिल किया गया है। आतंकवाद, जलप्रलय, अकाल जैसी अनेक आपत्तियों से विश्व का हमेशा के लिए बचाव हो इसलिए नासिक जिले में 'कोटी चंडी यज्ञ' हुआ और वहाँ महाराष्ट्र के आधा दर्जन मंत्री मौजूद थे। 'विश्व माया है और ब्रह्म सत्य है', इस तत्त्वज्ञान का यह एक आविष्कार है। इस संदर्भ में 'महाराष्ट्र मायावाद के मार्ग पर' यह लेख है और उससे संबंधित चित्र पाठकों के समक्ष रखे गए हैं। साथ ही हवाई जहाज से धर्मदंड ले जाने की अनुमति नहीं दी गई इसलिए एक बाबा के शिष्यों ने हवाई अड्डे की तोड़-फोड़ की। मूलतः धर्मदंड तो बहाना था लेकिन प्रत्यक्ष इसके पीछे अन्वयार्थ होता है, इस संबंध में भी 'धर्मदंड के निमित्त से' इस लेख में लिखा गया है।

उपर्युक्त अंधविश्वासों का उन्मूलन करने के लिए युवक और महिला इन दो घटकों पर ध्यान केंद्रित करना है। महिलाएँ और अंधविश्वास उन्मूलन यह आंदोलन

का मार्मिक विषय है। इसलिए 'अंधविश्वास उन्मूलन: महिला घोषणा पत्र' भी तैयार किया गया है। इस संबंध में लिखे हुए कुछ लेख यहाँ दिए हैं। 'सामना' दैनिक के एक विशेष अंक में अंधविश्वास उन्मूलन आंदोलन के बारे में विस्तार से अवलोकन करने के लिए कहा गया था। उस लेख से आंदोलन की संरचना और कार्य की व्याप्ति समझ सकते हैं।

समिति की धर्म संबंधी संकल्पना विशेष है। इसका विवरण 'प्रगतिवादियों का विरोध धर्म को नहीं धर्मवाद को है' तथा 'मेरी धर्मनिरपेक्षता' इस लेख में किया गया है। यह निश्चित रूप से धर्मनिरपेक्षता के पारंपरिक प्रस्तुतीकरण के महत्त्वपूर्ण मुद्दों से भिन्न है। इस संबंध में मैं पाठकों के मतों को भी जानना चाहूँगा। इसी दृष्टिकोण से 'वारी' (महाराष्ट्र की दक्षिण काशी माने जानेवाले पंढरपुर के पांडुरंग का उत्सव) के संबंध में लिखा गया है।

अंधविश्वास उन्मूलन को वैज्ञानिक दृष्टिकोण देने का अंजाम विवेकी मन तैयार करने का काम है, यह उसी रूप में होता तो अंधविश्वास उन्मूलन का काम अलग से करने की आवश्यकता नहीं होती। वर्तमान में सबसे महत्त्वपूर्ण मुद्दा आध्यात्मिक गुरुडम का है। वह किस प्रकार का है और उसका प्रतिकार कैसे किया जाए इसका विवेचन 'विवेकवाद और आध्यात्मिक गुरुडम' इस लेख में है। उसे प्रत्यक्ष रूप देने के लिए आज जो कुछ हो रहा है उसकी विधायकता और उस कार्य का सामाजिक आधार, 'अंधविश्वास उन्मूलन आंदोलन की सफलता-असफलता' और 'विवेकवादी आंदोलन: भविष्य की चुनौतियाँ', इन लेखों में हैं। उनमें भविष्य का पूर्वाभास भी प्रस्तुत किया है।

उपर्युक्त सभी लेख इकट्ठा करें तो एक पूर्ण संरचना तैयार होती है। लेख और लेखन भिन्न समय पर किया गया हो फिर भी इनमें हो रहे कार्यों में एकसंघता है। यह कम से कम उसकी अनुभूति देने का प्रामाणिक प्रयास है।

—डॉ. नरेंद्र दाभोलकर

क्रम

नांदोस हत्याकांड : सामाजिक यथार्थ की भयसूचक घंटी 15
बालू मामा की मन्नत वाली भेड़ें 19
चमत्कार को नमस्कार या विवेक करें स्वीकार? 25
आप ठान लें तो... 28
प्रगतिशील परंपरा की हार 32
पहला कदम...आगे ही होगा 36
विलासराव जी, टोना-टोटका किसने किया? 41
विवेक की पताका लेंगे कांधों पर 44
मानसिक गुलामी के गढ़ 48
वैज्ञानिक एहसास का शैक्षिक घोषणा-पत्र 52
छात्रों में वैज्ञानिक दृष्टिकोण कैसे पोषित करें? 56
भ्रामक वास्तुशास्त्र 60
भविष्य को मात करने के लिए इच्छाशक्ति जरूरी 65
वैज्ञानिक दृष्टिकोण से अंतर्जातीय विवाह 69
कालू माँ की शांति : विस्मृत होती विरासत 73
मांढरदेवी : यह मौन प्रकट है! 76
होली की परंपरा : कालोचित कृति करें 80
कालोचित धर्मचिकित्सा लोग स्वीकारते हैं : यह एक सुचिह्न! 83
गणनायक, बुद्धि दो! 87
प्रदूषण विरहित विसर्जन : कितना पास, कितना दूर? 91
महाराष्ट्र 'मायावाद' की राह पर... 95
धर्मदंड के निमित्त 98
युवा और अंधविश्वास उन्मूलन 101
महिलाएँ और अंधविश्वास : स्वरूप, कारण और उपाय 107
लड़ाई लड़ेंगे हर दिल से, हर घर से 110

अंधविश्वास उन्मूलन का महिला घोषणा-पत्र	114
परिवार और अंधविश्वास उन्मूलन	118
अंधविश्वास उन्मूलन : एक कठिन चुनौती	121
प्रगतिवादियों का विरोध धर्म को नहीं धर्मवाद को है	127
मेरी धर्मनिरपेक्षता	129
सामाजिक समता का परिवर्तन करने वाली 'वारी'	134
विवेकवाद और आध्यात्मिक गुरुडम	138
अंधविश्वास उन्मूलन आंदोलन की सफलता-असफलता	142
परिवर्तन कैसे होगा	146
विवेकवाद के सामाजिक आधार	150
विवेकवादी आंदोलन : भविष्य की चुनौतियाँ	155

विवेक की प्रतिबद्धता

नांदोस हत्याकांड : सामाजिक यथार्थ की भयसूचक घंटी

नांदोस में 'पैसों की बारिश' के लोभ के कारण अनेक लोगों की मौत हुई, जो अंधविश्वास से भी अधिक बहुआयामी व भयावह यथार्थ को दर्शाती है। अंधविश्वास उन्मूलन का सख्त कानून बनाकर उस पर सही अमल होने के बाद भी ऐसी दुर्घटनाएँ रोकना मुश्किल काम है। इस पर अधिक गहराई से विचारमंथन होना आवश्यक है।

अतृप्त इच्छाओं की पूर्ति के लिए दौड़ना, यह मानवी स्वभाव है, लेकिन आज समाज में यह स्वैराचार बन चुका है। कष्ट, निरंतरता, कार्यबुद्धि के द्वारा स्वयं की इच्छापूर्ति की आवश्यक चीजें प्राप्त करें, यह ठीक है। लेकिन अवैध मार्ग से आवश्यक चीजें छीनकर प्राप्त करना, इसी में जीवन की सफलता मानना और इसके लिए कानून के निषेध की परवाह ना करना, यह रिवायत भौतिकवाद के हजार पैरों वाले ऑक्टोपस ने बनाई है। 'पैसों की बारिश' के लिए शिकार भोगवादी प्रवृत्ति का यह घृणास्पद रूप होने पर भी, इसी राह पर आज अनेक लोग यात्रा कर रहे हैं। ज्यादा ब्याज लेने वाली संस्थाएँ, जुआ-लाटरी, शेयर बाजार में हर्षद मेहता जैसे सटोरिए, एक गद्दा खरीदने पर एक लाख रुपये वापस देने का आश्वासन देने वालों की श्रृंखला, यह सब अतृप्त वासनापूर्ति की भागदौड़ है। यह सच है कि तेलगी भ्रष्टाचारी है; लेकिन कुछ हजारों में तनख्वाह पानेवाले महाराष्ट्र के पूर्व गृहमंत्री अपने बेटा-बेटियों के विवाह में कम से कम दो-तीन करोड़ रुपये खर्च करते हैं, तब वह रास्ता नांदोस की ओर जा रहा होता है।

एक कारण यह भी है कि इस लालायितता और वैश्वीकरण के पिछले दस साल की मार से आम व्यक्ति की अस्थिरता और लाचारी बढ़ती जा रही है। शिक्षा मिलेगी? पता नहीं। आर्थिक दृष्टि से उसे वहन कर पाएँगे? कोई कल्पना नहीं है। नौकरी मिलना-उसका टिकना, व्यवसाय सफल होना, इनमें कई संदर्भ खुद की हैसियत से बाहर हो गए हैं। बढ़ती व्यसनाधीनता, गुंडई के कारण असुरक्षा का

डर जनसामान्य में तीव्र हो जाता है। उपरोक्त दोनों स्थितियों का परिणाम एक ही है; वह है प्रबोधन की विरासत से आई दुर्बल तर्कशक्ति और मानवी विकास की सर्वाधिक महत्त्वपूर्ण होने वाली अंधी विवेकशक्ति।

इस स्थिति पर काबू पाने के जिम्मेदार होने वाले शिक्षा क्षेत्र, जनसंचार माध्यम और ओपिनियन लीडर की चुप्पी भयभीत करने वाली होती है। समाज में अंधविश्वासों के विचार खुले रूप में प्रकोप मचाते समय इनके संबंध में भी कुछ आग्रही भूमिका लेने की बजाय जिस ओर जन प्रवाह हो उसी ओर जाना चाहिए यह मानसिकता तैयार होती दिखाई देती है। पैसों की बारिश होती है, यह मानना मूर्खता तो है ही; बल्कि सारे महाराष्ट्र में धूमधाम से मनाए जा रहे मार्गशीर्ष गुरुवार के वैभवलक्ष्मी व्रत क्या उतने ही अर्थहीन और हास्यास्पद नहीं हैं? पिछले कुछ वर्षों में महाराष्ट्र में यह व्रत पूरे जोरों पर है। फल देने वाले पेड़ की डालियाँ बगैर सोचे-समझे तोड़कर हर गुरुवार को तांबे के कलश में डाली जाती हैं और पानी में फेंकी जाती हैं। इससे व्रत की पोथी में होने वाले फायदों का वर्णन होता है। इससे आर्थिक तंगदस्त होने वाले व्यक्ति तो मोहित होते ही हैं; बढ़ते वैभव का सदैव लालच रखने वाले मनुष्य को भी यह पोथी लुभाती है। इस व्रत में महालक्ष्मी के व्रत की नई पोथी प्रथा के रूप में बिना भूले बाँटनी होती है। और इसे प्राप्त करनेवाली महिला को दूसरे वर्ष उस व्रत का पालन करना होता है। दूसरी ओर समृद्धि लाने वाले भ्रामक वास्तुशास्त्र और फेंगशुई की बाढ़-सी आ गई है। सभी प्रकार के तर्क पार कर, घरों को ढहा कर उसकी संरचना में परिवर्तन होता रहता है। संत, महंत, महात्माओं के रूप में उत्पन्न कई महाराज, स्वामी, बाबा अपने भक्तों का डर दूर करने के लिए और समृद्धि पाने के लिए दैवी उपायों का सैलाब उनके गले में बाँध देते हैं। सत्संग, मेले, प्रवचन, धार्मिक कर्मकांड की बाढ़ के आगे लोगों को अपना दिमाग भी रेहन पर रख आचरण करने की नसीहत दी जाती है। लोग भी लाखों की संख्या में आते हैं। देखा जाए तो मामला काफी गंभीर है। कई महाराज के पास, उपराष्ट्रपति, भारतरत्न व्यक्ति तथा वीरकवि जाते हैं। उस समय जीवन के तार्किक आकलन को वे राजमान्यता दे रहे होते हैं। इसी राह पर चलते पैसों के बारिश की यात्रा आरंभ होती है।

इनमें से किसी पर भी शिक्षा क्षेत्र ठोस भूमिका नहीं ले पाता है। महालक्ष्मी का व्रत करना और वैभव प्राप्त होना इनमें कोई संबंध नहीं है और नारायण नागबली पूजा से भी संकट का निवारण नहीं होता, यह छात्रों के मन पर प्रतिबिंबित नहीं किया जाता। यह श्रद्धा का प्रश्न है, ऐसी दब्बू भूमिका ली जाती है। लोग जैसा आचरण करते हैं वह उचित है या अनुचित, इस पर विचार और प्रसार होने के बजाय जो है उसे और लोगों तक पहुँचाने में मीडिया सार्थकता मान रहा है। राजनीतिक और समाज के अन्य क्षेत्रों के बहुसंख्यक नेतृत्व से भी अपेक्षा करने की स्थिति नहीं

है। जिस समाज में वरिष्ठ जन अपमान झेलकर चुपचाप बैठे हों और राजनीतिज्ञ खुलेआम अंधविश्वास की राह पर स्वयं को इठलाने में सार्थकता मानते हों, उस समाज का रास्ता अंत में नांदोस की ओर ही जाता है। उस मार्ग पर चलते समय दूसरों के जीवन के संबंध में लापरवाही और असंवेदनशीलता कितनी बढ़ी है इसका एहसास, जिस शांति से ग्यारह जीवों को समाप्त किया गया, उससे होता है। लेकिन ऐसा कुछ होने के पश्चात् भी इस अमानुष कृति पर तीव्र प्रतिक्रिया नहीं मिल पाती, यह भी सन्न करने वाली बात है। कुल मिलाकर संगठित प्रयास न होने पर स्वयं की इच्छाशक्ति और विवेक बुद्धि गिरवी रखनेवाला यह समाज गंभीर संकट में फँस सकता है।

शिक्षा क्षेत्र, जनसंचार माध्यम और ओपिनियन लीडरों को कड़ी भूमिका लेने की आवश्यकता है लेकिन और कुछ बातों का ध्यान रखना होगा। संयम की शिक्षा देने वाला धर्म आज अंधे आतंकियों की मुट्ठी में कैद है। एक ओर कथित धार्मिकता की बाढ़ आई हुई है, तो दूसरी ओर सभी धर्मों के घोषित किए गए नीति तत्त्व, रेंगने वाले जानवर की तरह घसिटते हुए चल रहे हैं। यह क्यों हो रहा है, यह क्यों किया जा रहा है, इस पर भी विचार किया जाना चाहिए। यह चित्र बदलने के लिए प्रबोधन के साथ एक व्यापक समाज परिवर्तन की आवश्यकता है। खुले रूप में शोषण पर आधारित व्यवस्था ने जिस समाज की नींव डाली है, उस सामाजिक मनुष्य के मन का उत्कर्ष करना, यह चर्चाओं से संपन्न होने वाला कार्य नहीं है। शोषण समाप्त कर संपन्न एवं सृजनशील जीवन संभव होगा, ऐसी समाज व्यवस्था के निर्मिति की चुनौती भी लेनी होगी, यह ना भूलें।

स्वयं को और समाज को अंधविश्वास की आँधी से दूर रखने के लिए यह संकल्प लेना होगा कि 'मैं स्वयं पर होने वाला विश्वास नहीं खो दूँगा।' खुद की मर्यादा में मानवता के आधार पर प्रामाणिक रूप से धैर्य, संयम से जीने में ही व्यक्ति की प्रतिष्ठा है। स्वयं के प्रश्न कौन-से हैं और उन्हें कैसे और कहाँ तक सुलझाया जा सकता है इस पर वैज्ञानिक दृष्टिकोण और विवेकवाद की सोच जरूरी है। प्रतिकूल स्थिति में व्यक्ति की शिक्षा, संस्कार, बुद्धि और मन की परख होती है। विचार और स्वयं पर नियंत्रण ही प्रगल्भ व्यक्तित्व की नींव है। सामान्य नीति एवं संकेतों का पालन करने से आचरण में दृढ़ता आती है। स्वयं अविवेकी अंधविश्वासपूर्ण वर्तन से दूर रहना और दूसरों को इस मानसिक गुलामी से दूर रखना, इसी में जीवन की सार्थकता है। स्वयं का भविष्य असुरक्षित होने की व्यक्ति की भावना विचलित अवस्था निर्माण करती है। इससे प्रतिक्रिया स्वरूप नांदोस जैसी दिल को थर्रा देनेवाली घटना हो सकती है। शायद ही यह स्थिति इतनी गंभीर हो जाती हो, फिर भी प्राथमिक स्तर पर समाज की अस्थिरता, लाचारी, दिवालियापन, भूलभूलैया और अतार्किक कल्पनाओं के समाज मानस पर बढ़ते प्रभाव से अविवेकी वर्तन का निर्माण होता

है। समाज के सभी संवेदनशील जागरूक तबकों को अपनी विवेक बुद्धि का कौल लगाकर उसका मुकाबला करना सीखना चाहिए। नांदोस हत्याकांड ने सड़ांध की समाज में वास्तव में जो भयसूचक घंटी जोर से बजाई है, उससे सावधान, जागरूक और संगठित होना ही उसका सही जवाब है।

बालू मामा की मन्नत वाली भेड़ें

पिछले तीन साल से बालू मामा की भेड़ों वाला माजरा पूरे सतारा जिले में हुड़दंग मचा रहा है। इसकी जानकारी लोगों के लिखे पत्रों और समाचार-पत्रों से कम-अधिक मात्रा में मिलती रही है। भेड़ से मन्नत पूरी करने के लिए हजारों की संख्या में भीड़ जमा होती है। भेड़ों के कानों में अपनी इच्छा कहने से इच्छापूर्ति होती है ऐसा माना जाता है। यह सुनकर दुख हो ही रहा था, लेकिन क्या किया जाए इसका भी अंदाजा नहीं आ रहा था। 9 मई को शिक्षामहर्षि कर्मवीर भाऊराव पाटील के स्मृतिदिन के बहाने शरद पवार सतारा आने वाले थे, उन्हें संबोधित कर मैंने एक अनावृत्त पत्र समाचार-पत्र में लिखा। 'बालू मामा की भेड़ें' यही मुद्दा केंद्र में रखकर पत्र लिखा गया था कि इसके खिलाफ लड़ने के लिए अंधविश्वास निर्मूलन समिति के प्रयास कम पड़ेंगे। रयत शिक्षा संस्था जैसी हजारों अध्यापक एवं लाखों छात्र होने वाली शिक्षा संस्था को इसके संबंध में घोषित और स्पष्ट भूमिका लेनी चाहिए। सतारा जिले के गाँव-देहातों में रयत शिक्षा संस्था अगर 'मामा की भेड़ों' के संबंध में प्रचलित अंधविश्वास को शिक्षकों द्वारा छात्रों, अभिभावकों, ग्रामस्थों को समझाए तो ही इस अंधविश्वास का प्रतिकार हो पाएगा। लेकिन ऐसा कुछ भी नहीं हो पाया।

बालू मामा की भेड़ें उलझन में डालने वाली हैं। कहा जाता है कि सन् 1892 में खेलगाँव जिले में जन्मे बालू मामा ने 1966 में भुदरगड़ जिले में समाधि ली। वे चबूतरे पर सोते, सांकेतिक भाषा में बोलते थे। लोग उन्हें पागल समझते लेकिन शादीशुदा बालू मामा ने गृहस्थी बसायी केवल खुले आकाश के नीचे भेड़ें चराने में। दूसरों की गुलामी न करनी पड़े इसलिए अपना कमरबंद बेचकर उन्होंने पाँच भेड़ें लीं। उन्हीं से हजारों भेड़ें हो गई हैं। इन भेड़ों का खेल बरसों से शुरू है। दस झुंड हुए हैं। हर झुंड में तीन-चार हजार भेड़ें होती हैं और वे हट्टी-कट्टी हैं। पहले एक गाँव इन भेड़ों को न्योता देता है और फिर देखते ही देखते आस-पास के 25-50 गाँव इन भेड़ों को न्योता देते हैं। बालू मामा के भक्तों का कहना है कि हर रोज रात में कुछ किसान आते हैं और दूसरे दिन भेड़ें हमारे खेत में चराने के लिए लाएँ, ऐसी मन्नत करते हैं।

यह सब इसीलिए कि बालू मामा और उनकी भेड़ों को लोग जैसे ईश्वर का अवतार मानते हैं। इन भेड़ों के खेत में बैठकर जाने से खेत का भाग्य खिल जाएगा, यह उनका अंधविश्वास है। क्रमशः आगे के गाँव, तहसील, जिलों से इन दैवी भेड़ों को बुलावा मिलता है और यह सिलसिला जारी रहता है। बालू मामा की ये भेड़ें लोगों के खेतों में चरने के लिए तो जाती ही हैं; लेकिन फोकट में चरने के साथ ऊपरी कमाई भी करती हैं। इसी कमाई से भुदरड़ तहसील के आदमापुर में डेढ़ करोड़ रुपये का बालू मामा देवालय ट्रस्ट बनाया गया है। भेड़ों की संख्या अधिक होने पर उन्हें बेच दिया जाता है। पिछले वर्ष भेड़ों की झुंड से सत्ताइस लाख रुपये की नर भेड़ें बेची गईं। कोई भी व्यवहार करने से पहले बालू मामा के ननिहाल में होने वाली उनकी प्रतिमा का कौल लिया जाता है। बालू मामा द्वारा दायाँ कौल दिए बगैर कोई व्यवहार नहीं किया जाता। इसके अलावा क्या यह कम है कि भेड़ों का सराय होने वाली जगह पर हर रोज जो सात-आठ सौ लोग बालू मामा की आरती करते हैं; उन सबको प्रसाद के रूप में भोजन दिया जाता है। इसके लिए धन हर रोज चंदे से ही इकट्ठा किया जाता है।

चार-साढ़े चार हजार भेड़ें

उपरोक्त पृष्ठभूमि से सतारा शहर अंधविश्वास निर्मूलन समिति की बैठक में यह विषय चर्चा के लिए लाया गया। सतारा शहर के पास होने वाले सोनगाँव, माजगाँव नामक गाँवों में भेड़ें मौजूद थीं। प्रत्यक्ष जाकर निरीक्षण करना तय हुआ। इसके लिए सतारा शाखा के कार्यकर्ताओं ने काफी मेहनत की। 9, 10, 11 जून को प्रत्यक्ष निरीक्षण करने के लिए प्रशांत पोतदार, किशोर ओबले, व.म.करडे, अमित सय्यद, सचिन मोरे, दशरथ रंधवे, सुनील रंधवे, आनंद माने, अमोल गाडेकर इन कार्यकर्ताओं ने भेंट दी थी। 11 और 12 जून को वीडियो शूटिंग भी की गई थी। यह सब निरीक्षण करते समय वीडियो शूटिंग करने वाले स्वयं को पत्रकार कह रहे थे। वहाँ बाकी कार्यकर्ता भक्तों के स्वांग में मौजूद थे। भेंट दिए गए झुंड में चार-साढ़े चार हजार भेड़, बकरियाँ थीं। इस झुंड में बालू मामा की चांदी की डेढ़ फुट की कब्र की प्रतिकृति थी। पंडाल लगाकर उसमें खटिया, उस पर गद्दा, गद्दे पर कब्र की प्रतिकृति थी। हर दो दिन बाद नई जगह जाते वक्त इसमें अधिक समय बर्बाद न हो इसलिए भक्तों का एक समूह आगे निकलता और सारी तैयारी पूरी करता। बालू मामा की कब्र की प्रतिकृति के बगल में बाँस का वर्तुल बनाकर प्रदक्षिणा मार्ग बनाया गया था।

दर्शन उत्सव शुरू होता। हर एक को भंडारा लगाया जाता। आरती के पहले मरीजों के अनुभवों का कथन होता, भेड़ों की संगत में, बालू मामा की कब्र की

प्रतिकृति का दर्शन लेकर या बीमारी गंभीर हो तो कोल्हापुर जिले के आदमपुर में तीन या पाँच वारियाँ (यात्रा) कर अपनी बीमारी कैसे ठीक हो गई यह लोगों को बतलाया जाता। वे सारी बातें चमत्कार से भरी होतीं। जैसे—कैन्सर, पक्षाघात, अंधापन-गूंगापन जैसे असंभव रोगों से ग्रस्त व्यक्ति के लिए बालू मामा ने अपने जीवन में किस प्रकार चमत्कार किया है, इसका वर्णन लोग बड़े मनोरंजक ढंग से करते। अपनी कोई भी इच्छा पूर्ण करने के लिए भेड़ों से मन्नत करो, भेड़ों की झोली भर दो, यह आह्वान ध्वनिक्षेप से लगातार किया जाता और चोली-नारियल से भेड़ों की झोली भरने के लिए सारे लोग कतार लगाते। इसी के साथ दो बातें कार्यकर्ता समझ गए। इनमें एक बात थी, भक्त भेड़ों को अपने खेत में बुलवाते हैं, यह अर्धसत्य है। पूरा सच यह है कि दैवी वरदान प्राप्त ये भेड़ें बिना रोकटोक के किसी के भी खेत में चली जाती हैं और खेत की खड़ी फसल में घुस जाती हैं। फसल का नुकसान संबंधित किसान मानो मुँह दबाकर घूँसे की मार के रूप में सहते हैं। चमत्कार का घेरा बढ़ाने के लिए भेड़ों की झुंड से एक बकरा अमावस-पूर्णिमा को दूध देता है, यह प्रचार भी व्यवस्थित रूप से किया जाता है।

सतारा शाखा की बैठक में कार्रवाई की दिशा और तीन बातें निश्चित की गईं। एक, जनजाग्रति के लिए धरना देना, दूसरी, बकरा दूध देता है यह चमत्कार सिद्ध करने पर 11 लाख रुपये की चुनौती देना। और तीसरी, दैवी प्रचारों के उपाय और बोगस डॉक्टर्स इन दो कानूनों के अंतर्गत संबंधितों पर कार्रवाई करने की विनती जिलाधीश से करना। दिनांक 14 जून को जिलाधीश कार्यालय पर धरना आंदोलन हुआ।

जिले में 37(अ) धारा लगाई गई है और इसके कारण केवल चार लोग आंदोलन स्थल पर इकट्ठा हो सकते हैं, यह पुलिसिया शैली में कहा गया। संवैधानिक मार्ग से लेकिन निर्धार के साथ आंदोलन चलाने के समिति के अनुशासन के अनुसार ही आंदोलन का कार्यक्रम पूरा हुआ। आंदोलन की जगह पर पीछे की ओर एक वैचारिक फलक लगाया गया था। 'सतारा जिला किस दिशा में?' यह प्रश्न पूछने वाले इस फलक के एक ओर कर्मवीर भाऊराव पाटील, क्रांतिसिंह नाना पाटील की यह परंपरा थी और दूसरी दिशा में बालू मामा की भेड़ों का झुंड था। समिति के प्रतिनिधिमंडल ने जिलाधीश सुबाराव पाटील से भेंट की। जिला अधिकारी अंनिस के विचार माननेवालों में से थे लेकिन उन्हें यह सारा प्रकार गंभीर नहीं बल्कि हास्यास्पद लगा। बोगस डॉक्टर कानून अंतर्गत कार्रवाई की दृष्टि से इस संबंध में प्रतिवेदन मँगवाने के लिए उन्होंने जिला स्वास्थ्य अधिकारी को वह निवेदन मुहर लगवाकर भेजा।

बकरे का दूध निकालने को चुनौती

एक सप्ताह चला गया। कार्रवाई बिलकुल नहीं हुई। सतारा की पाड़ली तहसील के रहनेवाले बालू मामा के भक्त शाखा के कार्यालय में आए और बकरे का दूध निकालने की चुनौतीवाला प्रमुख समाचार सामने आया। बकरे का दूध निकालते समय के फोटो भी प्रसिद्ध हुए। जिले में उत्सुकता बढ़ती गई। समिति के कार्यकर्ताओं ने सतारा जिला पशुसंवर्धन महाविद्यालय के उपायुक्त एस.बी.कोली से संपर्क किया। उन्होंने पशुविज्ञान विश्वविद्यालय, नागपुर के पशुविज्ञान प्रशिक्षा प्रमुख डॉ.वी. एल.देवपुरकर से फोन पर संपर्क किया। श्री देवपुरकर ने बकरा दूध कैसे देता है इसका वैज्ञानिक कारण स्पष्ट किया। वह संक्षेप में इस प्रकार है—इस्ट्रोजन हार्मोन का प्रभाव गर्भधारण के बाद मादा के शरीर में बढ़ने से दूध बनता है। इसका प्रमाण नर के शरीर में बहुत ही कम होता है। लेकिन इस्ट्रोजन का इंजेक्शन नर को देने से कुछ नरों के हार्मोन का प्रमाण बढ़ने से बहुत ही कम प्रतिशत में वे दूध दे सकते हैं। कुत्तों एवं बैल पर यह प्रयोग देश-विदेशों में सफल होने के दस्तावेज उपलब्ध हैं। इस इंजेक्शन से भटकने वाली गायों में भी दूध आ सकता है। यह स्वीट क्लोवर नामक वनस्पतिजन्य फायटोइस्ट्रॉन होता है। अलग-अलग चरने वाली भेड़-बकरियों जैसे जानवरों के नरों, यानी बकरे के घास बड़ी मात्रा में बार-बार खाने से उसके शरीर में इस्ट्रोजन की मात्रा कुछ प्रतिशत बढ़ती है जिससे कुछ बकरों में बहुत ही कम मात्रा में दूध तैयार होता है। बकरे को दूध आना, यह बात विज्ञान को पता है लेकिन, जिस नर के शरीर में संबंधित हार्मोन्स चले गए हैं या डाले गए हैं उसके संबंध में इसे किसी प्रकार का चमत्कार नहीं कह सकते। लेकिन जिस नर के शरीर में इंजेक्शन के द्वारा इस्ट्रोजन हार्मोन गए ही न हों, उससे दूध निकले तो उसे चमत्कार माना जाए।

डॉ. देवपुरकर ने अपना मोबाइल नंबर भी दे दिया और खुशी से समिति के साथ होने का विश्वास जताया। कार्यकर्ताओं में उम्मीद और उत्साह बढ़ा। इसके तुरंत बाद 18 जून को सतारा समिति ने चुनौती की प्रक्रिया घोषित की। वह संक्षेप में इस प्रकार थी—सतारा समिति के कार्यालय में सुबह 9 से 10 बजे तक समिति दो बकरों को लेकर आएगी और 11 लाख रुपयों का बचत प्रमाण-पत्र पत्रकारों को दिखाएगी। 9 से 10 घंटे में संभव न हो तो (या होने पर) दोनों पक्षों को अगले आठ दिनों में और एक अवसर दिया जाएगा। यानी बाद में किसी को शिकायत की गुंजाइश न रहे। बकरे का दूध निकालने का चमत्कार सिद्ध होने पर 11 हजार अनामत राशि के साथ 11 लाख रुपये संबंधित को दिए जाएँगे। लेकिन चमत्कार सिद्ध न होने पर वे 11 हजार रुपये समिति के पास जमा होंगे। यह चुनौती 'बालू मामा की भेड़ें' इस ट्रस्ट के द्वारा स्वीकारने पर यह सारा खेल गुरुडम है, यह

सिद्ध होगा। इसके बाद ट्रस्ट द्वारा लोगों के साथ धोखेबाजी कर फसल को बरबाद करना और धार्मिक ट्रस्ट का अनुचित उपयोग इसके लिए कार्रवाई की जाए, यह अंनिस का आग्रह होगा। यह चुनौती संबंधित देवस्थान के ट्रस्ट को अधिकृत रूप से पूरी करनी है।

चुनौती की व्यापक लोकप्रियता

चुनौती को स्वाभाविक रूप से व्यापक लोकप्रियता मिली। एक दिन पहले ही समिति के कार्यकर्ता दो बकरे लाए। उनकी पशु चिकित्सा अधिकारियों के द्वारा जाँच की गई और संस्था के कार्यालय में उन्हें रातभर बाँध कर रखा गया। सुबह नौ बजे लोगों की भीड़ उत्सुकता से चुनौती स्थल पर आने लगी। देहाती क्षेत्र से आनेवाले स्त्री-पुरुषों की तादाद अधिक थी। जनसंचार माध्यमों के प्रतिनिधि सायास उपस्थित थे। वातावरण में तनाव दिखाई दे रहा था। प्रत्यक्ष चुनौती स्थल पर समस्या न हो इसलिए प्रवेश नियंत्रित किया गया था। अंनिस के कार्यकर्ता, पत्रकार, गाँव के कुछ सम्माननीय और दो बकरे उपस्थित थे। जैसे-जैसे समय निकलता गया, लोगों की जिज्ञासा बढ़ती गई। एक घंटा बीत गया, और आधा घंटा बीत गया, लेकिन बालू मामा की ओर से कोई नहीं आया। अतः बाहर इकट्ठा हुए सारे जनसमुदाय को चुनौती स्थल पर बुलाया गया। चुनौती प्रक्रिया की विचारधारा मैंने उन्हें समझाई। बालू मामा के भेड़ों की भक्ति यह अंधविश्वास है, लेकिन जिन्हें वह भक्ति करनी हो, भारतीय संविधान के अनुसार हम उन्हें रोकना नहीं चाहते लेकिन इस भक्ति को दैवी चमत्कार से जोड़ कर लोगों को ठगने का काम शुरू होने को समिति ने चुनौती दी है, यह मैंने स्पष्ट किया। बालू मामा की भेड़ों को समिति की यह चुनौती सदैव याद रहेगी और उचित पूर्वसूचना से यह चुनौती प्रक्रिया हम कभी भी पूरी कर सकते हैं,ऐसी भी मैंने घोषणा की। 11 लाख रुपये का बचत राशि का प्रमाणपत्र भी मैंने पत्रकारों को दिखाया। चुनौती प्रक्रिया समाप्त हुई, लेकिन ठगी करने वालों को प्रत्यक्षतः किसी भी कार्रवाई का सामना नहीं करना पड़ा।

समिति के पास चित्रपट्टिका, बालू मामा के कब्र के पास किए भाषण की ध्वनिमुद्रिका और समाचार-पत्रों के चमत्कार की खबरें थीं। इन सबके कारण द ड्रग्ज एंड मैजिक रेमेडीज ऑब्जेक्शनेबल एन्डव्हटाइजमेंट एक्ट 1954 इस संज्ञान योग्य कानून के अनुसार कार्रवाई हो सकती है, ऐसा समिति सोच रही थी। इसलिए समिति के प्रतिनिधिमंडल ने जिला पुलिस प्रमुख चंद्रकांत कुंभार से भेंट की। उन्होंने समिति को शिकायत करने की सलाह दी और संबंधित पुलिस स्टेशन के अधिकारियों को इस संबंध में जल्द कार्रवाई करने के मौखिक एवं लिखित आदेश दिए। इसके बाद समिति ने पूर्णकालिक कार्यकर्ता प्रशांत पोतदार के द्वारा शिकायत दर्ज की।

इसके लिए उन्हें दो-तीन दिन व्यर्थ के चक्कर काटने पड़े। समय चला गया लेकिन शिकायत ढंग से दर्ज हो गई। समिति के प्रत्यक्षदर्शी अन्य कार्यकर्ताओं के जवाब हो गए। उसके बाद पुलिस तुरंत हरकत में आ गई और बालू मामा के भेड़ों के झुंड चालक संभाजी माने एवं अन्य 15 लोगों पर दैवी शक्ति के आधार पर बकरा दूध देता है, असाध्य रोग ठीक होते हैं, इसके लिए ध्वनिक्षेपकों द्वारा और स्थानिक समाचार-पत्रों में विज्ञापन देकर लोगों को गुमराह करने का मुकदमा दर्ज हुआ। बाद में जमानत पर अपराधियों को छोड़ा गया।

अधूरा प्रतिसाद

खड़ी फसल में भेड़ों को घुसाकर फसल को बर्बाद करने वाली इस घटना के विरोध में शिकायत करने के संबंध में कोई स्वयं आगे आए, यह आवाहन समिति ने बार-बार किया। लेकिन उसे कम प्रतिसाद मिला। तीन लोगों ने लिखित निवेदन दिया और बाकी चार लोगों ने फोन पर शिकायत दर्ज कराई। इस नुकसान के लिए स्थानीय लोग पुलिस थाने में शिकायत दर्ज नहीं कराते, यह शिकायत भी समिति से की। 'प्राकृतिक आपदा के कारण सरकार स्वयं मुआवजा दे या संबंधित से दिलवाए', यह आग्रह कलेक्टर और जिलाधीश से समिति करने वाली थी लेकिन लोगों के अधूरे प्रतिसाद के कारण यह नहीं हो सका। इससे मानसिक गुलामी की बेड़ियाँ कितनी मजबूत हैं यह स्पष्ट होता है। इक्कीसवीं सदी में समाज सुधार की विरासत चलाने वाले सतारा जिले में इतने सहज रूप से सब कुछ घटित होता है इस पर अधिक भाष्य करने की आवश्यकता नहीं है।

चमत्कार को नमस्कार या विवेक करें स्वीकार?

माहिम का समंदर अचानक मीठा होने से बड़ी खलबली मची थी, वह अब शांत हो रही है। इस घटना की वैज्ञानिक मीमांसा समझ में आती है लेकिन इसे दैवी चमत्कार की श्रद्धा से देखने वालों को (वे बहुसंख्यक हैं) कोई फर्क नहीं पड़ता। संविधान में नागरिकों के कर्तव्यों में बताए गए वैज्ञानिक दृष्टिकोण को इस कारण हम घोषित रूप से तलाक देते हैं, इस बात की उन्हें कोई परवाह नहीं है। कथित चमत्कार से उत्पन्न यह 'मास हिस्टीरिया' सूचना प्रौद्योगिकी के विस्फोट में इक्कीसवीं सदी के, विश्व के चौथे नंबर पर सूचना प्रौद्योगिकी का बल होने वाले भारत में, महाराष्ट्र के समाजसुधारकों की विरासत तथा प्रत्येक क्षण प्रगत विज्ञान के ताल पर जीने वाला मुंबई महानगर इन सभी को नीचा दिखा रहा है, इसका एहसास समाज मन को नहीं है। सरकार और समाजसुधारक भी कानून व्यवस्था की सीमा एवं स्वास्थ्य संबंधी आशंका के भय से चुप्पी साधे हैं। व्यापक दृष्टिकोण क्या कहता है? विश्वकोश ने चमत्कार की व्याख्या इस प्रकार की है। जिन घटनाओं पर प्राकृतिक कार्यकारण भाव लागू नहीं होता, उन्हें चमत्कार कहा जा सकता है। जिन घटनाओं का निर्माण वैज्ञानिक दृष्टिकोण पर आधारित नहीं है, उन्हें चमत्कार कहा जाता है। चमत्कार का क्षेत्र काफी व्यापक और प्राचीन है। सभी धर्मग्रंथों में और धर्म के इतिहास में इसके असंख्य उदाहरण हैं। व्रत एवं उपवास असल में उपासना का मार्ग हैं लेकिन उनके साथ भी प्रभावी रूप से चमत्कार चिपकाए गए हैं। बुद्ध के एक शिष्य ने चमत्कार कर भिक्षापात्र तैयार किया। उसे बुद्ध ने फोड़ दिया और शिष्यों से प्रखर रूप में साफ-साफ कहा कि कभी भी चमत्कार न करें। लेकिन आज चमत्कार, यह गुरुडम तथाकथित दैवी शक्ति के सामर्थ्य का और उसी से मानसिक गुलामी निर्माण करने की इच्छा रखनेवालों का बड़ा हाथियार है। मनुष्य के जीवन में ऐसे कई प्रसंग आते हैं, जिनसे सीधे लड़ने की ताकत कुछ ही लोगों के पास होती है। इन प्रश्नों के उत्तर किसी चमत्कार के जरिए मिलें ऐसी उनकी इच्छा होती है। फैन्टेसी के आधार पर जीना मनुष्य के जीने की एक पद्धति है। ज्ञात कार्यकृति से दूर जानेवाली प्रकृति और मन की शक्ति पर अधिकांश की श्रद्धा होती है। उन्हें

विज्ञान के कुछ नियम पता हैं, लेकिन उनके उपनियम, सूक्ष्मता, व्यापकता और विविधता की जानकरी नहीं है; नियमों के अपवाद पता नहीं होते। ये अज्ञात बातें चमत्कार को जन्म देती हैं।

वैज्ञानिक दृष्टिकोण अर्थात् कार्यकारण भाव। चमत्कार अर्थात वैज्ञानिक दृष्टिकोण का अभाव। यह संबंध प्रकाश एवं अंधेरे के समान है। एक का होना यानी अनिवार्यत: दूसरे का ना होना। विज्ञान में चमत्कार नहीं होते। चमत्कार यानी रासायनिक, भौतिक प्रक्रिया होती है या हाथ की सफाई होती है। बदमाशी भी हो सकती है और प्रसंग के अनुसार प्रकृति की अनसुलझी पहेली भी चमत्कार में जमा होती है। वैज्ञानिक दृष्टिकोण जीवन में स्वीकारने का अर्थ है, आज या कल समझ में आनेवाली वैज्ञानिक विचार पद्धति पर समाज का विश्वास होना।

चमत्कारों को चुनौती देना, गलत ठहराना इस प्रकार की भूमिका को ठीक से समझना चाहिए। संविधान ने हर व्यक्ति को उपासना, अलौकिक जीवन, आध्यात्मिक कल्याण की आजादी दी है, इसका सम्मान करना चाहिए। लेकिन चमत्कार पर विश्वास करना, उसकी पड़ताल का विरोध और ऐसे चमत्कारों का प्रसार करते रहना, यह धर्म का हिस्सा नहीं हो सकता। संविधान में वैज्ञानिक दृष्टिकोण इस कर्तव्य से असंगत है। लेकिन व्यक्ति और समाज की बुद्धि, श्रम, समय, पैसा बर्बाद होता है। चमत्कार से गूढ़ता का वातावरण उत्पन्न होता है। प्रश्नों को सही रूप में न सुलझाने से मनुष्य का विवेक खो जाता है।

सन् 1995 में ऐसा ही एक झटका गणेश मूर्ति के दूध पीने से लगा था। जब यह घटना हुई तब तत्कालीन ओड़िसा के मुख्यमंत्री जे. बी. पटनाईक ने मंदिरों को बंद करने के आदेश पुलिस को दिए और यथाप्रसंग पुजारियों को कैद करने के लिए कहा। कर्नाटक विधानसभा में मुख्यमंत्री देवगौड़ा ने इस बात से इनकार कर मंदिरों की भीड़ को दूर करने के आदेश दिए। इस प्रकार की कोई तत्परता या तड़प पानी मीठा होने की घटना के संबंध में राज्य के राजकीय नेतृत्व ने नहीं दिखाई।

भारतीय समाज बहुत जल्द भयग्रस्त हो जाता है। दैववादी मानसिकता के कारण लोग संकट को नसीब का हिस्सा मानते हैं। कई लोगों को लगता है कि दैवी शक्ति प्राप्त एक बाबा या एक धार्मिक स्थल, कठिनाई से उन्हें उबार लेगा। इस वैचारिकता में रहनेवाला समाज स्वाभिमान शून्य, भगौड़ा, डरपोक प्रवृत्ति का और बुद्धि को रेहन पर रखने वाला होता है। स्वाभिमानी, प्रयत्नवादी और निर्भय समाज बनाने के लिए चमत्कार का विरोध आवश्यक है। वैज्ञानिक दृष्टिकोण यह मानता है कि यह विश्व स्वायत्त रूप से अस्तित्व में है। कोई भी घटना कार्यकारण भाव से ही घटित होती है और अब तक यथार्थ ज्ञान प्राप्ति की यही सबसे निश्चित एवं प्रभावी राह है।

मानवी संस्कृति का पूरा विकास मानवी प्रज्ञा के विकास से संबंधित है। बौद्धिक कसौटी पर परख लूँगा और वह सिद्ध होगा तभी मानूँगा, इस शास्त्रीय दृष्टिकोण की प्रतिज्ञा को भूले बगैर चमत्कार पर विश्वास ही नहीं किया जा सकता। संदेह उपस्थित किए बगैर, चमत्कार को सत्य मानकर समर्पण करना मानसिक गुलामी की शुरुआत है। व्यक्ति सहज रूप से हड़बड़ाता क्यों है, इसका एक व्यापक स्पष्टीकरण दिया जाता है कि समाज जीवन में कई प्रकार का शोषण, असहायता, विलासिता इनसे छिन्न-भिन्न हुआ मन ऐसी मूर्खता पर सहज ही विश्वास करता है। इसका अर्थ यह है कि संपूर्ण समतावादी समाज परिवर्तन होने तक ऐसे ही चलता रहेगा। इस प्रतिपादन में तथ्य है लेकिन संपूर्ण समाज परिवर्तन होने तक, इस धोखाधड़ी का तत्परता से प्रतिकार करना, यही सूत्र दूर रखने की आवश्यकता नहीं है। दूर के उद्‌देश्यों के प्रति जागरूक होना चाहिए, लेकिन शोषण के विरोध में संघर्ष होना चाहिए। चमत्कार को समर्पित मन संघर्ष के लिए तैयार नहीं हो सकता है।

मानसिक गुलामी की सबसे बड़ी भयानकता यह है कि उस अवस्था में व्यक्ति की बुद्धि से प्रश्न पूछना तो दूर की बात है, व्यक्ति की बुद्धि, वैभव, निर्णय शक्ति, संपूर्ण विचार क्षमता ये सभी बातें चमत्कार के आगे रेहन पर रह जाती हैं। व्यक्ति दासता में चला जाता है और फिर परिवर्तन की लड़ाई अधिक कठिन हो जाती है। इसलिए जनमानस को खोजी, निर्भय और कृतिशील बनाकर उसे व्यापक परिवर्तन के आंदोलन के लिए तैयार करना चाहिए। इसलिए यह संकल्प किया जाए कि 'मैं स्वयं का विश्वास टूटने नहीं दूँगा तथा चमत्कारों पर विश्वास करनेवाले पलायनवादी मार्ग का अनुकरण नहीं करूँगा। ईमानदारी और संयम के साथ जीवन व्यतीत करूँगा।' इसी में व्यक्ति की प्रतिष्ठा है। स्वयं के प्रश्न का कैसे समाधान निकालें, उसका कहाँ तक समाधान किया जा सकता है, इसका एहसास हमें अपने वैज्ञानिक दृष्टिकोण और विवेकवाद का उपयोग कर मिलता है।

वास्तव में जीवन की युद्ध भूमि में लड़ने की हिम्मत और शक्ति कमाना आवश्यक है। उसके लिए चमत्कार की आवश्यकता नहीं। इसके विपरीत, चमत्कार की श्रद्धा व्यक्ति के कर्तृत्व को पंगु बनाने वाली होती है। स्वयं को सजग, समर्थ, विवेकवादी बनाने के लिए खुद के पास विवेक बुद्धि के रूप में गुरु होता ही है। उनके पगचिह्नों को लेकर यात्रा करना इसी में व्यक्ति के जीवन की सार्थकता और स्वस्थ सामाजिकता की संभावना है!

आप ठान लें तो...

प्रिय आर. आर. पाटील,
गृहमंत्री, महाराष्ट्र राज्य
सप्रेम नमस्कार

मैं यह जानता हूँ कि एक बड़े राज्य के कर्तव्यवान गृहमंत्री को 'एक ढोंगी बाबा पर लगाम डाल दीजिए' ऐसा आवाहन करने की नौबत नहीं आनी चाहिए थी लेकिन स्थिति की गंभीरता के कारण मुझे मजबूरन यह करना पड़ रहा है। कर्नाटक के चंदन तस्कर वीरप्पन को पुलिस की निगरानी से बचना पड़ता है। कर्नाटक का अस्लम बाबा उतना ही खतरनाक लेकिन वह महाराष्ट्र के हजारों लोगों के स्वास्थ्य इलाज के नाम पर दिन-दहाड़े डकैती कर बेखौफ घूम रहा है। दोनों आतंकवादी ही हैं, लेकिन अस्लम बाबा का काम अधिक चिंतनीय है क्योंकि स्वयं के ढकोसलों को वह कुरान का संदर्भ देता है।

आबासाहब, अस्लम बाबा का यह हंगामा पिछले एक साल से महाराष्ट्र के सभी जिलों में तूफान की तरह छाया हुआ है। हजारों लोगों को लेकर गोंदिया-गड़चिरोली से सिंधुदुर्ग तक की गाड़ियाँ दिन-रात बागलकोट की ओर दौड़ रही हैं। अस्लम बाबा हाथ की उँगलियों से बड़े से बड़ा ऑपरेशन पंद्रह मिनटों में करता है। अपेंडिक्स, पथरी, कैन्सर की गाँठ अद्‌भुत शक्ति से देखते ही देखते निकाल बाहर करता है। साथ में जड़ी-बूटी की दवा देता है। रोज तीन-चार हजार लोगों की भीड़ लगती हैं। अधिकांश महाराष्ट्रियन हैं। रोज हजारों के इलाज (?) होते हैं। औसतन कम से कम पाँच सौ रुपये की दर से पाँच लाख रुपये की रोज की आमदनी जमा होती है। बाकी सभी लोग उपचार की अत्यंत गंदी, सुनसान जगह में अनेक असुविधाएँ सहकर अपने गंभीर रोगियों के इलाज का नंबर आने तक कई दिनों तक जान हथेली पर लेकर ठहरते हैं। प्रत्यक्षत: वे बड़े षड्यंत्र के बलि होते हैं। रोग असाध्य होते हैं, व्यक्ति बेबसी में होते हैं लेकिन क्या लोगों की बेबसी को लूटने का धंधा करने का लाइसेन्स होना चाहिए? डॉक्टर के उपचार महँगे होते हैं

लेकिन यह इलाज भी पैसों का भुगतान तो करवाता ही है। क्या समाज सुधारकों की नामावली हरदम लेनेवाली महाराष्ट्र सरकार को ठंडी, तटस्थ नजर से जनता का यह शोषण देखना चाहिए? हम छत्रपति शिवाजी का प्रखर अभिमान रखते हैं। आज महाराज होते तो अस्लम बाबा को बंदी बनाकर लाते और तोप पर बाँध देते।

गृहमंत्री महोदय, दो वर्ष पूर्व ये घुन सीधे महाराष्ट्र की भूमि में फैलना चाहती थी। महाराष्ट्र अंधश्रद्धा निर्मूलन समिति ने जान की बाजी लगाकर उसे रोका। अस्लम बाबा का सोलापुर में इलाज शिविर था। समिति के प्रयासों से उसमें पुलिस हस्तक्षेप हुआ। केस दर्ज होने से अस्लम बाबा को महाराष्ट्र के काले करनामे को रोकना पड़ा। इस कार्रवाई के समय सोलापुर के जिला शल्य-चिकित्सक ने स्थिति को जाँचने के लिए विशेषज्ञ सर्जनों की नियुक्ति की। उनकी रिपोर्ट स्वास्थ्य विभाग से मँगवाकर, माननीय, महोदय आप अवश्य पढ़ें। आपके ठोस संदर्भ के लिए इस पत्र में कुछ चीजों का केवल उल्लेख कर रहा हूँ।

अस्लम बाबा स्वयं कहता है कि मैंने पाँचवें वर्ष में कुरान, छठे वर्ष में वेद, सातवें वर्ष में बाइबिल और नौवें वर्ष में पूरा इतिहास पढ़ा। अल्लाताला की कृपा से उम्र के दसवें वर्ष से मरीजों का इलाज कर रहा हूँ। एच. आई. वी., टी. बी., ब्लड कैन्सर, गंजापन, त्वचा रोग का मैं इलाज करता हूँ। मैं हार्ट, स्टमक, स्टोन के लिए ऑपरेशन करता हूँ। शैतान का भी इलाज करता हूँ। इलाज करने के लिए मुझे मरीजों को हाथ लगाने की आवश्यकता नहीं पड़ती। किस रोगी को औषधि देनी है और किसका ऑपरेशन करना है ये मैं कुरान और हदीस के आधार से तय करता हूँ। इस ग्रंथ के हिसाब से विश्व में 3500 बीमारियाँ हैं। इसमें से 1000 दवा से और 1000 दुआ से ठीक होती हैं। हजारों के लिए ऑपरेशन की आवश्यकता होती है, तो पाँच सौ अपने आप ठीक होते हैं। मुझे ऑपरेशन के लिए मरीजों को बेहोश करने की आवश्यकता नहीं होती हैं। पानी से हाथ गीले कर उँगलियाँ पेट और छाती में डाल कर ऑपरेशन करता हूँ। हृदय के वॉल्व में बिगाड़ आये तो सीने में उँगलियाँ डाल कर वॉल्व बाहर निकालता हूँ, रिपेअर कर उसी जगह रख देता हूँ। टाँका डाले बगैर पंद्रह मिनट में जख्म ठीक होते हैं। ऑपरेशन के बाद चिंता करने की कोई जरूरत नहीं और औषधि नहीं लगती है। ये ऑपरेशन्स भी अल्लाह की देन है। हजारों रोगी आते हैं इसलिए कोई जानकारी नहीं रखी जाती।

गृहमंत्री महोदय, कार्रवाई करने के लिए और किसी कबूली-जवाब की आवश्यकता है? विशेषत: दो घंटे रुककर और कबूल कर के भी बाबा एक भी ऑपरेशन विशेषज्ञ सर्जन को नहीं दिखा पाए। आर.आर. पाटील साहब, महाराष्ट्र में जिन लोगों की दुकानदारी हम लोगों ने रोकी, उन्होंने बागलकोट में अब सुपर मार्केट खोला है। पहले कसाई का धंधा करनेवाला अस्लम बाबा जानवरों की आँतों के टुकड़े ऑपरेशन से निकाले कहकर मरीजों के हथेली पर रखता है। दबंगों की यंत्रणा

मजबूत है। धंधा बढ़ाने के लिए खुद के अद्भुत ऑपरेशन की सी. डी. बनाने वाला यह पहला 'हायटेक' बाबा है। टैम्पो ट्रैक्टर वगैरह से रोगियों को लेकर आनेवाले वाहन चालकों को इस धंधे का एजेंट बनाया गया है। दो सौ एकड़ जमीन खरीदी गई है। वैसे स्थानिकों का समर्थन शून्य है। कर्नाटक के रोगी कम हैं। अधिकांश महाराष्ट्रियन जनता खुद का समय, श्रम, बुद्धि, पैसा बर्बाद कर रही है।

सुजान नामदार महोदय, हमने पिछले साल भर में इसके विरोध में जितने हो सकी उतनी आवाज बुलंद की लेकिन हम कमजोर पड़ रहे हैं। कुछ समाचार-पत्रों ने अस्लम बाबा का ढोंग पूरे विवरण एवं पूरी आत्मीयता से लिखा है। लेकिन जनप्रवाह रोकने के लिए वे भी असमर्थ ही हैं। चैनलों ने समाचार दिए, फिर भी आप नजर डालें तो पता चलेगा कि अपने महाराष्ट्रियन बंधु कैसे और कितना लूटे जा रहे हैं। उनकी बीमारी की अस्लम बाबा कैसे नीलामी कर रहा है, इसकी कल्पना आप कर सकते हैं। यह संतप्त कर देनेवाला शोषण आज भी बड़े पैमाने पर होने की जानकारी आपके अधिकारी आपको देंगे।

आबासाहब, आपसे गुजारिश करने का और एक कारण यह है कि उत्तर कर्नाटक पुलिस महासंचालक पी. ओमप्रकाश से कुछ दिन पहले ही मेरी मुलाकात बेलगाम में हुई। अस्लम बाबा पर कार्रवाई की माँग की गई और उन्होंने मुझे साफ तौर से नाराज किया। किस कानून के तहत कार्रवाई की जाए? यह प्रतिप्रश्न उन्होंने मुझसे किया। अस्लम बाबा को बड़े राजनेताओं का किस प्रकार समर्थन है, इसका रेकॉर्ड बजाया गया। अस्लम बाबा पेट पर सफेद कागज फैलाता है, फिर ऑपरेशन करता है। कागज लाल रंग में रंग जाता है और वह खून समझा जाता है। मनुष्य का हो तो क्या ऑपरेशन किए गए व्यक्ति का ही वह खून है? निकाले गए मांस के टुकड़े की जाँच के बाद उसकी पेशियाँ क्या कहती हैं? ये सहज सवाल उनसे करने पर 'बाप दिखाओ या श्राद्ध मनाओ' यह कहकर अस्लम बाबा को धर दबोचने की उनकी तैयारी नहीं थी।

मा. आर. आर. पाटील, हम स्वयं छत्रपति शिवाजी का लोकमंगलकारी वारिस कहलाते हैं। तो सरकारी जनसंचार माध्यमों का प्रभावी रूप से उपयोग कर बागलकोट को ढकोसले में ले जाने वाले अपने इन बंधुओं के प्रवाह को कृपा कर रोकें। पंढरपुर की वारी में भी स्वास्थ्य के लिए कॉलरा का इंजेक्शन लगाने और पानी उबालकर पीने की सख्ती शासन करता है। वही सरकार प्रखर प्रचारों के माध्यमों से जनमानस को अस्लम बाबा के मायाजाल से बड़े पैमाने पर रोक सकती है। सोलापुर कोर्ट में अस्लम बाबा पर दस्तंदाजी गुनाह महाराष्ट्र अंधश्रद्धा निर्मूलन समिति की ओर से दर्ज कराए दो साल हुए हैं। जनहित में यह केस जल्द शुरू करने की विनती आप न्यायमूर्ति से करें। हमें इस निर्णय से अस्लम बाबा को सजा मिलने की पूरी आशा है। कर्नाटक सरकार के गृह विभाग को भी आप लिखें।

अगर उनकी कार्रवाई करने की हिम्मत न हो, तो अपने तेज-तर्रार अधिकारी भेजें। कर्नाटक के या महाराष्ट्र के कारागृह में पत्थर तोड़ने के लिए अस्लम बाबा को किस तरह भेजा जा सकता है यह देखें।

इनमें से कोई चीज असंभव हो तो अस्लम बाबा को सम्मानपूर्वक महाराष्ट्र में बुलाएँ। स्वास्थ्य विश्वविद्यालय का कुलपति बनाएँ। करोड़ों रुपये के वैद्यकीय महाविद्यालय और लाखों रुपयों की फीस छात्रों पर लादें, इससे बेहतर कि अस्लम बाबा की डिग्री शुरू करें। आप कई वर्षों से महाराष्ट्र के अंधश्रद्धा उन्मूलन आंदोलन को केवल देख ही नहीं रहे हैं बल्कि सक्रिय साथी भी रहे हैं। नरेंद्र महाराज का गुरुडम के विरोध में प्रथम प्रखर संघर्ष तासगाँव में सात साल पहले हुआ, उस समय आप ही तो इसके केंद्र में थे। आप ठान लें तो अस्लम बाबा की बदमाशी कठोर रूप से जल्द बंद कर सकते हैं, यह विश्वास है। यह विश्वास सार्थ होगा इसी अपेक्षा के कारण यह सारा लिख रहा हूँ।

आपका

नरेंद्र दाभोलकर

प्रगतिशील परंपरा की हार

कहते हैं बनवास 14 सालों बाद समाप्त होता है। अंधश्रद्धा उन्मूलन कानून ने इसे झूठा साबित किया है। विधान भवन के आगे खड़े किए गए महात्मा फुले की गवाही से डॉ. आंबेडकर जयंती की पूर्वसंध्या को विधान सभा में यह घटित हो, स्वा. सावरकर के अनुयायी और प्रबोधनकार ठाकरे के वारिस कहे जानेवाले इसमें शामिल हों, सत्य का सीधे-सीधे आलाप हो यह वेदनादायी है। इस कानून को व्यवस्था में लेकर आने के लिए अंधश्रद्धा निर्मूलन समिति ने क्या किया इसी की यह कहानी है।

सन् 1990 में अंधविश्वास उन्मूलन कानून का मसौदा तत्कालीन मुख्यमंत्री शरद पवार को प्रस्तुत किया था। अगले पाँच वर्षों में इसकी यात्रा शून्य ही रही है। 17 जुलाई 1995 को गठबंधन की सरकार सत्ता में आई। विधायक पी. जी. दस्तुरकर ने विधान सभा में अशासकीय प्रस्ताव रखा। इस संबंध में सकारात्मक भूमिका लेने का आश्वासन समाज कल्याण मंत्री बबनराव घोलप एवं उपमुख्यमंत्री गोपीनाथ मुंडे ने दिया। प्रस्ताव पीछे लेने की रणनीति थी। रामराव अदिक ने दस्तुरकर के प्रस्ताव पर मतदान हो, यह स्वयं शरद पवार की इच्छा है यह जानकारी दी। विधान परिषद में कांग्रेस का बहुमत था 23 के खिलाफ 6, ऐसा विभाजन कर सरकार को खारिज करने का प्रस्ताव पारित हुआ। अगले चार वर्ष 'कानून बनाने की बात सरकार के विचाराधीन है' यह जवाब सभी अधिवेशनों के समय गृहमंत्री मुंडे बिना भूले देते थे!

इसी दरमियान यशवंतराव चव्हाण प्रतिष्ठान के कानून विभाग ने न्यायमूर्ति चंद्रशेखर धर्माधिकारी की अध्यक्षता में समिति बनाकर कानून का संशोधित मसौदा तैयार किया। समिति में गृह विभाग के सेवानिवृत्त प्रधान सचिव भास्करराव मिसर, कानून सचिव पवार, नरेंद्र दाभोलकर का समावेश था। सन् 1999 में सत्तांतर हुआ। सरकार के कमोबेश समान कार्यक्रम के अध्यक्ष एन. डी. पाटील थे। उन्होंने 'इस सरकार के सत्ता में आने के बाद एक साल में शोषण करने वाले अंधविश्वास को प्रतिबंध करनेवाला कानून बनेगा' यह कलम कार्यक्रम में समावेशित किया था। तीन साल ऐसे ही चले गए। मई 2003 में मैंने अनिश्चित भूख हड़ताल की घोषणा की तो कुछ हलचल हुई। मुख्यमंत्री शिंदे, सामाजिक न्यायमंत्री आवले, राज्यमंत्री

बागल, प्रधान सचिव निंबालकर, सामाजिक न्याय विभाग के सचिव सुरेशकुमार, एन. डी. पाटील और मेरी मौजूदगी में कानून बने और गलतफहमी दूर करने के लिए 'जादू-टोना और तत्सम अंधविश्वास विरोधी कानून' यह नाम दिया जाए, यह निर्णय हुआ। मुख्य सचिव ने कहा, यह बात केंद्र की सामाजिक सूची के अंतर्गत है। केंद्र की अनुमति जरूरी है। इसकी जिम्मेदारी मुख्यमंत्री ने ली। 25 जुलाई, 2003 को मंत्रिमंडल में विधेयक को मंजूरी मिली। 15 अगस्त को सरकार की ओर से सभी जगह अंधविश्वास उन्मूलन कानून बनानेवाला भारत का पहला राज्य, यह जोरदार विज्ञापन कर स्वयं की पीठ थपथपाई।

शीतकालीन अधिवेशन में बिल आने ही वाला था। विधायकों को पत्र लिखे गए। इस पर मुंडे का दिया हुआ उत्तर यह था कि 'यह कानून बनाने के संबंध में मैं प्रयास कर रहा हूँ। इस कानून के संबंध में आपके प्रयास में मेरी हरदम सहयोगी की भूमिका होगी।' इसके बाद 11 महीनों तक कुछ भी नहीं हुआ। 23 जून 2003 को मैं और एन. डी. पाटील विधि विभाग के प्रधान सचिव से मिले। तब तक उन्होंने कानून का प्रारूप दिल्ली भेजा ही नहीं था। वह भेजने की आवश्यकता ही न हो इस प्रकार का प्रारूप बदलने का पर्याय उन्होंने निकाला था। (यह पर्याय 11 महीने पहले क्यों नहीं बताया गया?) नया प्रारूप मंत्रिमंडल ने पारित किया, तब तक विधिमंडल बर्खास्त हुआ था। कानून के अमल के लिए विधेयक राज्यपाल को भेजा गया। उनके हस्ताक्षर होना संवैधानिक दृष्टि से अनिवार्य था लेकिन नाहक समय जाया हुआ। हस्ताक्षर नहीं हुए।

जुलाई 2004 से हिंदू जनजाग्रति समिति ने कानून का विरोध करना शुरू किया। 'हिंदू धर्म के विनाश पर तुली सरकार के अंधविश्वास उन्मूलन कानून का पुरजोर विरोध करें' इस प्रकार के पत्रक बड़ी मात्रा में महाराष्ट्र में बँट गए। विषय इस प्रकार था—"इस कानून के कारण हिंदू धर्म के धार्मिक उत्सव, व्रत-उपवास, कुंभ मेला, पंढरपुर यात्रा, मन्नत, उपवास, सत्यनारायण की पूजा, श्राद्ध, भगवान का कौल, ज्योतिष पंचांग, वास्तुशास्त्र के उपयोग आदि को अंधविश्वास माना जाएगा। गीता, रामायण, दासबोध पुस्तकें छापना गुनाह माना जाएगा। संत-परंपरा, संप्रदाय, प्रवचन पर बंदी लाकर भक्तों के कारावास में जाने की बारी आएगी। इसलिए हिंदुओ, धर्म रक्षण के लिए तैयार रहो।"

केवल तोहमत और झूठ से अधिक इस विषयवस्तु का वर्णन नहीं किया जा सकता। सरकार ने अधिकृत रूप से इसका प्रतिवाद किया। हिंदू जनजागरण समिति के प्रवक्ता और मैंने इसकी चर्चा दूरदर्शन एवं अल्फा टीवी चैनल पर की। पर्चे में लिखे एक भी मुद्दे का समर्थन वे नहीं कर सके। हिंदू जनजाग्रति समिति की असल रुचि, हिंदू-हित विरोधी है इसलिए अंनिस को महाराष्ट्र में अपराधी के पिंजड़े में खड़ा किया गया। और इस पाप का भागीदार बनाकर हिंदू हितों की जड़ों को खत्म

करनेवाला पक्ष घोषित कर कांग्रेस को पराभूत भी करना था। विचारशील जनता ने दोनों मनसूबों को उखाड़कर फेंक दिया।

चुनाव के बाद विलासराव देशमुख मुख्यमंत्री बने। 'अंधविश्वास उन्मूलन कानून पुनश्च: शीतकालीन अधिवेशन में पारित होगा, हमारे पास स्पष्ट बहुमत है' ऐसा उन्होंने कहा। शीतकालीन अधिवेशन के अंतिम दिन अर्थसंकल्पीय अधिवेशन में यह कानून पारित होगा यह वादा उन्होंने किया। मैं विधायक गिरीश बापट से मिला। मुंडे, गडकरी से मिलने की इच्छा जताई। 'हमारा पक्ष साहूकारी विचारों का हिंदुत्ववादी है', यह कहते हुए उन्होंने सहमति दर्शायी। नारायण राणे से मिलने का प्रयास किया लेकिन यह संभव न हुआ। नए मंत्रिमंडल को बिल नए रूप में सम्मत करने की आवश्यकता थी। सामाजिक न्याय विभाग के मंत्री हंडोरे का हस्ताक्षर लेने में काफी समय चला गया। चार मार्च को उपमुख्यमंत्री आर. आर. पाटील ने मुख्यमंत्री को पत्र लिखकर मुझे एक प्रतिलिपि भेज दी। विषय था, 'महाराष्ट्र अंधश्रद्धा निर्मूलन समिति का अंधविश्वास उन्मूलन कानून अर्थसंकल्पीय अधिवेशन में मंजूर करने से संबंधित निवेदन साथ में है। अंधविश्वास को समूल नष्ट करने की आवश्यकता है। इस दृष्टि से जल्द से जल्द उचित कार्रवाई हो।' इस विनती से विधेयक के मंजूर होने की अधिक अपेक्षा थी।

प्रत्यक्ष रूप में भाजपा और दोनों कांग्रेस के विधायकों के तीव्र विरोध के कारण विधेयक प्रस्तुत करना असंभव हुआ। कानून के संबंध में उठाए गए आक्षेप पूर्णत: गलतफहमी पर आधारित थे। अपनी पार्टी की सरकार के प्रस्तुत किए विधेयक का उसी सरकार के विधायक गलत तरीके से विरोध करते हैं और मुख्यमंत्री चुप्पी साधे बैठे रहते हैं, यह अनाकलनीय और वेदनादायी है। लेकिन गणपतराव देशमुख, आड़म और चपट के कारण बिल वापस लेने की नौबत नहीं आई। संविधान ने सभी को धर्म के पालन, उपासना, अलौकिक कल्याण और आध्यात्मिक उन्नति की स्वतंत्रता दी है। इसके विरोध का कानून नहीं बना सकते। ऐसा करने पर वह न्यायालय में नहीं टिक पाएगा और अंधविश्वास उन्मूलन कानून में उस प्रकार का कुछ नहीं है। काला ज़ादू, टोटका, भानमती, भूत निकालना, मंतर से जहर निकालना, औरत को चुड़ैल कहना, मानसिक बीमारी को दैवी प्रकोप कहकर राक्षसी इलाज करना, हाथ की उँगलियों से ऑपरेशन करने का दावा करना, इस प्रकार के शोषण, ठगी करनेवाले अंधविश्वासों के विरोध में यह कानून है। हरदम महात्मा फुले, शाहू महाराज, डॉ. बाबासाहब आंबेडकर के नाम की माला दोनों कांग्रेस जपती हैं। तीनों का कहना था, अंधविश्वास के कारण अतिशूद्रों के अनेक अनिष्ट परिणाम होते हैं। वे ठगे जाते हैं, साथ ही दैववादी और क्रियाशून्य बनते हैं। सामाजिक विषमता-विकृति स्वाभाविक मानकर उसको स्वीकार करते हैं। इस अनिष्टता से उन्हें बाहर निकालने वाले कानून का विरोध क्यों?

प्रबोधनकार ठाकरे ने 1 दिसंबर, 1921 के 'प्रबोधन' मासिक के अंक में 'हम वास्तव में कौन हैं?' इसका उत्तर दिया था। 'जुने पुराने चिथड़ों की गाथा, मनुस्मृति की मुख में गाथा; कर्मठता की करताल हाथों में, अंधविश्वास शरीर पर विभूति। इस समय उन्हें धक्का देकर आगे चलने की उनकी विरासत शिवसैनिक क्यों भूलें? सावरकर ने क्या कहा है? हिंदू राष्ट्र में आज के वैज्ञानिक युग में बेकार होनेवाली खोखली प्रथा, व्रत, मत वे छोड़ें यह करना हमारा कर्तव्य है। उसी प्रकार मुसलमान समाज से भी मेरा यही कहना है कि अशांति का आचरण और क्रूर धार्मिक पागलपन आप जितनी जल्दी हो सके उतनी जल्दी छोड़ें। हिंदुओं पर उपकार के लिए नहीं, वह तो आपके हित के लिए है। संस्कृति रक्षण यानी दुष्ट कृति रक्षण नहीं है। हमें जो प्राप्त करना है, वे धर्मभेद के डंक जिसके आगे ढीले हों वही विज्ञान का बल है। अत: मुसलमानों की तरह पोथीनिष्ठ होना, जैसे को तैसा करने की रीति नहीं है, यूरोपियनों की तरह विज्ञाननिष्ठ, वस्तुनिष्ठ होना ही उसका उपाय है। सावरकर के अपमान से बौखलाने वाले भाजपा को अंधविश्वास उन्मूलन कानून के विरोध में खड़े होना यह स्वतंत्र्यवीर की अवमानना नहीं लगती है! यह कानून हिंदुओं की घुड़दौड़ रोकने के लिए ही बनाया जा रहा है ऐसा शिवसेना ने अपने निषेध घोषणा-पत्र में कहा है। यह उन्नति है या अधोगति, आकार की पूजा, विचारों को भूलना और आचरण को टालना यह महाराष्ट्र की प्रगतिशील परंपरा को लगा हुआ ग्रहण है। वह मानसून अधिवेशन में तो छूटेगा, क्या यह उम्मीद की जाए?

पहला कदम...आगे ही होगा

हजारों मील की यात्रा किसी न किसी पहले कदम से ही शुरू होती है...अंधविश्वास उन्मूलन कानून महाराष्ट्र विधानसभा में पारित हुआ और इस उक्ति की याद आई।

महाराष्ट्र विधानसभा में कानून पारित हुआ। पूरे दिन दूरभाष अविरल रूप से बजता रहा। इसमें कार्यकर्ता थे, अंधविश्वास विरोध से आत्मीयता रखनेवाले लोग थे, नागरिक थे, सर्वदलीय प्रगतिवादी लोग थे। 15 वर्ष की कठिन यात्रा रही। छः मुख्यमंत्री हुए। विधान परिषद में विधेयक पारित हुए 10 साल हुए। मंत्रिमंडल में लगातार चार बार पारित हुआ। आचारसंहिता के समय राज्यपाल ने हस्ताक्षर करने से मना किया। इस प्रकार का कानून बनाने वाला महाराष्ट्र पहला राज्य है, यह सरकार का विज्ञापन तीन वर्ष पहले ही चल चुका है। यह विधेयक हिंदू धर्म पर संकट लाने वाला है; कहकर इसके विरोध में काफी दुष्प्रचार हुआ। यह विधेयक लानेवाले कांग्रेस को हराएँ, यह डंका पिछले विधानसभा में पीटा गया। अप्रैल महीने में विधेयक प्रस्तुत करते समय सत्तासीन पक्ष ने ही कड़ा विरोध किया। विधेयक संयुक्त चिकित्सा समिति की ओर भेजकर ठंडे बक्से में डालकर राजनैतिक रोना रोनेवाला षड्यंत्र खेला गया। ये सभी रुकावटें पार कर अंत में कानून बना (हुश्श!)। यह लड़ाई महाराष्ट्र अंधश्रद्धा निर्मूलन समिति ने लगभग एकतरफा लड़ी है।

कानून से समाज परिवर्तन नहीं होता, यह अर्धसत्य है। जाग्रत जनशक्ति को दंडात्मक शक्ति का जोड़ उपयोगी होता है। अंधविश्वास को कानून के दायरे में लाना अधिक संवेदनशील है। अंधविश्वास और श्रद्धा ये व्यक्ति निरपेक्ष बदलते रहते हैं। किसी की पूज्य श्रद्धा दूसरे को जानलेवा अंधविश्वास लगती है। व्यक्ति संवेदनशील और आक्रामक हो जाते हैं। ऐसे समय में दो समाचार-पत्रों ने प्रश्न किया, 'इस कानून से अंधविश्वास चला जाएगा?' इस वाक् कौल को 35 से 54 प्रतिशत 'हाँ' में जनमत मिलना संभावित था। लेकिन मूल प्रश्न वहीं रह जाता है। जनमत देने वालों ने अंधविश्वास किसे माना है? और वास्तव में कानून क्या है?

भूतपूर्व मुख्यमंत्री सुशील कुमार शिंदे की उपस्थिति में कानून संबंधी पहली बैठक सम्पन्न हुई। उस समय उन्होंने कानून के नाम से 'अंधविश्वास' निकालने

की बात कही। इसलिए कानून का उद्‌देश्य अधिक सटीक तरह से स्पष्ट करनेवाला 'जादू-टोना और दुष्ट प्रथाओं का समूल उच्चाटन अधिनियम 2005' रखा गया। आगे उद्धव ठाकरे की सूचनानुसार उसमें 'अघोरी' शब्द जोड़ा गया। कानून में क्या है? मानसिक रोगी को भूतबाधा हुई है, यह मानकर सेनाली बाबा के दरगाह पर जंजीर से उसे बाँधकर अमानवीय इलाज होते हैं। आदिवासी बहुल जिलों में चुड़ैल समझकर महिला को गाँव से निकाला जाता है। प्रसंगानुरूप उसे जान भी गँवानी पड़ती है। कोई अस्लम बाबा उँगलियों से हृदय की चिकित्सा करने का दावा करता है और उसके आगे हजारों की भीड़ लग जाती है। शरीर में देवी आई है कहकर आतंक उत्पन्न किया जाता है। चमत्कार कर फँसाया जाता है। मंत्र फूँककर साँप का जहर उतारने का दावा किया जाता है। पागल कुत्ता काटने पर घरेलू औषधि दी जाती है। भूत-प्रेत, जादू-टोने का आतंक बंगाली बाबा तैयार करते हैं। ये सभी घटनाएँ अब कानून के अंतर्गत आएँगी। छः महीने से लेकर सात वर्ष तक की सश्रम कारावास की सजा होगी।

13 अप्रैल, 2005 को विधानसभा में प्रस्तुत कानून इससे भी कठोर था। उसका वास्तव में कांग्रेस के विधायकों ने गलत तरीके से विरोध किया और मुख्यमंत्री की सूचनानुसार कम से कम समान मसौदा तैयार किया गया। हिंदू जागरण समिति से सामाजिक न्यायमंत्री हंडोरे ने दो बार चर्चा की। मुख्यमंत्री और उपमुख्यमंत्री की संयुक्त बैठक में विरोधी पक्ष के नेता रामदास कदम, गोपीनाथ मुंडे से चर्चा हुई। विधिमंडल की चर्चा के आक्षेप पर विचार किया गया। कानून का प्रारूप सौम्य किया गया। मूल मसौदे में अंधविश्वास की व्यापक व्याख्या थी। इससे कार्रवाई सीधे और आसानी से हो जाती, उसे छोड़ा गया। अब परिशिष्ट की (उपरोक्त स्वरूप की) घटनाओं को ही अंधविश्वास मानना तय हुआ। स्वयंसेवी संस्थाओं की सक्रियता की उत्तम शिरकत को किनारे कर दिया। यात्राओं में भगवान के नाम पर होने वाली पशुहत्या, शरीर पर नोकदार हथियारों से जख्म करना, नग्न बाबाओं का उल्लेख आदि घटनाओं को एकमत से टाला गया। फिर भी विधिमंडल में और बाहर कानून का किया गया विरोध पूर्णतः राजनीतिक हेतु से प्रेरित था, यही कहा जा सकता है।

विश्व के सामाजिक आयामों के विकासक्रम में एक बात सभी ओर समान दिखाई देती है। प्रत्येक समाज रूढ़ि, कर्मकांड, परंपरा में फँसा हुआ है। उनमें कइयों का धर्माचरण का रूप आया हुआ है। यह सदियों से चला आ रहा है। हम ऐसा क्यों करते हैं इसकी पड़ताल किए बगैर आँखें मूँदकर अनुकरण करते रहते हैं। समाज इसी सामाजिक व्यवहार का अभ्यस्त हो जाता है। बहुसंख्यक समाज उसी प्रकार भोलाराम बनकर आचरण करता है और उससे लाभ उठानेवाला एक मतलबी छोटा वर्ग तैयार हो जाता है। वह इसके लिए धर्म की ओट का उपयोग करता है। विज्ञान का सूरज माथे पर आने के बावजूद अंधेरे का पर्दा लगाने का

समर्थन चालाक पाखंडी बाबा करते रहते हैं। दो साल पहले भूतपूर्व केंद्रीय मानव संसाधन विकास मंत्री संजय पासवान की काली विद्या या जादू-टोना करनेवालों को मान्यता देने की घोषणा भयावह वास्तव का विदारक दर्शन कराती है। भारतीय संविधान के 25 वें कलम के अनुसार धर्म पालन, उपासना, अलौकिक कल्याण, आध्यात्मिक उन्नति की प्रत्येक नागरिक को स्वतंत्रता है। समिति उसका पूरा आदर करती है। इसका विरोधी कानून नहीं बनाया जा सकता और वर्तमान कानून का तो इसमें दूर का संबंध भी नहीं है। दूसरे व्यक्ति को शारीरिक, मानसिक चोट पहुँचाना अथवा उसका आर्थिक-भौतिक नुकसान होने पर ही वह अंधविश्वासमूलक कृत्य समझा जाएगा। यह कानूनन अपराध होगा। न्यायशास्त्र का सरल नियम यह है कि समाज के किसी एक का, किसी प्रकार का कोई जानबूझकर नुकसान करें तो ही उसे गुनाह माना जाए। मेरे शरीर में होनेवाली दैवी शक्ति से मैं बारिश लाता हूँ, ऐसा कोई कहे तो, वह गुनाह नहीं है। किसी को, कितनी भी पगलाई हुई बातें करने की आजादी हमारा संविधान देता है। दूसरे को चोट न पहुँचाना, यही महत्त्वपूर्ण बात है। यह चोट पहुँचानेवाला व्यक्ति किसी भी जाति-धर्म का हो, इससे कोई फर्क नहीं पड़ता। यह कानून पूर्णत: धर्मनिरपेक्ष है। वह सभी अनुयायियों पर लागू होता है।

सामान्य व्यक्ति के जान-माल की रक्षा ही कल्याणकारी सरकार का कर्तव्य है। जो अंधविश्वास, रूढ़ियाँ, परंपराएँ, लोगों के मानसिक और शारीरिक स्वास्थ्य के लिए घातक हैं, उन पर लगाम लगानेवाले अधिकार सरकार को प्रयोग में लाने चाहिए। लोगों के अंधविश्वास के आधार पर स्वयं का पेट भरने वाले सभी धर्म के प्रस्थापित लुटेरों को सरकार के कानून का विरोध होगा ही। अंधविश्वास के जाल में फँसे हुए को वे स्वार्थ के लिए भड़का ही देंगे। इसी से 'धर्म खतरे में है' यह नारा आया है।

महाराष्ट्र में समाज सुधार के लिए जो आंदोलन हुआ, उसका विचार इन अनिष्ट रूढ़ियों, परंपराओं और अंधविश्वास के विरोध में स्पष्ट रूप से था। भाजपा जिनके नाम का जय-जयकार करती है, वे सावरकर और शिवसेना से सीधे संबंध रखनेवाले प्रबोधनकार ठाकरे ने केवल जादू-टोने पर ही नहीं, धर्म पर आधारित अंधविश्वास पर कितना कड़ा और सीधा हमला किया था। ऐसा लगता है, इसका जानबूझकर विस्मरण किया जा रहा है। जादू-टोना, राक्षसी प्रथा से व्यक्त होनेवाला अंधविश्वास असभ्यता का विकृत, गंदा, बीभत्स, अमानवी रूप है। 'हिंदू जनजागरण अभियान' इस नाम से होने वाले कानून का विरोध हिंदू धर्म की प्रगत और बुद्धिजीवी परंपरा का भी विरोधी है। क्या वेद-उपनिषद, भगवद्गीता में इन प्रथाओं का समर्थन किया गया है? यह मंडली कानून का विरोध धर्म के प्रेम के लिए नहीं, धर्म के आधार पर द्वेष की राजनीति पोषित करना संभव हो, इसके लिए करती है। लोगों का शोषण करने वाली 'जादू-टोना और राक्षसी प्रथा' का विरोध हो रहा हो तो उस विरोध को

दर्शानेवाली मंडली लोकविरोधी एवं धर्मविरोधी है ऐसा मानना होगा। यह महाराष्ट्र की सुज्ञ जनता पहचान लेगी यह विश्वास है।

यह कानून विधान परिषद में अविलंब तैयार हो इसके लिए क्या किया जा सकता है? इस संबंध में समिति की कार्य योजना तैयार है। एक जनवरी से समिति महाराष्ट्र जनजागरण अभियान शुरू करेगी। 'हिंदू धर्म पर हमला है' ऐसी झूठी अफवाह फैलाने वाले, इसका प्रचार करने वाले, इसके लिए लोगों के हस्ताक्षर लेनेवाले, हिंदू जागरण समिति को या कार्रवाई को उकसाने वाले और अफवाह फैलाने वाले, सभी पर इस कलम के अनुसार कार्रवाई करें, यह समिति की माँग होगी। कानून की वास्तविकता के संबंध में लोगों को निर्भय होकर आगे आना सबसे महत्त्वपूर्ण है। उनका नाम पूरी तरह गुप्त रखा जाएगा। इस प्रकार की घटनाएँ होनेवाले स्थल पता चलें तो इस कानून से पहले निषेधात्मक और इससे पूरी न हो तो सीधे कानूनी कार्रवाई करने का समिति का प्रयास होगा। इस सर्वेक्षण से कुछ वास्तव सामने आएगा, जिससे कानून में आवश्यक सकारात्मक बढ़ोतरी दृष्टिक्षेप में आएगी। कोई भी कानून परिणामकारक रूप से अमल में लाने के लिए व्यापक प्रबोधन की सर्वाधिक आवश्यकता होती है। इसका सबसे महत्त्वपूर्ण घटक छात्र हैं। छात्रों को कानून के परिशिष्ट से अंधविश्वास क्या है यह समझाना आसान है। शिक्षकों की प्रशिक्षा शिक्षा विभाग की मदद से पूरी कर भविष्य के नागरिकों को अंधविश्वास संबंधी समझदार, विवेकी और प्रशिक्षित करने का काम समिति करेगी। महाविद्यालयों के राष्ट्रीय सेवा योजना के छात्रों की मदद से इस तरह का सर्वदूर सर्वेक्षण हो पाएगा। कानून के अमल में पुलिस अधिकारी सहयोगी साबित होते हैं। समिति की योजना है कि उनका प्रात्यक्षिक के साथ प्रबोधन किया जाए।

इन सभी प्रयासों से अंधविश्वास का मुकाबला केवल प्राथमिक स्तर पर हो पाएगा। अंधविश्वास को मानना चाहिए, ऐसी कई घटनाएँ आज धर्म के आचरण का अविभाज्य अंग बन गई हैं। भगवान के नाम पर होने वाली पशुबलि, सत्यनारायण, नारायण नागबलि, वास्तुशास्त्र, वैभवलक्ष्मी का व्रत, ये श्रद्धा हैं या अंधविश्वास, यह प्रश्न भी बहुसंख्यक को जँचता नहीं है। धर्म के नाम पर राजनीति करनेवाले तो इसका पुरजोर हिंसक विरोध करते हैं। पहले मुसलमान समाज में सुधार लाइए यह हास्यास्पद (लेकिन लोगों को प्रक्षुब्ध बनानेवाला) युक्तिवाद किया जाता है। इस देश में 82 प्रतिशत हिंदू हैं। उनके घर में अंधविश्वास उन्मूलन के नाम पर ज्ञान का दीपक जलाएँ तो समाज के काफी बड़े वर्ग में प्रकाश होगा। बचे हुए अँधेरे को भी धीरे-धीरे अपने पग पीछे खींचने होंगे। यह सीधी बात इस मंडली को समझ में क्यों नहीं आती? आध्यात्मिक गुरुडम तो इस परिधि से पूर्णत: बाहर है। इस स्तर पर महाराष्ट्र अंधविश्वास उन्मूलन आंदोलन अधिक मूलभूत ऊँचाई तक पहुँचता है। धर्मनिरपेक्ष जनमानस तैयार करना कठिन और महत्त्वपूर्ण काम है। भारतीय संविधान

में धर्मनिरपेक्षता का तत्त्व यूरोप खंड के समान लंबी अवधि तक राजसत्ता और विज्ञान के सदियों तक के मंथन से नहीं आया है। हिंदू-मुसलमान मिलाप, सर्वधर्म समभाव यही उनका रूप रहा है। इसलिए रूढ़ि, कर्मकांड, परंपरा, कर्म के आचरण की विधायक चिकित्सा भी जनमानस को नहीं जँचती है। धर्म के आधार पर समाज सुधार, राजनीति करनेवाली शक्तियाँ तो इसका हिंसक विरोध करती हैं। संविधान का आशय, कानून और विवेक शक्ति के आधार पर सार्वजनिक जागरूकता लाना यह समिति का दूसरा काम है। इसमें महाराष्ट्र में न्यायमूर्ति रानडे, महात्मा फुले, डॉ. आंबेडकर, गाडगे बाबा की परंपरा है। इन समाज सुधारकों ने ईश्वर केंद्री धर्म को मानव केंद्री बनाया। समाज विन्मुख धर्म समाज सन्मुख किया। यह प्रबोधन की परंपरा जनमानस में पोषित हो जाए तो आज वे आचरण करने वाली असंख्य घटनाएँ, जो सच्ची धार्मिकता का हिस्सा नहीं हैं उन्हें लोग समझ सकेंगे, या समझें यही समिति का प्रयास है। ऐसा होने पर आवश्यकतानुसार इन घटनाओं के विरोध में 'अंधविश्वास उन्मूलन' इस नाम से कानून बन सकता है। प्रबोधन प्रभावी और परिणामकारक हो तो इसकी आवश्यकता नहीं होगी। यही संत और समाज सुधारकों का मार्ग इस देश में विधायक भावात्मक धर्मनिरपेक्षता ला पाएगा। यह काम कुछ दशक, प्रसंगानुरूप सदी तक करना होगा। इसका समिति को अंदाज है। इसके लिए समिति प्रतिबद्ध है।

(दिसंबर 2005 में यह कानून महाराष्ट्र विधानसभा में पारित हुआ। इसके बाद विधान परिषद में पारित होने की औपचारिकता थी। लेकिन इस पुस्तक के प्रकाशित होने की तारीख तक वह पारित नहीं हुआ है।)

विलासराव जी, टोना-टोटका किसने किया?

मा. विलासराव जी देशमुख,
मुख्यमंत्री महाराष्ट्र राज्य,
सादर नमस्कार,

हाल ही में लातूर जिले में सोनिया जी ने कहा, "मेरी पार्टी के ही कुछ लोगों का महिला आरक्षण के लिए विरोध है।" क्या यह सच है? कुछ ऐसा ही सत्य जादू-टोना विरोधी विधेयक के संदर्भ में भी है। विधान परिषद में अशासकीय प्रस्ताव के द्वारा कानून पारित होने के लिए हो रही देरी अनाकलनीय है। सन् 1995 में विधान परिषद में कानून बनाने का प्रस्ताव बहुमत से पारित हुआ था। आपके नेतृत्व में जनतांत्रिक गठबंधन कम से कम समान कार्यक्रम बनाएगा यह बात सन् 1999 को ही वचनबद्ध हुई थी। मंत्रिमंडल ने चार बार मसौदा पारित किया। विधानसभा में उसके पारित हुए एक वर्ष हुआ है, फिर भी कोई हल नजर नहीं आ रहा है। क्या कारण है? विधानसभा के बाद विधान परिषद में विधेयक पारित करना तो औपचारिकता होती है। वह अर्थसंकल्पीय अधिवेशन में पूर्ण होगा, यह आश्वासन आपने दिया था लेकिन वास्तव में विधेयक प्रस्तुत ही नहीं हुआ। मानसून सत्र में सत्र के अंतिम दिन विधेयक जैसे-तैसे प्रस्तुत हुआ और शीतकालीन नागपुर अधिवेशन में धकेला गया। नागपुर में पहले ही दिन विधेयक प्रस्तुत कर अधिक से अधिक दूसरे दिन पारित करने की घोषणा सतारा के पत्रकार परिषद में संसदीय कामकाज मंत्री हर्षवर्धन पाटील ने की थी। उस समय लगा चलो ग्रहण छूट गया लेकिन उस समय भी तारीख पे तारीख की ही घंटी सुनाई दी। फिर सोमवार को तो अपेक्षा ही नहीं थी; लेकिन मंगलवार के कामकाज पत्रक से विषय ही निकाला गया तो मन आशंकित हुआ और आपको दी गई पूर्वसूचना के अनुसार मैं लातूर में अनशन पर बैठा।

सम्माननीय विलासराव जी, यह अनशन किसी के विरोध में नहीं था। आपके विरोध में तो कतई नहीं था। राजनैतिक इच्छाशक्ति को सामाजिक इच्छाशक्ति की जोड़ मिले, इस भावना से आत्मग्लानि को सहते समाज और सरकार की सद्विवेक

बुद्धि को वह चुनौती थी। यह बात हमने आप तक पहुँचाई। भारत में सर्वप्रथम ऐसा कानून बनाने का श्रेय आपके नेतृत्व को ही मिल जाता। हमारी वेदना थी, लापरवाही असह्य होने से कानून के विरोध में हमेशा लोगों को भ्रमित करने वाले लोग लातूर में हमारे आगे ही बैठ गए। हमारे अनशन स्थल पर होने वाली भीड़ में खुले रूप से लातूर के आपके मतदाता थे। सामनेवाले पंडाल के लोग तो हिंदू राष्ट्रवाद का नारा दे रहे थे। वे खुले तौर पर आपके वैचारिक विरोधक थे। गुट-दल-पक्ष भूलकर उत्साही होकर बौद्ध-दलित समाज ने हमें समर्थन दिया। उन्हें इस कानून में जैसे डॉ. बाबासाहब आंबेडकर का विचार दिखाई दिया। सरकार दलितों के प्रति उदासीन क्यों है, यह आज महाराष्ट्र में दलित समाज का कड़ा प्रश्न है। कानून बना होता तो भावबंध जोड़ने के लिए छोटी-मोटी अनुकूलता प्राप्त होती। अनशन स्थल पर केवल कांग्रेस की ही अनुपस्थिति थी। प्रशासन ने 10 दिनों में कोई हस्तक्षेप नहीं किया। कलेक्टर छोड़िए, सामान्य क्लर्क या हवलदार भी अनशन स्थल पर नहीं आया। बाबा आमटे, सदाशिव अमरापुरकर, ग. प्र. प्रधान ऐसे व्यक्तियों का आपसे फैक्स द्वारा किया गया संवाद भी परिणामशून्य रहा। विलासराव जी, यह असंवेदनशीलता है या आपके निर्वाचन क्षेत्र में अनशन करने की नाराजगी? इस नाराजगी के कारण आपने कानून बनाना टाल दिया, ये कुछ लोगों के विचार आप जैसे धुरंधर राजनेता को लेकर मुझे हास्यास्पद लगते हैं। लेकिन सचाई क्या है यह आप ही बता सकते हैं।

माननीय मुख्यमंत्री महोदय, सप्ताह के पहले दिन विधेयक चर्चा में लाने का आश्वासन पूरा किया गया। यानी इस विधेयक का समावेश पहले दिन के कामकाज-पत्रिका में था। इसके बावजूद कहाँ लापता हुआ पता नहीं पर वह फिर पूरे सप्ताह में अवतरित न हुआ। विधेयक कामकाज में आएँ, यह सामाजिक न्याय विभाग के मंत्री महोदय की विनती भी काम न आई ऐसा क्यों हुआ? संसदीय कामकाज मंत्री ने वचन दिया था, 11 दिसंबर को विधेयक प्रस्तुत होगा। अधिक से अधिक बुधवार तक पारित होगा। लेकिन प्रत्यक्ष रूप में विधेयक के चर्चा में आने के लिए बुधवार शाम तक इंतजार करना पड़ा। उसके बाद जो हुआ वह तो अनपेक्षित ही था। मानसून सत्र समाप्त हुआ तब दिवाकर रावते का विधेयक पर भाषण हो रहा था। इसलिए आगे वही होना अपेक्षित था। लेकिन रावते जी का यह विधेयक संविधान की दी धर्म की स्वतंत्रता का विरोधी है इसलिए वह प्रस्तुत ही नहीं किया जा सकता इस मुद्दे पर ढाई घंटा बहस की। अध्यक्ष होनेवाले उपसभापति महोदय ने, सभापति उस पर कल जवाब देंगे ऐसी घोषणा की। यह अकल्पित था। मानसून सत्र में यही मुद्दा रावते जी ने उठाया था। विधानसभा के पारित किए हुए विधेयक संबंधी बहस का विषय विधान परिषद में नहीं उठाया जा सकता, यह निर्णय उस समय अध्यक्ष महोदय ने दिया था। रावते जी को बैठने के लिए कहकर सामाजिक न्यायमंत्री ने फिर से बिल प्रस्तुत किया और उस पर रावते जी का भाषण शुरू हुआ

था। ऐसा होने पर भी बहस उसी मुद्दे पर शुरू हुई और बचे हुए केवल डेढ़ दिन में अधिवेशन के काल में जो कुछ समय विधेयक के हिस्से में आया उस समय वही चर्चा होती रही और अधूरी रह गई। यह चर्चा अब अर्थसंकल्पीय अधिवेशन में खत्म होगी। फिर विधेयक पर चर्चा शुरू होगी। विधेयक पर लंबे-चौड़े भाषण करने का इरादा शिवसेना ने जाहिर ही किया है। इसके बाद विधेयक पर मतदान होगा। अर्थात, दिल्ली बहुत दूर है। इन्हीं गतिविधियों से परेशान होकर शायद सामाजिक न्याय मंत्री चंद्रकांत हंडोरे ने विधेयक प्राधान्यक्रम से रखने की आग्रही माँग रखी। लेकिन इससे भी कुछ हासिल नहीं हुआ। मा. विलासराव जी, यह वाकई क्यों और कैसे घटित हो रहा है, इसके पीछे का सत्य आप हमें समझा सकते हैं?

प्रिय मुख्यमंत्री जी, आपको यह विधेयक इस सत्र में पारित करना था, यह मेरा आज भी ठोस मत है। आपका कुछ पत्रकारों से हुआ संवाद, मंत्रालय के वरिष्ठ प्रशासन से सुनाई देनेवाली आपके मन की बात, समाचार-पत्रों और दूरदर्शन के समाचार, संसदीय कामकाज मंत्री से हुआ मेरा संभाषण यह सब आश्वासक था। ऐसा होने के बावजूद बीच में कौन-सी रुकावट आ गई, वह आप ही प्रगतिशील महाराष्ट्र को विश्वास दिलाकर उसे क्यों नहीं बताते? इस अधिवेशन में यह एक बिल पारित हो जाए तो भी बहुत है यह आपने कहा और उल्हास पवार को विधेयक 'श्रद्धा' से पारित करवाने के लिए कहा, यह मेरी जानकारी सही है; लेकिन फिर इस विधेयक पर टोना-टोटका किसने किया?

प्रिय. ना. विलासराव जी, राजधानी के बम स्फोट, बाढ़, किसानों की आत्महत्या, इस प्रलय के संकटों को मात करने वाला आपका राजनीतिक सामर्थ्य जादू-टोना विरोधी कानून पारित करने में कम तो नहीं पड़ रहा; इसका दुख है। आप दिल खोलकर बातचीत करें तो समझ पाऊँगा; लेकिन विलासराव जी सत्य कहना मूलत: कठिन है; राजनेताओं के लिए तो और अधिक कठिन होता है। महापालिका, जिला परिषद का चुनाव नजदीक आने से तो और अधिक कठिन; लेकिन मैं क्या करूँ?

हम पर तो जुनून सवार है। विधेयक पारित होने तक हमारा 'अभुआना' जारी ही रहेगा। जादू-टोना विरोधी कानून बने बगैर इसका इलाज नहीं है। लेकिन इस 'अभुआने' को दर्द की जोड़ है और उसके पीछे प्रगतिशील महाराष्ट्र के एल्गार का वज्रपात है, इसको कृपया जान लें। लिखते समय कोई गलती हुई हो तो माफी चाहता हूँ। विधेयक का अगत्य (अर्थसंकल्पीय अधिवेशन में) रहने दें, यही प्रार्थना।

आपका
नरेंद्र दाभोलकर

विवेक की पताका लेंगे कांधों पर

महाराष्ट्र सरकार ने 14 वर्ष की जाँच-पड़ताल के बाद अंधविश्वास विरोधी कानून विधानसभा में पारित किया है। देश के संविधान में प्रत्येक व्यक्ति को धर्म पालन, उपासना, अलौकिक कल्याण और आध्यात्मिक उन्नति की स्वतंत्रता दी गई है। इस मर्यादा में रहकर कोई भी कानून बनाया जा सकता है, यह बंधन अंधविश्वास उन्मूलन कानून ने पूरी तरह माना है। जादू-टोना और तत्सम अंधविश्वास विरोधी कानून, इस नाम से यह अधिक स्पष्ट होता है।

स्वयं को हिंदू जनजाग्रति समिति संबोधित करनेवाली समिति ने इस कानून के विरोध में महाराष्ट्र में अधिकांश नगरों एवं गाँवों में प्रचार किया, पर्चे बाँटे, सिलसिलेवार धरना आंदोलन, मोर्चे जैसे अनेक मार्गों से आंदोलन शुरू किया। यह कानून खारिज हो यह कहने का उन्हें पूर्ण अधिकार है; लेकिन इसके लिए वे अत्यंत झूठा, भ्रमपूर्ण और विद्वेषी प्रचार कर रहे हैं। लिखित रूप में उनका प्रतिज्ञापत्र इस प्रकार है—इस कानून के कारण हिंदू धर्म के दीवाली, होली आदि धार्मिक उत्सव, व्रत-उपवास, कुंभ मेला, पंढरपुर की वारी (पंढरपुर के पांडुरंग का उत्सव), मन्नत, उपवास, सत्यनारायण की पूजा, विवाह के मंत्र पाठ, श्राद्धविधि, दानधर्म, गोंधल, यज्ञयाग, भभूत, तावीज पहनना, ज्योतिषशास्त्र, पंचांग का उपयोग आदि असंख्य बातें, जो प्रत्येक हिंदू के जीवन से संबंधित हैं, उन्हें अंधविश्वास माना जा सकता है। इसी के साथ कानून का उपयोग कर उस पर रोक लगाई जा सकती है। अंधविश्वास का प्रचार-प्रसार करने के नाम पर गीता, रामायण, दासबोध, महालक्ष्मी की पोथी आदि देवी-देवताओं की किताबें छापना गुनाह होगा। इसी के साथ इस कानून के कारण संत परंपरा, संप्रदाय, प्रवचन आदि पर भी रोक आने की संभावना ही नहीं बल्कि भक्तों की नरक में जाने की बारी भी आ सकती है। यह कानून तैयार होने पर हिंदुओं की धार्मिक स्वतंत्रता छीन ली जाएगी। इस कानून का विरोध करने के लिए हिंदू जनजाग्रति समिति के नाम पर अनेक संत, संस्थाएँ इकट्ठा हो रही हैं। हिंदुओ, यह धर्म पंगुओं का नहीं है, यह दिखाने के लिए संगठित रूप से कड़ा विरोध करेंगे।

सत्य और अहिंसा किसी भी धर्म का और स्वाभाविक ही हिंदू धर्म का भी मूल आधार माना जाता है। उपरोक्त प्रतिज्ञापत्र में, पूरे पर्चे पर और आंदोलन में इसका संदर्भ नहीं है। कानून के संदर्भ में किया गया आरोप झूठा है। जादू-टोना, मंत्र-तंत्र, भानमती, टोना-टोटका, डायन कहना, ये और इस प्रकार की असंख्य घटनाएँ आज भी महाराष्ट्र में सभी जगह घटित होती हैं। शिक्षा और विज्ञान का प्रसार भी इन ढकोसलों को बंद नहीं कर पाया है, इसका खेद है लेकिन यह यथार्थ है। इस प्रकार की शिकायत के खिलाफ कार्रवाई करने के लिए वर्तमान कानून सक्षम नहीं है, यह पुलिस का मत है और आंदोलन का अनुभव है। इसी कारण हाथ की उँगलियों से पेट फाड़कर चिकित्सा करने का दावा करनेवाला अस्लम बाबा महाराष्ट्र की बड़ी लूट और लोगों की ठगी कर सही-सलामत रहता है। महाराष्ट्र के बहुसंख्यक आदिवासी बहुल जिलों में अपनी ही बिरादरी की बहनों को डायन समझकर जीना मुश्किल किया जाता है। इस प्रकार के सभी अंधविश्वासों पर कार्रवाई करने के लिए यह कानून कुछ प्रतिशत मदद कर पाएगा। ऐसा कानून लानेवाला महाराष्ट्र भारत का पहला राज्य है। महाराष्ट्र के संतों ने और समाज सुधारकों ने जो विचार दिए हैं, उन्हें कानूनी रूप से आगे बढ़ाने वाला यह कदम है।

लोगों की धर्म भावना अधिक तीव्र करने के लिए इस मुहिम के साथ ही समिति के 'विसर्जित गणपति का दान करें' इस उपक्रम को भी असत्य और अहिंसक पद्धति से भड़काने का काम हो रहा है। महाराष्ट्र में सामान्यतः एक करोड़ परिवारों में प्लास्टर ऑफ पेरिस की गणेश मूर्तियों की स्थापना होती है। एक मूर्ति का वजन सामान्यतः तीन किलो। अंतिम पूजा के बाद मूर्ति में स्थित भगवान नष्ट होते हैं, यह सर्वसामान्य भावना है। अंतिम पूजा के बाद वह मूर्ति पानी में विसर्जित की जाती है। एक ओर महाराष्ट्र के सभी जल स्त्रोत सिकुड़ते जा रहे हैं और प्रदूषित हो रहे हैं, दूसरी ओर प्रत्येक वर्ष पानी में सेट होने के बाद पत्थर की तरह बनने वाले तीन करोड़ किलो प्लास्टर ऑफ पेरिस को कुओं, तालाबों, कैनाल, नदियों में मूर्ति विसर्जन के नाम से फेंका जाता है। इससे बड़ी मात्रा में कीचड़ जमा होता है। पानी के नीचे होने वाले जीवित झरने बाधित हो जाते हैं। मूर्ति चमकदार दिखाई दे इसलिए रासायनिक रंगों से उनकी रंगाई की जाती है। ये रंग मूर्ति के साथ पानी में घुल जाते हैं। मनुष्य की आँख, त्वचा, श्वसन संस्था और सभी जलचर, उभयचर और अन्य पशुओं और जल वनस्पति के लिए जहरीले रासायनिक रंग घातक होते हैं। विसर्जन के बाद तालाब की मछलियाँ मरने के अनेक समाचार आते हैं। रंग तैयार करने के लिए सीसा और पारा उपयोग में लाया जाता है। इससे मतिमंदता, कैन्सर जैसे दुष्परिणाम दिखाई दे सकते हैं। इसलिए समिति अनेक स्तरों पर प्रबोधन की मुहिम चला रही है। धातु या चूने की वनस्पति के रंगों से रंगी मूर्ति गणेशालय को देकर उसकी बिक्री से आनेवाले पैसे गरीब बच्चों की शिक्षा के लिए देना, इन

सभी चीजों के साथ विसर्जित गणेश दान करें, यह भी एक उपक्रम है। अंतिम पूजा कर पानी के स्त्रोतों में विसर्जन के लिए आईं 45 हजार मूर्तियों का दान पिछले वर्ष समिति को मिला। पुणे महानगर निगम ने प्रदूषण से बचने के लिए विसर्जन की सभी जगहों पर तीस अस्थाई हौद बनाए। उसमें तीस हजार मूर्तियाँ विसर्जित हुईं। प्रत्येक शहर के बाहर पत्थर निकालने की बड़ी खदानें बनी हुई हैं। उनमें खूब पानी जमा होता है। तलहटी में पत्थर होने से वह पानी रिसता नहीं है। ऐसी जगह मूर्ति विसर्जित करने से उस पानी में उसका विघटन हो जाता है और खदान में होनेवाली मच्छरों की पैदाइश और मलेरिया की संभावना का प्रसार भी अपने-आप रुक जाता है। जैसे-नेत्रदान, रक्तदान, देहदान उसी प्रकार विसर्जित गणेश मूर्ति का दान भी लोगों को समझ में आ रहा है। पूर्ण रूप से ऐच्छिक पद्धति से यह उपक्रम कार्यान्वियत किया जाता है।

इस पर हिंदू जनजाग्रति का कहना है कि देवताओं का दान लेना, यह देवताओं का अपमान हैं। शास्त्रोक्त पूजा विधि के कारण मूर्ति की पवित्रता आकर्षित होती है। मूर्ति बहते पानी में विसर्जित करने से वह पवित्रता दूर-दूर तक फैल कर उसके वाष्पीभवन से वातावरण में फैल कर सात्विकता दूर तक पहुँचती है। इसी के साथ स्वयं को महाराज कहलवाने वाले कुछ धर्माचार्यों का आशीर्वाद इस पत्रक में इस प्रकार है, 'आज कुछ लोग मूर्तिदान करने के लिए कहते हैं, कल मूर्ति न बनाने के लिए कहेंगे। बाद में यह कहेंगे कि धर्म मात्र प्रदर्शन है। बाद में धर्म है ही नहीं यह घोषित करेंगे। इसलिए गणपति की मूर्ति का दान जैसी धर्मद्रोही मुहिम का विरोध करें। यह दान माँगने के लिए आने वाले अंनिस के हाथ कलम किए जाएँ।'

समाज की धारणा बनाने वाला धर्म, यह धर्म की एक सनातन व्याख्या है। मानवी जीवन का जैसे विकास होता है उसी प्रकार समाज धारणा के लिए धर्म द्वारा किया हुआ आकलन जहाँ अपर्याप्त पड़ेगा, कालबाह्य होगा, मानवी प्रगति में बाधा उत्पन्न होगी, वहाँ उसे बदलना होता है। अगर ऐसा न होता तो महिलाओं को कभी शिक्षा न मिलती और अछूत बंधुओं को नागरिकत्व के अधिकार न मिले होते। पर्यावरण सुरक्षा, पानी के स्त्रोतों की सुरक्षा ही आज के समाज की सबसे बड़ी आवश्यकता है। इसके लिए कालोचित परिवर्तन अपने विचार में अपनी धर्म मान्यताओं में करना होगा। महाराष्ट्र के संतों और समाजसुधारकों ने यह बार-बार कहा है।

तीर्थों में पत्थर पानी।
ईश्वर वास सज्जनों में॥

यह संत तुकाराम ने साढ़े तीन सौ साल पहले कहा है। यह होने के बावजूद जिस प्लास्टर ऑफ पेरिस के पानी में पत्थर ही बनते हैं, उस कर्मकांड का आग्रह किसलिए करें? अंधविश्वास उन्मूलन कानून के बारे में भी यही कहा है। जिस

घटना में लोगों का खुला शोषण, धोखा होता है उसमें उनकी मदद करने वाला कानून आज नहीं है। सभी धर्मों का पूरा आदर जिस कानून में हो रहा हो, उसका विरोध क्यों? कोई विसर्जित गणपति दान करें यह चुनौती, जादू-टोना और तत्सम अंधविश्वासों के संबंध के कानून का विरोध करना यह बात नैतिक रूप से धार्मिक है या अधार्मिक?

ऐसा नहीं है कि हिंदू हित रक्षण के नाम से यह सारा शोर हेतुतः मचानेवाले लोग ये नहीं समझते हैं। फिर भी ये स्वाँग वे क्यों करते हैं? इसका एक कारण है जो सभी जानते हैं। महाराष्ट्र में भिड़ंत की राजनीतिक लड़ाई होनेवाली है। इसलिए 'हिंदुत्व ही राष्ट्रीयत्व' यह लोकसभा के समय भुलाया गया नारा फिर से उच्चारव में लगाया जाने वाला है। अगर ऐसा करना हो तो लोगों की मानसिकता उद्दीपित करनी होगी। धर्म संकट में है, यह डफली बजाकर उन्हें क्रोधित करना है। उस मानसिकता में वे स्वाभाविक रूप से स्वयं को धर्म के पहरेदार कहलाने वालों की ओर से मतदान करेंगे। लेकिन यह हुआ तात्कालिक लाभ। राजनीति, यह तात्कालिक धर्म होता है और धर्म, यह दीर्घकालीन राजनीति होती है। इन लोगों के ये महत प्रयास किसलिए हैं? अंधविश्वास गरीबों को गरीब बनाए रखने की प्रस्थापितों की साजिश है। मानसिक गुलामी उत्पन्न करनेवाला और उस गुलामी को ही लोग अपनी मुक्ति मानें इसके लिए हित संबंधियों द्वारा किया हुआ वह बेमालूम खेल होता है। जब तक यह व्यवस्था बनी रहती है, तब तक इन लोगों के कारनामे बिना रोकटोक के जारी रहते हैं। इसलिए गरीब कभी होशियार न हो और आज तक फूल के गजरे समझने वाले, केवल प्रत्यक्ष रूप में मानसिक गुलामी की जंजीरों के बंधनों से मुक्त न हो पाएँ, यही उनकी इच्छा होती है। यह साफ-साफ लोकहित विरोधी भूमिका है। यह ठीक ही हुआ कि यह विषय मजबूती पर आ गया। लोकहित की भूमिका और आकर्षक आवरण के पीछे रची गई लोकद्रोही साजिश का मुकाबला संत और समाज सुधारकों के महाराष्ट्र में होगा।

मानसिक गुलामी के गढ़

बुवा, बाबा, स्वामी, महाराज, कथित संत-महंतों का एक गतिशील प्रवाह पूरे भारत में और स्वाभाविकत: उसी जोश से महाराष्ट्र में भी प्रवाहित है। वैश्वीकरण के कारण भटके हुए जनसमूह का, धार्मिक राजनीति के लिए, लोगों की धर्मभावना में उभार लाने का धंधा शुरू हुआ। नंबर दो की अर्थव्यवस्था का प्रभाव, उन पैसों के आधार पर खरीदे गए जनसंचार माध्यमों की टोली, इसके पीछे ऐसे अनेक कारण हैं लेकिन इनमें एक विशेष पहलू यह है कि सभी पार्टी के राजनेताओं ने उस बहती गंगा में स्नान करने का उतावलापन दिखाया है। जिस दिन महाराष्ट्र के मुख्यमंत्री ना. सुशील कुमार शिंदे नाणिज नरेंद्र महाराज के दर्शन के लिए गए, उसी दिन पुट्टपर्थी के सत्यसाईं बाबा के आगे विनम्रता से झुके हुए पंतप्रधान अटल बिहारी वाजपेयी और आंध्र प्रदेश के मुख्यमंत्री चंद्रबाबू नायडू की छवि समाचार-पत्रों में छपी। शायद यह कम था कि अलिबाग में नगराध्यक्ष श्रीमती सुनीता नाईक ने नरेंद्र महाराज को मानपत्र दिया। संविधान में वैज्ञानिक दृष्टिकोण, भारतीय नागरिक का कर्तव्य बताया गया है। ऐसे समय में स्वयं खुले रूप से चमत्कार का अवतार कहलवाने वाले और साधारण चमत्कार (यानी जादू के प्रयोग) को अपनी दैवी शक्ति का आविष्कार बताने वाले सत्यसाईं बाबा की ओर जाते समय देश के पंतप्रधान को वैज्ञानिक दृष्टिकोण का यह कर्तव्य रोक नहीं पाया। हरदम फुले, शाहू, आंबेडकर की भाषा बोलने वाले महाराष्ट्र के मुख्यमंत्री को नरेंद्र महाराज पर स्तुति सुमन फेंकते समय यह विरासत याद नहीं आई। 'हायटेक' मुख्यमंत्री चंद्रबाबू नायडू का आधुनिक मन सत्य साईंबाबा के आगे झुकते समय शर्मसार नहीं हुआ और आज भी जो पार्टी निष्ठा से मार्क्सवाद का नाम लेती है, उस किसान कामगार पक्ष की नगराध्यक्षा श्रीमती सुनीता नाईक ने नरेंद्र महाराज को मानपत्र देते समय, वे बड़ी गंभीर गलती कर रही हैं यह समझ न सकीं।

नाणिज भेंट का नमूना

रत्नागिरी जिले के कांग्रेसवालों ने मुख्यमंत्री सुशील कुमार शिंदे को नरेंद्र महाराज

से मिलने के लिए स्पष्ट विरोध किया था। वे उनसे न मिलें इसलिए मैंने प्रत्यक्ष उनसे संपर्क बनाने के लिए उनके कार्यालय में लगातार प्रयास किया, जो असफल रहा। समाज सुधारकों के महाराष्ट्र में मुख्यमंत्री विवादास्पद बाबा से मिलने के लिए जाते हैं, जिससे संत और समाजसुधारकों से बाबा का कौल अधिक वजनदार होने का संदेश जाता है। इसकी प्रतिकृति रत्नागिरी की अंधश्रद्धा निर्मूलन समिति ने शहर में बनाई और यह देखा नहीं जाता इसलिए आँखों पर पट्टी बाँधकर अभिनव पद्धति से धरना दिया। पत्रकारों ने रत्नागिरी जिले में ग्रामसेवक रहे नरेंद्र महाराज उर्फ भूतपूर्व सूर्वे को लेकर मुख्यमंत्री पर प्रश्नों की बौछार की फिर भी मुख्यमंत्री नरेंद्र महाराज से मिलने गए। महाराष्ट्र के सबसे युवा संत के नाम से उन्होंने उनकी जयजयकार की। उनमें गाडगे बाबा का कर्मवाद और विवेकानंद का चिंतन दिखाई देता है ऐसा जाहिर किया। नरेंद्र महाराज अंधविश्वास उन्मूलन का महान कार्य करते हैं, यह उनका विधान तो हतबद्ध करनेवाला था।

नरेंद्र महाराज के मठ की ओर से अधिकृत रूप से बेचे जाने वाले नरेंद्र लीलामृत के हर पन्ने पर चमत्कार है। इनमें से एक भी चमत्कार का कोई प्रमाण महाराज नहीं दे सकते। अपनी ही एक अभिव्यक्ति में उन्होंने इसे कबूला है, जो उपलब्ध है। आज भी महाराज नए-नए चमत्कारों के दावे करते हैं, इसका भी प्रमाण है। 'चित्रलेखा' के दो संवाददाताओं के साथ पाँच वर्ष पहले नाणिज के मठ में बुरी तरह मारपीट हुई थी। इसी महाराज ने 1999 में निश्चित रूप से दुनिया डूब जाएगी ये जाली भविष्यवाणी की थी। अंधश्रद्धा निर्मूलन समिति जैसे अपने विरोधकों के संबंध में नरेंद्र महाराज बड़ी अनुदार, असभ्य और असहिष्णु भाषा का प्रयोग करते हैं और समिति के कार्यकर्ताओं पर झूठे आरोप लगाते हैं। सब कुछ त्याग कर शुद्ध मानवतावादी और विवेकवादी भूमिका से समाज सेवा के लिए अपना पूरा जीवन अर्पित करनेवाले गाडगे बाबा, तुकडोजी महाराज और विनोबा जैसे संत कहाँ? और चकाचौंध आलीशान जिंदगी में मशगूल नरेंद्र महाराज कहाँ? महाराष्ट्र के सुज्ञ मुख्यमंत्री को इसकी जानकारी ही नहीं है, इतने अशिक्षित या गाफिल हैं, ऐसा कहना बेवकूफी होगी। इसलिए अधिक गहराई में जाकर ये सभी राजनेता बुवा-बाबाओं के चरण में क्यों चले गए, इसकी खोज करनी चाहिए। स्वयं को बड़े अभिमान से सनातनी हिंदू कहलवाने वाले राष्ट्रपिता महात्मा गांधीजी को कभी किसी बाबा की शरण में जाने की जरूरत महसूस नहीं हुई। पंडित जवाहरलाल नेहरू 17 वर्ष देश के प्रधानमंत्री थे लेकिन किसी भी बाबा, बुवा, महाराज, स्वामी की दहलीज गलती से भी चढ़ें ऐसा उन्हें कभी नहीं लगा। इंदिरा गांधी से कांग्रेस पार्टी में और अन्य पार्टियों में भी बाबा, महाराज के आगे 'दंडवत प्रतियोगिता' जोर से शुरू हुई। अपवाद में केवल मधु दंडवते, भूतपूर्व पंतप्रधान गुजराल जैसे कुछ व्यक्ति थे और दोनों कम्युनिस्ट पक्ष के ही थे।

बौनेपन की कबूली

चुनाव की राजनीति में किसी भी प्रकार से जीतकर आना ही सर्वाधिक अग्रक्रम की घटना बनी हुई है। खुद का कर्तृत्व, चरित्र, पक्ष संगठन, ईमानदार राजकीय व्यवहार से चुनाव में जीतकर आने का विश्वास अधिकतर राजनेताओं ने खो दिया है। ऐसे समय में जिनके पास भीड़ है, वहाँ जाना या बाबाओं के कारण भीड़ इकट्ठा होती है, इसलिए कार्यक्रमों में उन्हें बुलाना अटल बन जाता है। सत्ता का संसार सदैव अस्थिर होता है। उसमें सत्ता प्राप्त करना और उसे बनाए रखना जैसे जीने-मरने का सवाल होता है। इन सभी राजनेताओं का नसीब पर बड़ा विश्वास होता है। इसलिए बाबा हमारे संकट समझ लेंगे और स्वयं की दैवी शक्ति से उसे बदलेंगे, ऐसा भी राजनीतिक भक्तों को लगता है। महाराष्ट्र में किसी भी पार्टी का राजनेता शाहू, फुले, आंबेडकर, गाडगे बाबा का नाम लेकर ही बात शुरू करता है। लेकिन अपने आचरण में इन महापुरुषों के विचारों का अंश होना चाहिए, इस बात की उसे थोड़ी भी फिक्र नहीं है। कथनी और करनी में फर्क तो होगा ही लेकिन इस पर ध्यान देने की जरूरत नहीं है, यही वे मानते हैं। अंधविश्वास उन्मूलन कानून बनाने वाले और स्वयं की विवेक चेतना को याद कर मुख्यमंत्री पद की शपथ लेनेवाले ना. सुशील कुमार शिंदे खुलेआम नरेंद्र महाराज के पास जाते हैं इसका अर्थ क्या समझें?

श्रद्धा की जाँच नहीं

मानव संस्कृति के विकास का इतिहास मूलत: श्रद्धा की पड़ताल करने का इतिहास है। जो वैज्ञानिक दृष्टिकोण संविधान में भारतीय नागरिक का कर्तव्य है और शैक्षिक मूल्य शिक्षा में इसका समावेश है, वह वैज्ञानिक दृष्टिकोण व्यवहार में लाने का आग्रह शिक्षा संस्थान शायद ही करते हैं। वैज्ञानिक दृष्टिकोण मानें तो चमत्कार करने का दावा करने वाला बाबा, फिर वह सत्यसाईं बाबा हो या नरेंद्र महाराज, 'फ्रॉड' है, यह स्कूल में पुरजोर रूप से बच्चों को समझाना होगा। इससे कम से कम हमारे राजनेता विसंगत वर्तन करते हैं, यह बच्चों के मन में पोषित हो और इन बच्चों में कल के मतदाता बनने पर कुछ जिद करने की संभावना का निर्माण हो। लेकिन आजकल सभी बाबा, बुवा श्रद्धा का विषय बन चुके हैं। उनकी जाँच खुले रूप से करना यानी रोष मोल लेना हैं। जनसंचार माध्यम भी स्पष्ट भूमिका लेने के बजाय समाचार देने में ही धन्यता मानते हैं। इस आधुनिक गुरुडम के क्षेत्र में खोजी पत्रकारिता बहुत आवश्यक है। लेकिन कई कठिनाइयों के कारण यह नहीं हो पाता। नाना महाराज की बैठक, यह एक रायगढ़ जिले की बड़ी घटना है। इस बैठक का व्यक्ति अपने जीवन विषयक सभी महत्त्वपूर्ण प्रश्न वहाँ के प्रमुख द्वारा

नाना महाराज तक पहुँचाता है और महाराज के मुख से निकले उत्तर सर आँखों पर मानकर आचरण करता है। क्या यह गंभीर रूप की मानसिक बीमारी नहीं है? लेकिन ऐसे विषय विस्तार से और गहराई से सामने नहीं आते हैं। कुल मिलाकर बढ़ते गुरुडम के वातावरण को खत्म करने वाली घटना घटित नहीं होती। इसलिए बाबा-बुवाओं की ओर जाने वाले राज नेताओं को विचार करने की आवश्यकता महसूस नहीं होती।

नैतिकता की आवश्यकता और व्यापक व्यवस्था परिवर्तन

नैतिकता की आवश्यकता और व्यापक व्यवस्था परिवर्तन वर्तमान मूल्य प्रदूषित वातावरण में नैतिक रूप से जीने की चाह रखने वाले व्यक्ति के लिए एक घुटन है। जो आचरण है वह उचित नहीं, यह समझ सकते हैं; लेकिन उचित व्यवहार का साहस भी बाकी नहीं होता। राजनीतिक व्यक्ति भी संवेदनशील होते हैं। अपना पतन भी उन्हें चुभता रहता है लेकिन सच्चे रूप से नैतिक जीवन जीना उनकी पहुँच से बाहर होता है। ऐसे समय इन बाबा-बुवा महाराजों का भ्रामक-नकली आध्यात्म उन्हें कुछ क्षणों के लिए चैन देता है।

दरअसल, आज के समाज को नैतिक बनने के लिए एक व्यापक व्यवस्था परिवर्तन की आवश्यकता है। यह परिवर्तन बाबा-बुवा-महाराज समझ सकते हैं, इतनी उनकी औकात नहीं है और ऐसे व्यवस्था परिवर्तन में उनका हित नहीं संभाला जाएगा। वामनराव पै के प्रवचन में स्त्री मुक्ति और व्यसनमुक्ति संबंधी प्रश्नों के उत्तर देते समय बताते हैं कि 'यह प्रश्न हमारे यहाँ अस्तित्व में नहीं है। हमारी ओर आने वाले सभी लोग पत्नी को सम्मान देते हैं और व्यसन से तो हमारा संबंध ही नहीं है।' यह समस्याओं की सबसे अच्छी सुगमता है। पुरुष प्रधान व्यवस्था या इस संदर्भ में व्यसन वर्धक सरकार नीति को नजरअंदाज कर दिए गए ये जवाब बड़े चतुर लगे। वास्तविक समस्या के हल से कोसों दूर। बाबाओं को असल प्रश्नों का समाधान नहीं करना होता। उन्हें कहाँ वोट माँगने जाना होता है? राजनेताओं और समाज के गंभीर प्रश्न सच्ची मूलभूत पद्धति से सुलझाने में वे सक्षम नहीं हैं, इसकी उन्हें पूरी कल्पना होती है। दरअसल, वर्तमान बहुसंख्यक राजनेता और बुवा-बाबा-महाराज की मिलीभगत एक-दूसरे के गले ना मिली हो तो अचरज की बात होगी।

इसलिए अंधविश्वास उन्मूलन की, गुरुडम विरोधी, मानसिक गुलामी के विरोध की और विवेकवादी आत्मचेतना पोषित करने की लड़ाई कठिन हो रही है यह सच है, लेकिन इस स्थिति में भी विजय प्राप्त करने का मार्ग और हिम्मत महाराष्ट्र के समाजसुधारकों की विरासत ही देगी ऐसा दृढ़ विश्वास हम रखे हुए हैं।

वैज्ञानिक एहसास का शैक्षिक घोषणा-पत्र

इक्कीसवीं सदी की शुरुआत में ही भारत के एक बड़े शिक्षा संस्थान की इच्छा है कि 'वैज्ञानिक एहसास और अंधविश्वास उन्मूलन का शैक्षिक घोषणा-पत्र' तैयार हो। लेकिन इसे प्रगतिशील महाराष्ट्र का कौन-सा लक्षण कहा जाए? दरअसल, ये सब संस्थात्मक आधार वैज्ञानिक दृष्टिकोण के पक्ष में खड़े हैं। भारतीय संविधान में वैज्ञानिक दृष्टि रखना नागरिकों का कर्तव्य माना गया है। शैक्षिक नीति में वैज्ञानिक मानसिकता उत्पन्न करना महत्त्वपूर्ण मूलभूत तत्त्व है, मूल्य शिक्षा में वैज्ञानिक दृष्टिकोण का समावेश है। आज के विश्व में एक कदम भी विज्ञान के बगैर रखना असंभव है। प्रौद्योगिकी तथा मनुष्य संसाधन में भारत विश्व में पाँचवें स्थान पर है। अब इसी के साथ दूसरा चित्र देखिए। पुणे शहर में अमावस को लगभग 20 हजार ऑटो रिक्शा में नीबू-मिर्च लगाया जाता है। यह भी सबको पता है कि नीबू में पोषक जीवनसत्व होते हैं। भारत में कुपोषित बालकों को यह जीवनसत्व मिलना चाहिए, यह भी उन्हें स्वीकार्य है। लेकिन फिर भी 20 हजार नीबू सुखाकर और फिर 20 हजार नीबू ट्रक के पहिए के नीचे दबाकर उनका व्यर्थ उपयोग होता है। इसमें कुछ गलत है, ऐसा किसी को नहीं लगा तो क्या इसमें शिक्षा की हार नहीं है? इस उदाहरण से यह बोध मिलता है कि हमने विज्ञान की सृष्टि स्वीकार की; लेकिन विज्ञान की दृष्टि नहीं ली है। विज्ञान को आचरण में लाए लेकिन विज्ञान की विचार-प्रणाली नहीं समझ सके।

यह महाराष्ट्र में घटित नहीं हुआ इसकी वेदना और तीव्र है। महाराष्ट्र को लोकहितवादी, सुधारक आगरकर, महर्षि शिंदे, महात्मा फुले, डॉ. आंबेडकर, स्वातंत्र्यवीर सावरकर, गाडगे बाबा, प्रबोधनकार ठाकरे जैसे दिग्गज समाजसुधारकों की श्रेय सूची है। उन सभी ने अनेक क्षेत्रों में कार्य किया लेकिन अपनी बौद्धिक सोच को नहीं खोया। तर्क और कार्यकारण भाव से जो सिद्ध हुआ उसी को माना। रूढ़ियाँ, अंधविश्वास, धर्मशास्त्र क्या कहते हैं इसकी जाँच की। इनमें से अधिकतर कार्य एक सूत्र में पिरोया था। वह सूत्र था, 'समाज के बहुसंख्यकों के ज्ञान लेने पर रोक है', इसलिए वे अज्ञान हैं। आस-पास की घटनाओं का कार्यकारण भाव

खोजने का वैज्ञानिक दृष्टिकोण उनमें विकसित नहीं हो सकता। ज्ञान की रुकावट से अज्ञान और अंधविश्वास जन्म लेता है। इसलिए धर्म की श्रद्धा में धर्म का भोलापन बढ़ता है। इससे प्रत्यक्ष-अप्रत्यक्ष शोषण होता है लेकिन धर्म के भोलेपन से मानसिक गुलामी उत्पन्न होने के कारण यह शोषण समझ में नहीं आता। इसके विपरीत उस मानसिक गुलामी का ही समर्थन, संवर्धन और उदात्तीकरण भी किया जाता है। इस कारण व्यक्ति और समाज की बड़ी हानि होती है। इसकी टाल-मटोल में तो बुद्धि का उपयोग करना होगा और उसके उपयोग के लिए शिक्षा प्राप्त करनी होगी। आश्चर्य यह कि आज महाराष्ट्र में और भारत में एक विचित्र वास्तविकता है। जो अनपढ़, अल्पशिक्षित और जो उच्च शिक्षा विभूषित हैं, वे सभी वैज्ञानिक दृष्टिकोण जीवन में प्रयोग करने में अज्ञानी हैं। मन्नत की पूर्ति के लिए भगवान को बकरे की बलि देने वाला अनपढ़ गँवार और स्वयं की इच्छापूर्ति के लिए त्र्यंबकेश्वर को सोने का साँप देकर नारायण बलि की पूजा करनेवाले विश्वविद्यालय के कुलपति में कैसे फर्क करें? लेकिन इस भयावह वास्तविकता पर उपाय तो खोजना ही होगा। सन् 1953 में लोकसभा में विज्ञान विषयक नीति प्रस्तुत करते समय प्रधानमंत्री पंडित जवाहरलाल नेहरू ने वैज्ञानिक दृष्टिकोण के पीछे व्यापक जीवन नीति का कितना अच्छा दिग्दर्शन किया था। वह इस प्रकार है—'Scientific temperament is process of thinking, method of action, search of truth, way of life, spirit of a free man.'

वैज्ञानिक दृष्टिकोण, यह विचार करने की एक विशेष पद्धति है। निरीक्षण, तर्क, अनुमान, गणित, प्रमाण एवं प्रयोग से साबित हुए विधान ही सत्य हैं, ऐसा यह पद्धति मानती है। प्रत्येक कार्य के पीछे कारण है। वह कारण व्यक्ति की बुद्धि समझ सकती है लेकिन प्रत्येक व्यक्ति आज कारण नहीं समझ पाता है। उदाहरण—कैन्सर कैसे होता है यह आज पता नहीं है—फिर भी वह जब समझ में आएगा, उस समय वह प्रक्रिया वैज्ञानिक दृष्टिकोण की ही होगी। इतनी बात आज भी हम समझ सकते हैं, यह इस विचार पद्धति का मूल तत्त्व है। अनुभव यह कहता है कि वैज्ञानिक दृष्टिकोण का यह अर्थ विज्ञान महाविद्यालयों के छात्रों को भी पता नहीं होता। जिन्हें पता होता है, वे स्वयं की पढ़ाई के आगे प्रकृति के जीवन घटकों से कार्यकारण भाव का सूत्र सहजता से नहीं लगा पाते। इसलिए जिनका बड़ा बोलबाला होता है ऐसे कथित चमत्कार, वास्तुशास्त्र, फेंगशुई, रेकी जैसे प्रकार, माता शरीर में आनेवाली घटना, भानामती का रहस्य जैसी घटनाएँ तो होंगी ही। कुछ सत्य तो होगा ही, इतने लोगों को अनुभव रहा हो तो क्या वे झूठ बोलते हैं? ऐसा पैंतरा लिया जाता है। इसलिए विचार करने की प्रक्रिया कहकर अगर वैज्ञानिक दृष्टिकोण पोषित किए जाएँ तो ही यह उलझन खत्म हो सकती है। वैसे सर्वाधिक योग्य शिक्षा क्षेत्र तो है ही । लेकिन यह तो वैज्ञानिक दृष्टिकोण की शुरुआत है। इस विचार पद्धति से

व्यक्ति कार्यप्रवण होना चाहिए, यह पंडित नेहरू की अपेक्षा है और वह सही भी है। विचारों को मानना और उनका प्रसार करना इतना तो संभव है ना? किसी भी बदलाव में 'विचार, उच्चारण, प्रचार, आचरण, संगठन और संघर्ष', ये छः स्तर होते हैं। इनमें से उचित प्रकार से विचार करना, उसका हर दम उच्चारण करना और हो सके तो प्रसार करना, इतना तो किया ही जाना चाहिए। इसलिए भी शिक्षा क्षेत्र ही सर्वाधिक उपयुक्त है।

आचरण, संगठन और संघर्ष यह अगला स्तर है और उस स्तर पर मर्यादित लोग ही होंगे। तीसरा निकष है, सत्य शोधन की प्रक्रिया का। भारतीय समाज में यह बदलाव क्यों नहीं आ रहा, इसका एक स्पष्टीकरण न्यायमूर्ति रानडे ने दिया है। वह इस प्रकार है कि 'रूढ़ियों का प्रभाव, नशा लाता है। अच्छा-बुरा इसमें फर्क करने की शक्ति हम खो देते हैं। विवेक की शक्ति के बजाय बाह्य शक्ति की शरण में जाते हैं।' एक सरल उदाहरण देखिए। आधुनिक विश्व में समय का असीम महत्त्व है लेकिन फिर भी लाखों भारतीय श्मशान में आने-जाने और पिंड को कौआ छूने की बाट जोहते करोड़ों घंटे बरबाद करते हैं। इसकी चिकित्सा भी किसी को पसंद नहीं। ऐसे नशे से बाहर लाने के लिए या यह नशा ही न हो इसके लिए वैज्ञानिक दृष्टिकोण का इंजेक्शन शिक्षा के द्वारा ही दिया जा सकता है।

जीवन जीने का मार्ग (way of life) वैज्ञानिक दृष्टिकोण दर्शाता है। इसका अर्थ यह है कि वैज्ञानिक दृष्टिकोण आकलन की प्रगल्भता उत्पन्न कर सकता है। इस देश के अनेक प्रश्न आकलन की प्रगल्भता के अभाव से उत्पन्न हुए हैं। अतः सबसे महत्त्वपूर्ण मुद्दा है, सामान्य व्यक्ति के दैनिक जीवन का। वैज्ञानिक दृष्टिकोण व्यक्ति के जीवन में आकलन की क्षमता का निर्माण करता है। इसलिए स्वयं के जीवन में प्रश्नों के उत्तर ठीक से खोजने की सजगता उस सामान्य व्यक्ति में होनी चाहिए। वह समझ सकता है कि देश की प्रगति का मूल्यांकन चाँद पर पहुँचना या परमाणु बम बनाना है या वही खर्च बचाकर हर गाँव में नल से पीने का पानी देना, या गर्भवती माताओं और नवजात शिशुओं की मृत्यु रोकना है? अंतिम महत्त्वपूर्ण मुद्दा यह कि अब केवल 18 वर्ष का युवा मतदान करता है और देश का भविष्य निश्चित करता है। लेकिन स्वयं का मूल्य, यानी आत्मिक समझ प्रकट करने के लिए उसे किसी प्रकार की प्रशिक्षा आज की शिक्षा व्यवस्था नहीं देती। स्कूली और महाविद्यालयीन शिक्षा में वैज्ञानिक दृष्टिकोण जितने प्रभावी रूप से पोषित होगा, उतना प्रतिशत परिवर्तन होगा। इस युवक को 'spirit of free man' मिले, जिससे प्रलोभन पर विजय पाना उसके लिए संभव होगा।

महाराष्ट्र की बहुसंख्यक शिक्षा संस्थाएँ आज भी हरदम फुले, शाहू, आंबेडकर का जप करती हैं। कुछ तो स्वयं को सावरकर के वारिस कहते हैं। विज्ञान शिक्षा सघन रूप से और उच्च स्तर पर देने वाली अनेक संस्थाएँ महाराष्ट्र में मौजूद हैं।

लेकिन फिर भी समान वैज्ञानिक दृष्टिकोण बने यह बात दूर की और कठिन दिखाई पड़ती है। यह मन में भ्रम और आशंका निर्माण करने वाली बात है। महाराष्ट्र में 2000 महाविद्यालय, 16000 माध्यमिक विद्यालय और 72000 प्राथमिक स्कूल हैं, जिनके शिक्षकों-अध्यापकों की संख्या तो लाखों में हैं और वे जिन छात्रों को संस्कार देते हैं, उनकी संख्या तो करोड़ों का आँकड़ा पार करती है। इसलिए वैज्ञानिक समझ और अंधविश्वास उन्मूलन का शैक्षिक घोषणा-पत्र अच्छे रूप से सिद्ध हो और उसे शिक्षा संस्थाएँ स्वीकार करें, तो जरूर वैज्ञानिक समझ का सवेरा महाराष्ट्र में रोशनी लाएगा।

छात्रों में वैज्ञानिक दृष्टिकोण कैसे पोषित करें?

भारतीय संविधान में वैज्ञानिक समझ होना यह नागरिकों का कर्तव्य माना गया है। शिक्षा के 10 मूलभूत तत्त्वों में से एक महत्त्वपूर्ण मूल तत्त्व वैज्ञानिक मनोभाव की उत्पत्ति भी है। मूल्य शिक्षा में वैज्ञानिक दृष्टिकोण इस मूल्य का समावेश है। हम सभी विज्ञान युग में जी रहे हैं। विज्ञान की सहायता के बगैर एक कदम भी आगे रखना संभव नहीं होता है। वैज्ञानिक अनुसंधान में भारत की घुड़दौड़ जारी है और तकनीकी से विकसित संसाधन में भारत का विश्व में चौथा नंबर है।

इसी के साथ एक विकृत अंतर्विरोध भी हमारे सामने आता है। लगभग डेढ़ सौ वर्ष पहले ब्रिटिशों ने भारत में पहली रेल शुरू की। वह मुंबई से ठाणे जाती थी। किसी भी पशु के बल के बगैर चलने वाली यह गाड़ी उस समय लोगों के लिए अद्‌भुत थी। स्वाभाविक रूप से हर गाड़ी छूटने से पहले गाड़ी के आगे नारियल तोड़ा जाता। गाड़ी के इंजन को हल्दी-कुमकुम लगाया जाता और उस पर नीबू, मिर्च और काली गुड़िया टाँगी जाती। डेढ़ सौ साल बीत चुके हैं। मानव जीवन बदला है। डेढ़ सौ साल पहले के कपड़े कोई नहीं पहनता। आज शिक्षा पद्धति में परिवर्तन हो गया है। तत्कालीन यातायात के साधनों का कोई प्रयोग नहीं करता। लेकिन इस पूरी आधुनिकता के साथ आज भी घर में दो या चार पहियोंवाली नई गाड़ी आने पर नारियल तोड़ा जाता है। हल्दी-कुमकुम लगाया जाता है। नीबू, मिर्च, काली गुड़िया लगाई जाती है। उच्च विद्या से विभूषित लोग तक खुद के भवन निर्माण की शुरुआत के समय खुली जगह पूजा कर नारियल तोड़ते हैं और घर की चौखट तक तामीर का कार्य होने पर उस पर काली गुड़िया और नीबू-मिर्च बाँधते हैं। हम यह कह सकते हैं कि हमारे पास वैज्ञानिक सृष्टि आई है लेकिन विज्ञान की दृष्टि नहीं आई। विज्ञान आचरण में आया है लेकिन विज्ञान की वैचारिकता आचरण में नहीं आई है।

संविधान में, शिक्षा के मूल तत्त्वों में, मूल्य शिक्षा में, विज्ञान के उपयोग में आने वाला यह महत्त्वपूर्ण वैज्ञानिक दृष्टिकोण क्या है? वैज्ञानिक दृष्टिकोण के लिए समानार्थी शब्द बताइए यह प्रश्न मैंने महाराष्ट्र की कई शिक्षा संस्थाओं, महाविद्यालयों में पूछा है। कहीं भी वैज्ञानिक दृष्टिकोण यानी 'कार्यकारण भाव की जाँच' ऐसा

सीधा जवाब नहीं मिला। प्रत्येक कार्य का कारण होता है, वह मानवी मस्तिष्क समझ सकता है। ऐसा हरगिज नहीं है कि सभी कार्यों के पीछे होनेवाला कारण हमें पता है। जैसे कि कैन्सर का कारण आज विज्ञान को पता नहीं है लेकिन वह जिस समय समझेगा उसमें विज्ञान होगा। इसकी निर्णायकता में वैज्ञानिक दृष्टिकोण ही सर्वाधिक भरोसेमंद मार्ग है। यह कार्यकारण भाव जिस पद्धति को जाँचता है, उसे वैज्ञानिक प्रक्रिया कहा जाता है। निरीक्षण, अनुमान, तर्क, अचूक गणित अनुभूति और प्रयोग, इस आधार पर ही यह प्रक्रिया सिद्ध होती है। वह हरदम वस्तुनिष्ठ होती है, व्यक्तिनिष्ठ नहीं और सार्वजनीन होती है। वैज्ञानिक दृष्टिकोण से सिद्ध हुआ सत्य, समान स्थिति में पूरी दुनिया में एक ही प्रकार से सिद्ध होता है।

यह दृष्टिकोण प्रयोगशाला में प्रमाणित करना और स्वयं के जीवन व्यवहार का सूत्र होना, ये दोनों बातें दरअसल एक होनी चाहिए। लेकिन भयावह वास्तविकता यह है कि प्रयोगशाला में वैज्ञानिक दृष्टिकोण का कुशलतापूर्वक कार्यान्वयन करनेवाले छात्र दैनिक जीवन में उस दृष्टिकोण के प्रभाव से किसी प्रकार का आचरण नहीं करते। इसका महत्त्वपूर्ण कारण है, वैज्ञानिक दृष्टिकोण का केवल प्रयोगशाला में प्रयोग करना। यह केवल एक पक्ष न होकर जीवन जीने का मार्ग भी है यह उनके अध्यापक उन्हें नहीं सिखाते। इसका कारण भी यही है कि अध्यापक भी विज्ञान को आचरण में लाते हैं; विज्ञान की वैचारिकता को नहीं। इसलिए वैज्ञानिक दृष्टिकोण को रोजमर्रा के जीवन में आचरण में लाना भी उसे विकसित करने का महत्त्वपूर्ण अंग है।

इस संबंध में कुछ बातें प्रत्यक्ष रूप से कर सकते हैं। छात्रों के मन पर प्रतिबिंबित कर सकते हैं। महाराष्ट्र की विधानसभा में जादू-टोना विरोधी कानून पारित किया गया है। इसका एक लाभ यह है कि वैज्ञानिक दृष्टिकोण विरोधी अंधविश्वास क्या है, कम से कम इसका एक प्रारूप अब अधिकृत रूप से उपलब्ध है। इसमें टोटका, भानमती, भूत द्वारा पकड़ना, मंत्र-तंत्र, देवी सवार होना, चुड़ैल प्रथा आदि घोषित कर किए जानेवाले इलाज कार्य ये सभी बातें खुले रूप से वैज्ञानिक दृष्टिकोण विरोधी हैं और इसलिए ये अंधविश्वास ही हैं, यह छात्रों को स्पष्ट कहना चाहिए।

जिसे हम भ्रामक विज्ञान कह सकते हैं, ऐसी घटनाएँ वैज्ञानिक दृष्टि से सिद्ध हुई घटनाएँ हैं। यह चर्चा हो रही है कि फल ज्योतिष का कोई वैज्ञानिक आधार नहीं है। ये कई खगोलशास्त्रियों ने सप्रमाण बताया है। कोई वास्तु किसी पद्धति से बनाया जाए तो लाभ होगा इसका परामर्श देने वाला शास्त्र किसी भी वास्तु में दरवाजा, पानी की टंकी कहाँ है इस पर उस वास्तु में रहनेवाले व्यक्ति की सफलता-असफलता, जीवन का सुख-दुख निर्धारित होता है, यह पूरी तरह विज्ञान विरोधी है। यही मान्यता फेंगशुई जैसी अनेक घटनाओं के संदर्भ में है। उपरोक्त दोनों घटनाओं को अगर वास्तव में वैज्ञानिक दृष्टिकोण से देखने और पड़ताल करने की प्रवृत्ति

छात्रों में विकसित की जाए तो स्पष्ट है अलग से अंधविश्वास उन्मूलन करने की आवश्यकता नहीं होगी।

इसी के साथ भारतीय जनमानस और पर्याय से अध्यापकों में और छात्रों में धँसकर बैठी एक संपूर्ण अवैज्ञानिक कल्पना कर्म, दैवीशक्ति या प्रारब्ध है। इस जनम में व्यक्ति जो सहता है वह उसके नसीब में होने के कारण सहना पड़ता है, ऐसा कर्म नामक मान्यता बताती है। यह नसीब कैसे प्राप्त होता है, इसका अत्यंत अशास्त्रीय तार्किक स्पष्टीकरण दिया जाता है। यह इस प्रकार कि पिछले जनम के पाप-पुण्य पर इस जनम के भोग प्राप्त होते हैं और इस जनम के कर्म से जो पाप-पुण्य तैयार होता है वह अगले जनम में सहना पड़ता है। इस पूरी रचना में किसी प्रकार का कार्यकारण भाव नहीं है। यानी इस प्रकार की रचना वैज्ञानिक दृष्टि से अत्यंत गलत है। इसलिए वैज्ञानिक दृष्टिकोण की रचना करते समय कर्म, प्रारब्ध दैवी शक्ति, नियति से संचित ऐसी सभी कल्पनाओं को स्पष्ट रूप से नकारना सिखाना होगा।

भारतीय संविधान ने धर्म पर श्रद्धा रखने का अधिकार सभी को दिया है। लेकिन व्यक्ति, धर्म के रूप में जो काम करता है, वे धर्म के मूलभूत तत्त्व हैं कि केवल बहिरंग है, यह जाँचने का अधिकार भी भारतीय संविधान में नागरिकों को दिया है। इसे जाँचने का काम वैज्ञानिक दृष्टिकोण में समावेशित निरीक्षण, तर्क, अनुमान, इन तरीकों से कर सकते हैं। ऐसी जाँच के कारण वैज्ञानिक दृष्टिकोण से धर्म पर दोषारोपण नहीं होता। इसलिए जिन्हें हिंदू हृदय सम्राट कहा जाता है, उन स्वातंत्र्यवीर सावरकर के व्रत का विश्लेषण शालेय पाठ्यपुस्तक में अंतर्भूत हो सकता है। सावरकर ने अनुरोध किया है कि जब तक बरगद का पेड़ खड़ा है तब तक वह उसके नीचे बैठे मुसाफिरों को छाँव देगा और जिस समय वह जीर्ण होगा, उस समय उन्हीं मुसाफिरों पर गिर जाएगा। पनाह लेने आए मुसाफिरों को छाँव देना है या उन पर गिर जाना है यह बरगद का पेड़ नहीं समझ पाता। स्वयं की मनोकामना के लिए बरगद की पूजा करना, यह असत्य की पूजा है। 'सत्यमेव जयते' बोधवाक्य होने वाले देश में ऐसे 'असत्य' की पूजा है कि उस समय वह वैज्ञानिक दृष्टिकोण के विचारों को ही चोट पहुँचाती है। आस-पास नजर दौड़ाएँ तो यह समझ सकते हैं कि महाराष्ट्र के समाज जीवन में आज ऐसे व्रत-उपवासों की सुगबुगाहट है, और उनमें से किसी संबंध में कोई दृष्टिकोण शिक्षा नहीं दे पा रहा है।

चमत्कार और वैज्ञानिक दृष्टिकोण दोनों का रिश्ता प्रकाश और अंधकार के समान है। प्रकाश हो तो अंधेरा नहीं होता और अंधेरा हो तो प्रकाश नहीं होता। उसी प्रकार चमत्कार हो तो वैज्ञानिक दृष्टिकोण झूठा साबित होता है और वैज्ञानिक दृष्टिकोण हो तो वह सही होता ही है। इसलिए चमत्कार करने वाला मनुष्य निश्चित रूप से गुमराह करनेवाला होता है। अत: हर चमत्कार या तो हाथ की चालाकी होता है या रासायनिक, भौतिक या यांत्रिक करामत होता है, या विज्ञान के अनावृत्त सत्य का

आविष्कार होता है और पड़ताल करने की अनुमति हो तो उसके कार्यकारण भाव की खोज की जा सकती है। इसलिए कथित रूप के सभी चमत्कारों को संशय की नजर से देखना ही वैज्ञानिक दृष्टिकोण है। यह वैज्ञानिक दृष्टिकोण स्कूलों में स्पष्ट रूप से पढ़ाया जाए।

उपर्युक्त सभी घटनाओं को एकत्रित कर देखा जाए तो हम समझ सकते हैं कि आज भारतीय नागरिकों का बड़ी मात्रा में समय, श्रम, पैसा और बुद्धि व्यर्थ जा रही है। इसका प्रमुख कारण है कि अपनी स्कूली शिक्षा में उन्होंने वैज्ञानिक दृष्टिकोण स्वीकारा ही नहीं है।

वैज्ञानिक दृष्टिकोण का आकलन क्षमता की प्रगल्भता उत्पन्न करता है। अपने समाज के कई प्रश्न आकलन की प्रगल्भता के अभाव से उत्पन्न हुए हैं। आज का छात्र काफी तेजी से अठारह वर्ष पूरे कर इस देश का मतदाता बन रहा है। देश के महत्त्वपूर्ण निर्णय उसके मतदान से होते हैं। इसलिए आवश्यक आकलन की प्रगल्भता उसे वैज्ञानिक दृष्टिकोण दे पाएगी। उदाहरणार्थ—देश की उपलब्ध सीमित आर्थिक क्षमता में चंद्रयान मुहिम को चलाना है या गर्भधारणा की अवस्था में होने वाली महिलाओं की मृत्यु रोकना है। इसका निर्णय नागरिकों की प्रगल्भता पर निर्भर है और होना चाहिए। यह परिवर्तन लाने की क्षमता वैज्ञानिक दृष्टिकोण में है, इसकी दखल अगर शिक्षा क्षेत्र ले तो कुछ अलग चित्र प्रभावी रूप से दिखाई देगा।

भ्रामक वास्तुशास्त्र

कुछ वर्ष पहले दक्षिण में सीमित रूप में होने वाले भ्रामक वास्तुशास्त्र का पागलपन आज बड़े जोर-शोर के साथ महाराष्ट्र में बड़े अदब के साथ घूम रहा है। महानगर में ही नहीं, जिला और तहसील स्तर पर भी तथाकथित शास्त्र ने अराजकता मचाई है। इस शोर में मध्यवर्गीय, धनवान, व्यापारी, कारखानदार जैसे सभी लोग पिस रहे हैं। लेकिन उनका स्वयं पसंद किया हुआ यह आँख मिचौली का खेल है। जमीन खरीदना, उस पर भवन बनाना, अंदरूनी सजावट, इस संबंध में विज्ञान को नजरअंदाज कर खोखली सलाहें मिल रही हैं और विवेक बुद्धि रेहन पर रख उसका पालन हो रहा है। एक तज्ञ की सलाह देखें—'जमीन सस्ते में मिले तो उसे कभी न खरीदें या अपने ऑफिस, स्कूल, बाजार के लिए सुविधाजनक है, इसलिए भी न लें। वह जमीन वास्तुशास्त्र के नियमों पर खरी उतरती है या नहीं, यह देखकर यानी प्लॉट का आकार, उसकी ढलान, वहाँ के रास्ते, गड्ढे, उन पर विचार कर के ही खरीदी जाए। ये बातें वास्तुशास्त्र के अनुसार न हों तो उस वास्तु में समृद्धि और सुख-शांति कभी नहीं आ सकती। अंधविश्वास निर्मूलन समिति को हर बार एक सलाह मिलती है। 'सुशिक्षितों और शहरों में अब अंधविश्वास कहाँ है? इस काम की असली जरूरत अनपढ़ जनता के ग्रामीण इलाके में है।

वास्तु लाभप्रद हो!

स्वयं का वास्तु हर व्यक्ति के लिए प्राणों से भी प्रिय होता है। जीवन के सुख-दुखों को वह वास्तु की चारदीवारी में अनुभव करता है। सभी परिवारों के अधिकतर आवश्यक जीवन संस्कार उस चारदीवारी में ही होते हैं। व्यवसाय की जमीन के संबंध में भी यही बात लागू होती है। इन सभी स्थानों पर निवास करनेवालों की भाव-भावनाएँ उससे जुड़ी होती हैं। किसी प्राकृतिक आपदा से घर को कोई खतरा ना हो यह सुरक्षा की भावना हर एक के मन में होती है। अपना वास्तु सुरक्षित, सुविधाजनक और सुखदायी हो, यह सभी की कामना होती है। घर में स्थित सभी

चीजें जैसे रसोईघर, कपड़े सुखाने और बर्तन माँजने की जगह से लेकर दीवानखाना और शयनकक्ष, सभी सुविधाजनक हों यह आवश्यक होता है। तीसरी बात दिल को तसल्ली देनेवाली होती है। कौन-सी वास्तु हमें प्रसन्नता देती है, इसका व्यक्तिसापेक्ष अलग गणित होता है। इसलिए घर की रचना, व्यापार का ऑफिस, अंदरूनी साज-सज्जा या कारखाना इन सभी की रचना संबंधितों की मानसिकता और उससे संबंधित शास्त्रीय समन्वय के अनुसार भिन्न होती है।

वास्तु जिस जगह स्थापित करना हो वहाँ का माहौल, जमीन का स्तर, वहाँ की हवा, पानी, धूप, तापमान, बारिश ये सभी बातें; और आस-पास उपलब्ध सामग्री इन सभी का उपयोग कुशलता से करना और दीर्घकाल तक बना रहे ऐसा वास्तु का लाभ हो, ऐसी वास्तु रचना खड़ी करना शास्त्र है और कला भी। इस वास्तु में रहने वाला व्यक्ति बुद्धिमान होता है, इसी के साथ भावुक भी। इसलिए उसकी सामाजिक स्थिति, आदत, रीतिरिवाज, आचरण, भाव-भावनाओं का शास्त्रीय और कलापूर्ण उपयोग ही आधुनिक वास्तुशास्त्र है।

जो इतने पर ही संतुष्ट हो जाए वह मनुष्य कैसा? उसे केवल सुविधा, सुख, सुरक्षित वास्तु ही नहीं चाहिए; कहते हैं वह लाभप्रद होना चाहिए! यानी उस वास्तु में निवास करने पर इधर-उधर चारों ओर आनंद ही आनंद, अपने आप आ जाए, ऐसी अद्भुत अपेक्षा तीव्र रूप से सक्रिय रहती है। बच्चों की शैक्षिक सफलता, लड़की का विवाह अच्छी जगह हो, खुद की नौकरी में पदोन्नति या व्यापार में सफलता, परिवार के लिए अच्छा स्वास्थ्य, समृद्धि, कीर्ति, यश जैसे सभी स्वप्नों की पूर्ति होने की कामना बनाए गए वास्तु से की जाती है। अर्थात, वह वास्तु लाभप्रद हो। इसलिए स्थापत्य अभियांत्रिकी महाविद्यालय में पाँच वर्ष की मेहनत से पढ़ा हुआ वास्तुविशारद ही यह पदवी प्राप्त करता है और इस पढ़ाई की गंध न होने वाले को वास्तु लाभ कैसे होगा इसका प्राथमिक शोध जिस विश्वकर्मा ने किया, उसी प्रकार व्यवसाय करने वाला भी स्थपति या वास्तुशिल्पी नाम से पहचाना जाता है। दोनों का विषय वास्तुशास्त्र ही है, लेकिन एक आधुनिक विचार पर जोर देता है, तो दूसरा भ्रामक दैवी ज्ञान पर।

वैज्ञानिक दृष्टिकोण और वस्तुनिष्ठता

सन् 1976 में इंदिरा गांधी ने संविधान में सुधार कर उसमें 'नागरिकों के मूलभूत कर्तव्य', इस हिस्से का समावेश किया था। इस सूची में शास्त्रीय दृष्टिकोण की शोधक बुद्धि का विकास करने की मानसिकता को सजग रखना भारतीय नागरिक का प्रमुख कर्तव्य माना गया है। (भाग-4-अ, कलम-51-अ) नई शिक्षा नीति में वैज्ञानिक मानसिकता तैयार करना एक महत्त्वपूर्ण उद्देश्य है। वैज्ञानिक दृष्टिकोण

का अर्थ कार्यकारण भाव की खोज के सूत्र पर खड़ा है। गृह निर्माण के लिए तैयार किया गया शास्त्र हो या सरकार के नियम हों; इन सबकी नींव कार्यकारण भाव ही है। नागरिकों का स्वास्थ्य उत्तम रहे, पर्यावरण की रक्षा हो, आग लगने जैसी विपदा आने पर किसी अन्य लोगों का नुकसान न हो। इसी हेतु शास्त्रीय नींव पर गृह निर्माण के नियम बनाए जाते हैं। घर बनाते समय सभी कमरों की प्राइवेसी रखी जाए, हवा की दिशा में दीवानखाना, शयनकक्ष हो और विरुद्ध दिशा में शौचकूप हो, गैस रसोई घर के चबूतरे पर बेसिन की विरुद्ध दिशा में हो, सिलेंडर के पास रसोईघर में एक्जॉस्ट फैन का प्रावधान हो, ऐसी कार्यकारण भाव से जोड़ी गई बातें तो सामान्य व्यक्ति भी समझता है। उससे भी अधिक सलाह देने के लिए आर्किटेक्ट अब तहसील स्तर पर भी उपलब्ध होते हैं। लेकिन भ्रामक वास्तुशास्त्र इन सबको एक झटके में तोड़ देता है। घर के दरवाजों, खिड़कियों का आकार, पानी की जगह, प्रसाधनगृह, रसोईघर जैसी सभी बातों को कार्यकारण भाव से बिलकुल संबंध न होनेवाली गूढ़ता से जोड़ता है। व्यक्ति को गुमराह करता है।

कहा जाता है, कुछ लोगों को भ्रामक वास्तुशास्त्र का अनुभव सत्य रूप में होता है! स्वाभाविक रूप से उसका ढोल पीटा जाता है। व्यक्तिगत उदाहरणों से शास्त्र की उत्पत्ति नहीं होती। शास्त्र सदैव वस्तुनिष्ठ होता है, व्यक्तिनिष्ठ कभी नहीं होता। किसी एक लड़की का विवाह घर में अग्नि का स्थान बदलने के तुरंत बाद हुआ या शौचालय का स्थान और पानी की टंकी बदलने पर बंद रहनेवाला एक कारखाना शुरू हुआ, मात्र इससे कोई नियम नहीं बन सकता। नियम बनाने के लिए इस दृष्टि से अविवाहित रही लड़कियों और बंद पड़े कारखानों की बड़ी संख्या प्राप्त कर वस्तुनिष्ठ निष्कर्ष निकालने होते हैं। भ्रामक वास्तुशास्त्र की ओर से एक भी शास्त्रीय पड़ताल उपलब्ध नहीं है और वे कारण उचित भी नहीं हैं।

कानून क्यों नहीं है?

वैद्यकीय स्नातक ने इलाज किया और उसमें उससे अनजाने में कुछ गलतियाँ रह जाएँ, तो भी ग्राहक न्यायालय की उस पर अपनी मर्जी होती है। उसे कभी-कभी क्षतिपूर्ति भी देनी होती है। वास्तु का लाभ हो इसके लिए कथित वास्तुशास्त्री कई उपाय बतलाते हैं। इसके लिए घर की, कारखाने की बड़ी तोड़-फोड़ की जाती हैं, जिससे बड़ी आर्थिक हानि होती है। लेकिन कोई फायदा न होने पर कस्टमर न्यायालय में मुकदमा दायर कर उस नुकसान की क्षतिपूर्ति नहीं माँग सकते। 'हमने प्रयास किया; लेकिन पहले से व्यक्ति के नसीब में ही नहीं था', इस तरह व्यक्ति के नसीब का हवाला देकर हाथ झटक दिए जाते हैं। भ्रामक वास्तुशास्त्र को जल्द से जल्द और कठोरता से ग्राहक न्यायालय की कक्षा में लाने की आवश्यकता है।

बहुतांश वास्तुशास्त्री और ज्योतिषी और एक भूमिका लेते हैं। वह भूमिका यानी वास्तुशास्त्र और नसीब एक-दूसरे से संलग्न हैं। किस प्रकार के वास्तु से आपका नसीब खुल सकता है, इसका मार्गदर्शन ये वास्तुशास्त्री देते हैं! यह खुले तरीके से व्यक्ति को दैववादी बनाने वाली भूमिका है। द ड्रग्ज एण्ड मैजिक रेमेडीज ऑब्जेक्शनेबल एडवर्टाइजमेंट एक्ट-1954 के अनुसार दैवी इलाज पद्धति गुनाह है। इस कानून के आधार पर समिति ने अनेक बाबाओं का पर्दाफाश किया है। शास्त्र के नाम पर दुकान चलानेवाले दैवी वास्तुशास्त्र को भी गुनाह क्यों न माना जाए? इसका उत्तर भी स्पष्ट है। जिन्हें कानून बनाने हैं वे लोग ही काफी अंधविश्वासी हैं, भ्रामक वास्तुशास्त्र के अंधे समर्थक हैं। एन.टी. रामाराव हों या चंद्राबाबू नायडू, रामकृष्ण हेगड़े या भूतपूर्व पंतप्रधान देवगौड़ा; इन सबके अपनी इच्छा शक्ति को भ्रामक वास्तुशास्त्र के संगत से पंगु करने के कई उदाहरण मौजूद हैं। ऐसे समय कानून बनाएगा कौन और उस पर अमल करेगा कौन?

मूल प्रश्न क्या है?

अपने देश में घर बनाना एक कठिन समस्या है। नियोजन मंडल की सूची के अनुसार 'नौवीं पंचवर्षीय योजना' में कुल एक करोड़ 70 लाख घर बनाने हैं। ये पारंपरिक पद्धति से बनाए जाएँ तो लगभग 13 करोड़ टन सीमेंट की लागत का अंदाज है। वर्तमान समय में देश में सीमेंट का उत्पादन इसकी तुलना में बहुत कम है। प्रयास कर उसे बढ़ाया जाए, तो भी इन आँकड़ों तक पहुँचना मुश्किल है। दूसरे, इसका एक बड़ा हिस्सा अमीरों के विकास कामों में जाता है। इसी के साथ 180 अरब ईंटों की आवश्यकता है। ये ईंटें उपजाऊ मिट्टी की ऊपरी पर्त से बनाई जाती हैं, जो पर्त बनने के लिए कई वर्ष लगते हैं। जिससे उपजाऊ जमीन बड़े पैमाने पर बंजर हो जाती है। इन सबका अर्थ यह है कि सीमेंट, लोहा, ईंटों या पारंपरिक सामग्री के एवज में स्थानिक वास्तु के घटकों की सहायता से कम कीमत में सुलभ रूप से घर बनाने का तंत्रज्ञान विकसित होना चाहिए। यह इस देश की आवश्यकता है। इस दिशा में प्रयास करना तो दूर, इसके विपरीत भ्रामक वास्तुशास्त्र की दमदार दौड़ जारी है।

अपने जीवन और समाज के प्रश्न यहाँ की व्यवस्था ने निर्माण किए होते हैं। युवाओं की बेरोजगारी का संबंध उनके घरों के ढाँचे से नहीं, बल्कि देश की अर्थनीति से होता है। घर का सुख-चैन, दरवाजे-खिड़कियों की दिशा पर अथवा पानी संकलन के स्थान पर निर्धारित नहीं होता बल्कि घर के सदस्यों के एक-दूसरों के संबंधों पर आधारित होता है। कारखाने के प्लॉट और इमारत के आकार का संबंध मजदूरों में हुई हिंसा से नहीं होता। मालिक-मजदूरों के वर्ग संबंध से कारखाने का विकास होता है। वह व्यक्ति की कुशलता, परिश्रम और सुयोग्य गतिमान अर्थनीति

पर निर्भर है, वास्तुशास्त्र के अंदाज पर नहीं। लेकिन भ्रामक वास्तुशास्त्र को अपनाते समय यह चतुराई अपने-आप खारिज हो जाती है। बौद्धिक दृष्टि से उचित ऐहिक व्यवहार को दोयम दर्जा मिलता है। सामाजिक पतन होता है। अनुसंधान पीछे छूट जाता है। एक नया बेहूदा गुरुडम फैलता है। मनुष्य स्वयं की विवेकशक्ति भूलते हैं, इच्छाशक्ति रेहन रखते हैं, व्यक्ति स्वतंत्रता खो देते हैं। और सबसे दर्दनाक बात यह कि इस निर्णय का समर्थन करते हैं; उसको शास्त्रीय गतिविधि मानकर गौरवान्वित करते हैं। प्रत्यक्ष रूप में स्वयं के जीवन में और जनमानस में दैवी विचार पक्के कर देते हैं। राजनीतिक स्वतंत्रता की हीरक जयंती के वर्ष में भ्रामक वास्तुशास्त्र के रूप में एक मानसिक गुलामी जन्म लेती है, जो स्वतंत्रता आंदोलन का उद्देश्य ही विफल करती है।

भविष्य को मात करने के लिए इच्छाशक्ति जरूरी

ज्योतिषविद्या विषय विश्वविद्यालयों में शुरू करने के विश्वविद्यालय अनुदान आयोग के निर्णय में हस्तक्षेप करने के लिए 5 मई को सर्वोच्च न्यायालय के भूतपूर्व मुख्य न्यायामूर्ति एस. राजेंद्रबाबू और न्यायामूर्ति जी. पी. माथुर के खंडपीठ ने मना किया है। सामाजिक परिवर्तन के लिए न्यायालयीन आधार पर निर्भर रहने की वृत्ति आजकल बढ़ने लगी है। न्यायालयीन मदद की उचित अपेक्षा करते समय हमारी सीमा स्पष्ट करनेवाला और समाज परिवर्तन के लिए राजकीय, सामाजिक हस्तक्षेप की आवश्यकता महसूस करवाने वाला यह फैसला है। उसी दिशा में आंदोलन की आगे की यात्रा के लिए इसे ठीक से समझना आवश्यक है।

16 जून 2000 को विश्वविद्यालय अनुदान आयोग नियामक समिति के सामने 'वेदांगज्योतिष' विषय विश्वविद्यालयों में पढ़ने का प्रस्ताव चर्चा के लिए रखा। उसे मानकर तुरंत नौ विशेषज्ञों की समिति बनाई गई। समिति ने महाविद्यालयों एवं विश्वविद्यालयों में स्नातक, स्नातकोत्तर और डॉक्टरेट का पाठ्यक्रम बनाने की सिफारिश की। लेकिन 'वेदांगज्योतिष' के बदले 'ज्योतिष विज्ञान' नाम से वह पढ़ाया जाए यह सूचित किया। 25 जनवरी 2001 को विश्वविद्यालय अनुदान आयोग की नियामक समिति ने प्रतिवेदन स्वीकार किया। 23 फरवरी को विश्वविद्यालय ने पत्र भेजकर प्रस्ताव मँगवाए। 41 विश्वविद्यालयों से प्राप्त आवेदनों से 13 जून 2001 को विशेषज्ञों की समिति ने ज्योतिष विज्ञान विषय 20 विश्वविद्यालयों में शुरू करने की अनुकूलता दर्शायी। इस पर स्वाभाविक रूप से तीव्र प्रतिक्रिया हुई। महाराष्ट्र में महाराष्ट्र अंधश्रद्धा निर्मूलन समिति और समविचारी संगठनों ने आवाज उठाई। सरकार और विश्वविद्यालय इस संबंध में भूमिका प्रस्तुत करें ऐसी माँग की। महाराष्ट्र के तत्कालीन उच्च शिक्षामंत्री दिलीप वलसे पाटील ने महाराष्ट्र में यह विषय विश्वविद्यालय में शुरू नहीं किया जाएगा यह विश्वास दिलाया। कुलपतियों की भूमिका भी अनुकूल थी।

आंध्र में जैव तंत्रविज्ञान की उच्च शिक्षा देने वाले संस्था संचालक पद्मभूषण डॉ. पी. एम. भार्गव और उन्हीं के उस्मानिया विश्वविद्यालय के राजनीति विज्ञान

विभाग के प्रमुख प्रोफेसर के. सुभाष चंद्रा रेड्डी और पत्रकार श्रीमती चंदना चक्रवर्ती जी ने सर्वोच्च न्यायालय में इस संबंध में जनहित याचिका दायर की। प्रसिद्ध वकील शांतिभूषण ने अपना पक्ष रखते समय यह दलील दी। (1) भारतीय संविधान का 51/अ कलम वैज्ञानिक दृष्टिकोण रखना भारतीय नागरिकों का कर्तव्य है, यह घोषित करता है। ज्योतिष विद्या के लिए किसी प्रकार का वैज्ञानिक आधार आज विश्व में कहीं भी सिद्ध नहीं हुआ है। वैज्ञानिक दृष्टिकोण यानी कार्यकारण सिद्धांत की पड़ताल है। ज्योतिष विद्या में कार्यकारण सिद्धांत का पूरा अभाव है। अत: इसके अध्ययन से संविधान के कर्तव्यों के प्रति असंगत आचरण करने की सीख मिलने की संभावना उत्पन्न होती है। (2) यह विषय ज्योतिष विज्ञान नाम से पढ़ाया जाने वाला हो, फिर भी मूल सिफारिश में विषय 'वेदांग ज्योतिष' ही है। वेद हिंदू धर्म का भाग है, इस स्थिति में किसी एक धर्म का भाग होने वाली घटनाओं की शिक्षा विश्वविद्यालय दें यह संविधान के धर्म निरपेक्ष तत्त्वों के खिलाफ है। केंद्र की सरकार सभी चीजों को धार्मिक गेरुआ रंग देना चाहती है। इसी प्रयास का शिक्षाक्रम एक भाग है। (3) कई मूलभूत ज्ञान शाखाओं के अनुसंधान और अध्ययन के लिए कम निधि होने पर भी फल ज्योतिष जैसे छद्म विज्ञान की शिक्षा के लिए करोड़ों रुपये खर्च होना अनुचित है।

विश्वविद्यालय अनुदान आयोग 1956 के अनुसार शिक्षा में विकास और सुधार के लिए आयोग पाठ्यक्रम पर सुझाव दे सकता है। विश्वविद्यालय के ख्यातलब्ध अध्यापक और दूसरे क्षेत्र के विशेषज्ञों की समिति संयुक्त रूप से इसे स्वीकारती है। ज्ञान का बहुमुखी विकास हो, यही इसके पीछे की भावना होती है। ज्योतिष विज्ञान पाठ्यक्रम के संबंध में भी विचार करने का दावा आयोग ने किया है। पाश्चात्य ज्ञान की कक्षा में न आनेवाली कुछ बातों का समावेश इस देश की ज्ञान परंपरा याद रखकर इससे पहले पाठ्यक्रम में किया गया है। उदाहरणार्थ—आयुर्वेदिक, यूनानी इलाज पद्धति भारत की वैद्यकीय शिक्षा का हिस्सा है। भारत में पुनर्जन्म, ब्रह्म का अस्तित्व जैसी गूढ़ लगने वाली घटनाओं के संबंध में परंपरा से चला आया बौद्धिक ज्ञान है। इससे संबंधित सभी शोध अभी अपूर्ण हैं। ऐसे समय ज्योतिष विद्या जैसी बात पूरी तरह फालतू समझकर खारिज करना ठीक नहीं, यह आयोग की दलील थी।

न्यायमूर्ति ने यह स्पष्ट रूप से दर्ज किया कि, हमारे सम्मुख प्रश्न यह है कि फलज्योतिष विषय विश्वविद्यालयों के पाठ्यक्रमों में होना चाहिए या नहीं। तथा ज्योतिषविद्या विषय से शिक्षा का भगवाकरण होता है कि नहीं और संविधान का मूलभूत ढाँचा होने वाले धर्मनिरपेक्षता के तत्त्व में इससे बाधा उत्पन्न होती है या नहीं, इस विषय पर भी निर्णय देना है, यह भी स्पष्ट किया। ज्योतिषविद्या विषय पढ़ाने से शिक्षा का स्वरूप केसरिया होता है और धर्मनिरपेक्षता के तत्त्व को बाधा उत्पन्न होती है, यह युक्तिवाद न्यायालय ने अस्वीकार किया है। इसके लिए डी. ए.

वी. कॉलेज बनाम पंजाब स्टेट के फैसले का हवाला दिया गया है। यह दावा किया गया था कि गुरु नानक विश्वविद्यालय में गुरू नानक की जीवन-शैली और शिक्षा के राष्ट्र और विश्व पर हुए सांस्कृतिक और धार्मिक प्रभाव का अध्यापन किया जाता है। इससे सिक्ख धर्म का प्रचार होता है, इसलिए उसे पढ़ाने से मना किया जाए। अतः स्पष्ट किया गया है कि किसी एक विशिष्ट धर्म के कर्मकांड और पूजा-पाठ का विरोध किया जा सकता है लेकिन धर्म के किसी भी बड़े संत के विचारों और आचरण का भारत पर या विश्व पर होनेवाला परिणाम एक विशिष्ट धर्म का धार्मिक प्रचार नहीं माना जाएगा। संतोष कुमार बनाम मानव संसाधन विकास मंत्रालय के मुकदमे में केवल संस्कृत भाषा पढ़ाना ही धर्मनिरपेक्षता तत्त्व का विरोधी है, यह मानने से न्यायालय ने नकार किया, इसका भी उल्लेख प्रस्तुत लिखित फैसले में किया गया है। महत्त्वपूर्ण हिस्सा यह है कि ज्योतिष विज्ञान विषय का समावेश विश्वविद्यालय के पाठ्यक्रम में लाने का निर्णय विश्वविद्यालय अनुदान आयोग से नियुक्त विशेषज्ञों की समिति ने लिया है। कौन-सा पाठ्यक्रम शुरू करें या बंद करें यह पूर्णतः अकादमिक प्रश्न है। उनके शैक्षिक संदर्भ हैं। इस संबंध में न्यायालय न बोले, यह बंधन नहीं है लेकिन उस प्रकार का संकेत है। वैध पद्धति का उपयोग कर विशेषज्ञों की समिति द्वारा तय किए गए पाठ्यक्रम में न्यायालय का हस्तक्षेप आवश्यक नहीं। इसी प्रकार का दावा डॉ. के. नटराजन ने भारत सरकार बनाम मद्रास हाइकोर्ट में सन् 2001 में दर्ज किया। ज्योतिर्विज्ञान विषय विश्वविद्यालय में पढ़ाने के विरोध संबंधी इस मुकदमे में न्यायमूर्ति इब्राहिम कलिफुल्ला का दिया फैसला सर्वोच्च न्यायालय ने उद्धृत किया है। इसका दूसरा अर्थ यह है कि शिक्षा का उद्देश्य अधिक से अधिक ज्ञान प्राप्त करना ही है। इसलिए आवश्यक विषयों के अध्ययन का अवसर और संभावना उपलब्ध हो। इसीसे ज्ञान की भूख पूरी हो पाएगी। इस ज्ञान लालसा पर बंधन न डालें। क्या पढ़ना है यह छात्र निश्चित करेंगे।

विशेषज्ञों की समिति ने ज्योतिर्विज्ञान विषय की सिफारिश की और उसमें न्यायालयीन हस्तक्षेप न हो इस उदात्त संभावनाओं पर न्यायालयीन फैसला हो गया है। दरअसल, संघ प्रवृत्ति और मुरली मनोहर जोशी के प्रभाव में बनी विशेषज्ञों की समिति एक ढाल के रूप में उपलब्ध हो गई। बदली हुई स्थिति में वैज्ञानिक दृष्टिकोण का आधार लेकर फैसला लेने वालों की विशेषज्ञ समिति विश्वविद्यालय अनुदान आयोग को फिर से गठित करने की आवश्यकता है। समिति के पूर्व सदस्यों के साथ भारत के ज्योतिषविज्ञान के सभी समर्थकों का मत और उसके लिए आवश्यक प्रमाणों का यह समिति अध्ययन करे। फलज्योतिष शास्त्र नहीं है यह मानने वाले अध्ययनकर्ताओं और हम जैसे कार्यकर्ताओं को भी मौका दें। इसके बाद पूर्व समिति का निर्णय गलत है यह सिद्ध होने पर सभी विश्वविद्यालयों को यह सूचित करें। दोनों कांग्रेस ने चुनाव प्रचारों के प्रमुख विज्ञापनों में, रालोआ सरकार एक ओर जय

विज्ञान कहती है और दूसरी ओर ज्योतिष का विश्वविद्यालयीन पाठ्यक्रम में समावेश करती है, इसकी बड़े पैमाने पर आलोचना की। वामपंथी दल को तो राजनीतिक इच्छाशक्ति के ऐसे प्रदर्शन के लिए सबसे आगे होना चाहिए ऐसी हमारी अपेक्षा है।

लेकिन इसके भी आगे सामाजिक स्तर पर कुछ कार्यक्रम तीव्र गति से पूरे करने की आवश्यकता है। इनमें से एक आज महाराष्ट्र अंनिस कर रही है और पूरे महाराष्ट्र में कहीं भी करने की उसकी तैयारी है। वह यानी 'फलज्योतिष शास्त्र नहीं है', यह विषय सोदाहरण और शास्त्रीय पद्धति से व्याख्यानों के द्वारा लोगों तक पहुँचाना। इसी के साथ ही हर बार मुहूर्त देखने की मानसिकता भी महात्मा फुले के महाराष्ट्र में जितनी जल्द खत्म होगी उतना ही अच्छा होगा, यह प्रयास भी है। महाराष्ट्र के विवाहेच्छुक युवक-युवतियों ने खुद की शादी में पत्रिका नहीं देखूँगा, ऐसा संकल्प करना चाहिए और अभिभावकों को भी ठोस रूप से उनके साथ खड़े होना चाहिए। भविष्य पर निर्भर दैववादी और पंगु हो रहे समाज को बदलना हो तो न्यायालयीन निर्णय कुछ भी हो राजनैतिक और सामाजिक इच्छाशक्ति ही इसका अचूक इलाज है।

वैज्ञानिक दृष्टिकोण से अंतर्जातीय विवाह

अंतर्जातीय विवाह—इस विषय पर मुझसे वैज्ञानिक दृष्टिकोण से लिखने के लिए कहा गया है। वैज्ञानिक दृष्टिकोण के दो अर्थ हैं। पहला सीधे विज्ञान से संबंधित है, दूसरा समाज विज्ञान से संबंधित है।

इसमें से 'जाति' संकल्पना का कोई वैज्ञानिक आधार या संदर्भ नहीं है। यह बात आज के आधुनिक विज्ञान की सहायता से सिद्ध करना बड़ा आसान है। बल्कि उसे सिद्ध करने की आवश्यकता भी नहीं है। विश्व में प्रमुख रक्त समूह केवल चार ही हैं। इन प्रमुख रक्त समूहों को छोड़ दिया जाए तो अन्य रक्त समूहों के व्यक्ति नहीं पाए जाते। इन समूहों और जातियों का गलती से भी किसी प्रकार का पारस्परिक संबंध नहीं है। इससे भी आगे चलकर अब मनुष्य का जिनोम पैटर्न पक्का किया गया है, अब मनुष्य का जिनोम पैटर्न 99.97 एक ही है। स्वाभाविक रूप से मनुष्य में जाति शब्द उपयोग में लाना हो तो दो ही जातियाँ हो सकती हैं—स्त्री और पुरुष। इससे असल में जातियों की गुण विशेषताओं की भिन्नता का विज्ञान में कोई आधार नहीं है। फिर भी लोगों के मन में एक प्रश्न होता ही है। हजारों सालों से एक ही जाति में विवाह होने से उस जाति के कुछ अच्छी गुण विशेषताएँ अगली पीढ़ी में संक्रमित होती हैं। अंतर्जातीय विवाह से वे नष्ट होंगी, यह डर व्यक्त किया जाता है। सच कहें तो इस दीर्घ कालखंड में मनुष्य की हजारों पीढ़ियों में इतनी बड़ी मात्रा में संकर हुए हैं कि ऐसी वंश शुद्धि की कल्पना भी पूर्णत: अतार्किक है।

वैज्ञानिक दृष्टिकोण का दूसरा लाभ यह है कि, वैज्ञानिक दृष्टिकोण आकलन की प्रगल्भता निर्माण करता है। समाज के आज के प्रश्न आकलन की प्रगल्भता के अभाव से उत्पन्न हुए हैं। इस दृष्टि से जाति उन्मूलन के प्रश्न को देखा जाए तो क्या दिखाई देता है? डॉ. बाबासाहब आंबेडकर ने जाति उन्मूलन के संबंध में तीन सूत्र बताए हैं। वे इस प्रकार हैं—(अ) उत्पादन साधनों का पुनर्वितरण। (आ) धर्मग्रंथों की चिकित्सा। (इ) अंतर्जातीय विवाह।

अंतर्जातीय विवाह का जाति उन्मूलन से स्पष्ट और सीधा संबंध है। उसका हम स्वागत करते हैं क्योंकि जाति नाम की एक कटुता को नष्ट करने की दिशा,

इस विवाह से शुरू होती है। लेकिन इस एक ही उपाय से जाति उन्मूलन नहीं होगा, इसकी जागरूकता हमें रखनी होगी। इस देश के बड़े जनसमूह को संपत्ति का अधिकार नकारा गया या सीमित किया गया। ज्ञानार्जन पर पाबंदी लगाई गई या ज्ञान के क्षेत्र सीमित किए गए। सामाजिक-आर्थिक विषमता का यह प्रभावी पहलू जाति व्यवस्था में है और उसे नष्ट करना जाति उन्मूलन के लिए आवश्यक है। संविधान के सामाजिक न्याय का प्रावधान उसी दृष्टि से किया गया है; इसकी जागरूकता जाति उन्मूलन के संदर्भ में हमेशा याद रखनी चाहिए। इस प्रश्न का आकलन वैज्ञानिक दृष्टिकोण से ही करने का यह भी एक हिस्सा है।

जाति को धर्मग्रंथों का और धर्मग्रंथों को प्राप्त पवित्रता का आधार है। इसलिए जाति उन्मूलन के लिए धर्मग्रंथों की चिकित्सा आवश्यक है। लेकिन डॉ. बाबासाहब और संत गाडगे बाबा के बाद धर्मग्रंथों की चिकित्सा महाराष्ट्र में बंद ही हुई है। आज के वातावरण में ऐसा प्रयास हो रहा होगा यह सोच एक कल्पना ही है। जिस जादू-टोना विरोधी कानून में धर्म या श्रद्धा शब्द ही नहीं है उस कानून को हिंदू धर्म विरोधी कहकर किया जाने वाला विरोध और होहल्ला, धर्म चिकित्सा कितनी कठिन है यही दिखाता है।

अंतर्जातीय विवाह की विशेषता यह है कि यह अपने आप में कृतियुक्त धर्मचिकित्सा का उपक्रम होता है। कई बार ऐसे विवाह लैला-मजनू की भूमिका से होते हैं लेकिन उसके पीछे जाति को छोड़ने का विचार नहीं प्रेम भावना का अनियंत्रित आकर्षण होता है। बावजूद उसके जाति उन्मूलन और धर्मचिकित्सा के कदम आगे बढ़ते हैं, इसलिए उनका स्वागत करना चाहिए।

जातीय अहंकार की कक्षा से बाहर कैसे आएँ और मानवी संबंध, स्वस्थ परस्पर प्रतिष्ठा के आधार पर कैसे पोषित करें यह प्रबोधन कार्य का एक महत्त्वपूर्ण प्रश्न है। इसके लिए भारत में गौतम बुद्ध के समय से कई अनुकरण योग्य उदाहरण उपलब्ध हैं। जाति इस कल्पना की अवैज्ञानिकता स्पष्ट करने के लिए और जाति उन्मूलन की दिशा में आकलन की प्रगल्भता उत्पन्न करने के लिए यह विरासत उपयुक्त है। इससे आगे गहराई में जाकर विचार किया जाए तो क्या दिखाई देता है? मेरी कोई जाति नहीं है, व्यक्ति का यह विधान भारतीय समाज में मान्य नहीं होता। इससे एक विचित्र परिस्थिति पैदा होती है। यह एक ओर जाति व्यवस्था के कारण होनेवाली बड़ी हानि है। जाति के कारण छोटे-छोटे गुटों में सबको घुटन महसूस होती है। जाति लोकतंत्र के लिए हानिकारक होती है। उससे समानता की नींव उखाड़ी जाती है। यह राष्ट्रीय एकता के लिए अपायकारक है, संविधान के समता तत्त्व का विरोधी है। संत समाजसुधारकों ने उसका कड़ा विरोध किया है फिर भी वह केवल टिकी ही नहीं है बल्कि सबसे चिपकी हुई है। यह भी अनुभव नहीं है कि धर्म बदलने पर वह चली जाती है। इसलिए व्यवस्था के परिमाण बदलने

होंगे और धर्मग्रंथों की चिकित्सा करनी होगी, यह हमने देखा और उसकी सीमा भी देखी। अंतर्जातीय विवाह से जाति व्यवस्था तोड़ने की ओर कदम बढ़ते हैं लेकिन उसमें भी एक सीमा है। पहले ऐसा विवाह करने वालों का प्रतिशत समाज में बहुत कम है। इससे जाति व्यवस्था खत्म करने में काफी समय लगेगा। दूसरी बात यह है कि अंतर्जातीय विवाह जब तक प्रेम विवाह से होता है, उस समय विवाह का उद्‌देश्य जाति उन्मूलन नहीं होता। इसलिए उस विवाह से उत्पन्न संतति के विवाह में कोई भी जाति चुनें यह नहीं होता बल्कि फिर से उसका विवाह माता-पिता की ही किसी एक जाति में होता है। जाति का एहसास अधिक से अधिक लोगों के दिमाग से नष्ट होने हेतु परिवर्तित समाज व्यवस्था की जरूरत मानने पर भी वैयक्तिक स्तर पर जाति को नकारा जाए और हो सके तो वैयक्तिक जाति की आलोचना अथवा टीका-टिप्पणी का मार्ग ही उचित है, अनुकरणीय है। जाति का एक मजबूत आधार दिल में भी होता है और इसलिए जाति को मान्यता देनेवाला विचार बदलना, मत बदलना, मानसिक परिवर्तन करना महत्त्वपूर्ण माना जाए। पिछड़ी जातियों को जमीन का पुनर्वितरण कर जाति के भौतिक शोषण की नींव तोड़ी जाए। यह बात आज असंभव दिखाई देते समय, विचार और मन बदलने का प्रयास केवल दूसरे दर्जे का मान कर अनदेखा न हो और वह गौण भी नहीं है!

क्या किया जाए और उसकी वैचारिक नींव कौन-सी हो, इसकी संक्षेप में प्रस्तुति इस प्रकार है—'जाति जाए या रहे', यह प्रश्न किसी से भी पूछा जाए, तो 'जात चली जाए' यही उत्तर होता है। जाति राष्ट्रीय एकता के लिए उपकारक या अपायकारक है? इसका उत्तर भी 'अपायकारक' ही होता है। जाति लोकतंत्र के लिए हानिकारक है, यह भी मान्य किया जाता है। लेकिन उसके बाद 'क्या आपको आपकी जाति का अभिमान है?' इसका उत्तर प्रामाणिक रूप से दिया जाए तो 'हाँ' होता है। इस उत्तर का अर्थ यह है कि मुझे जाति का अभिमान है। यानी जाति के कारण उत्पन्न विषमता का अभिमान है। यह विषमता उच्च-नीच की श्रेणी पर खड़ी है। इस श्रेणी में मैं किसी एक से उच्च हूँ, इसका मन ही मन में संतोष यानी अहंकार है। दूसरी ओर मैं किसी एक से निम्न स्तर पर हूँ इसलिए उत्पन्न द्वेष भी है। यह बात खुले रूप में मान्य करने के लिए कितने लोग तैयार होंगे, यह कहना कठिन है। लेकिन ऐसी उच्च-नीचता वे मानते हों, तो उनके लिए अंतर्जातीय विवाह एक अत्यंत सरल-सहज घटना माननी होगी। अगर स्वयं की जाति का अभिमान न हो तो समतावादी समाज निर्मिति का खुले रूप से विरोध करनेवाली जाति के खिलाफ स्वयं की जाति अंतर्गत स्पष्ट भूमिका होनी चाहिए। मानसिक स्तर पर जाति को नष्ट करने के लिए स्वयं की जाति पर कठोर टिप्पणी करनी चाहिए। जातिगत संगठनों की आलोचना करनी चाहिए। स्वयं की जाति के स्नेह सम्मेलन जाति को नकारने हेतु आयोजित किए जाएँ। इसमें से कुछ भी न कर केवल मैं जाति नहीं

मानता यह कहना, अधिक परिणामकारक नहीं है। इसी के साथ जाति व्यवस्था का समर्थन करनेवाले धर्मग्रंथ घोषित रूप से नकारने चाहिए। मानसिक स्तर पर हम यह भूमिका जितने संगठित रूप से लेंगे उतने प्रतिशत में जाति को झटके मिलेंगे। यह स्पष्ट है कि इससे कुछ प्रश्न उत्पन्न होंगे। उदाहरण—मेरी जाति नहीं है इसका अर्थ है मैं हिंदू नहीं हूँ, यह होता है। सामाजिक न्याय के लिए आरक्षित पदों का योग्य परिप्रेक्ष्य में समर्थन करना। इसमें स्वयं की जाति को नकारने की भूमिका का विरोध होने का कोई कारण नहीं है। इसी के साथ जाति को बनाये रखने के कारण ब्राह्मणवादी व्यवस्था, वर्ण व्यवस्था, धर्म इनकी भी कठोर चिकित्सा अपेक्षित है। अंतर्जातीय विवाह के साथ जन्म और मृत्यु संबंधी संस्कारों से भी जाति व्यवस्था दूर करनी होगी। अंतर्जातीय विवाह के कारण आकलन की जो प्रगल्भता अपेक्षित है, उसमें यह सारा चिंतन होना चाहिए। यह समाजशास्त्रीय वैज्ञानिक दृष्टिकोण है।

इसी के साथ एक बात का एहसास होना जरूरी है। परिवर्तन विचार, उच्चारण, प्रसार, आचरण संगठन और संघर्ष की राह से होता है। जाति उन्मूलन के संदर्भ में सदैव सामने वालों के आचरण पर प्रश्न पूछकर उसे निरुत्तर करने का प्रयास किया जाता है। आचरण का निर्विवाद महत्त्व है, लेकिन उतना धैर्य बहुत कम लोगों में होता है। जाति उन्मूलन का विचार करना और प्रसार करना, यह पहला स्तर बड़ा महत्त्वपूर्ण है। क्योंकि उससे भी जाति उन्मूलन के संबंध में अनुकूल मानसिकता उत्पन्न कर कदम आगे बढ़ सकते हैं। आचरण, संगठन और संघर्ष यह जाति उन्मूलन की लड़ाई का महत्त्वपूर्ण लेकिन अगला पड़ाव है और पहले पड़ाव की मजबूत नींव पर ही वह खड़ा रह सकता है। इसकी अनुभूति भी वैज्ञानिक दृष्टिकोण से उत्पन्न होने वाले आकलन की प्रगल्भता का ही एक हिस्सा मानना चाहिए।

कालू माँ की शांति : विस्मृत होती विरासत

मांढरदेवी क्षेत्र में घटित गंभीर दुर्घटना के बाद 'सर्वारिष्ट शांत्यार्थ संप्रेषण विधि' कर कालू माँ की शांति की गई। पुणे विभाग के आयुक्त के हाथों से कई वरिष्ठ शासकीय सहकारियों की उपस्थिति में पूरे चार घंटे यह जलसा वेदशास्त्र सम्पन्न ब्रह्मवृदों ने पूरा किया। पीतांबर पहनकर नंगे बदन से पूजा करनेवाले आयुक्त ने कालू माँ से मन्नत माँगी कि 'सरकार की ओर से तेरी चौखट पर आया हूँ भक्तों पर गुस्सा न होना, भक्तों की जान बचाना, राज्य पर आया संकट दूर करना।' इसी के साथ ही 'पशुहत्या और टोटका न करने की भक्तों को सद्बुद्धि दे' यह प्रार्थना आयुक्त करंदीकर ने देवी माँ से की।

इसमें कुछ गलत हुआ है, ऐसा किसी को नहीं लगता। जिन्हें लगता है, वे या तो धर्म विरोधी और बहुजनों के सच्चे हमदर्द नहीं होते। ऐसा लगता है कि 'सम्मेलन स्थल पर बकरे की बलि देने से किसी भी प्रकार की अपराध भावना मेरे मन में नहीं है', यह नासिक साहित्य सम्मेलन के स्वागताध्यक्ष के उद्धरण इसी का प्रतीक हैं। ऐसे कर्मकांडों का आक्षेप जैसे धर्म पर लिया गया आक्षेप माना जाएगा। किसी भी सुरक्षा के बिना क्रोधित जनसमुदाय में सहज रूप से घुसने वाले नेता इसी देश में बस कुछ दशक पूर्व थे। यह जैसे आज अचंभित करनेवाली बात लगती है। वैसे ही ऐसे कर्मकांड को बिलकुल न समर्थन देनेवाला एक लोकनेता निरंतर सत्रह वर्ष प्रधानमंत्री था। यह भी विस्मरण में चला गया। लोगों ने, भाविकों ने यह 'शांति' की होती तो यह उनकी व्यक्तिगत श्रद्धा का हिस्सा माना गया होता। जनप्रतिनिधि ने भी अगर 'शांति' की होती, तो लोकानुनय ही राजधर्म है, यह आज के वास्तव का प्रतीक माना जाता। लेकिन क्या यह विधि खुले रूप से कर वरिष्ठ प्रशासकीय अधिकारी संविधान से ही असंगत आचरण सरकार की ओर से नहीं कर रहे थे?

दरअसल, जितने गवाह उतना ही विश्वास, यह सीधा व्यावहारिक सयानापन है। कालू माँ की दुर्घटना होने से कुछ कारण सामने आए हैं। तोड़े गए नारियल और अर्पित तेल की धार से फिसलन भरी सीढ़ी, मंदिर की ओर जाने वाला एक ही संकरा रास्ता, शॉर्टसर्किट, समाजकंटकों के षड्यंत्र, इस प्रकार के वे कारण

हैं। जाँच समिति सत्य की खोज करेगी लेकिन सभी में दैवी प्रकोप कारण हो ही नहीं सकता। प्रकोप हुआ है यह अनुमान कर कालू माँ से माफी माँगना संविधान में दिए नागरिकों के कर्तव्यों की 'ऐसी-तैसी' करना है। नारियल का पानी और तेल जैसे पदार्थ भगवान के नाम पर बर्बाद करें ऐसा देवताओं को रास नहीं आता, यह महाराष्ट्र के संतों ने भी कहा है। सफाई ईश्वर का दूसरा रूप है, यह गांधी से लेकर गाडगे बाबा तक सभी ने बताया है। प्रत्यक्ष कालू माँ से लेकर कोई भी यात्रा—जुलूस गंदगी के माहौल तैयार करते हैं। इस दुर्घटना के बाद मांढरदेवी यात्रा स्थल का विकास करने के लिए केंद्र सरकार ने 15 करोड़ रुपए दिए हैं। हज यात्रा को जाने वाले भाविकों के टिकट में हजारों करोड़ की छूट दी जाती है। सिंहस्थ मेले के लिए 448 करोड़ रुपये खर्च किए जाते हैं। उसकी तुलना में यह राशि कम ही है। इस देश में सरकार के दिवालियापन में होने के बावजूद खर्च के प्रधान क्रम में गरीबों का स्वास्थ्य, शिक्षा, आवास है कि उनके धर्मस्थलों का विकास है? यह प्रश्न पूछना भी अब निरर्थक है।

मांढरदेवी में जो दुर्घटना हुई उसके संबंध में अंधविश्वास के परिप्रेक्ष्य में केवल शरद पवार ने दो वाक्य कहे और अन्य पार्टी के किसी भी नेता ने एक शब्द भी नहीं कहा। समाजसुधारकों के नाम का जप हरदम, लेकिन प्रत्यक्ष आचरण विपरीत, इसकी आदत अब महाराष्ट्र को हो गई है। महाराष्ट्र के संत और समाजसुधारक के उद्घोष में हम उन्हीं की हार कर रहे हैं। 'तीर्थों में पत्थर, पानी। ईश्वर बसता सज्जनों में।' या 'अंतरी निर्मल, वाणी में रस। गले में माला की क्या जरूरत।' यह बतलाने वाले तुकाराम महाराज व्यर्थ साबित हो रहे हैं। विट्ठल रामजी शिंदे, म.फुले, न्यायमूर्ति रानडे इन महानुभावों ने उन्नीसवीं सदी के ईश्वर केंद्रित धर्म को मानव केंद्रित बनाया। स्त्री शिक्षा, अस्पृश्यता उन्मूलन, कालबाह्य कर्मकांडों का विरोध कर धर्म भावना विकसित और उन्नत की। अधिकांश को लगता है कि आधुनिकता कदम-कदम पर हर पल आलिंगन दे रही है और उसी समय मानसिक गुलामी को कोई दुख ना खेद हैं, यह आज का चित्र है। नकली आध्यात्म बड़े प्रभावी रूप से चल रहा है। रुढ़ि, परंपरा, कर्मकांड, उर्स, यात्रा, उत्सव, सत्संग का उबाल आया हुआ है। उन्नीसवीं सदी का समाज सम्मुख धर्म, इक्कीसवीं सदी के प्रारंभ में समाज विन्मुख हुआ है। इसलिए उपरोक्त सब कथित धार्मिक आध्यात्मिक अराजकता में सामान्य व्यक्ति के प्रश्न की आवाज भी सुनाई नहीं देती। भयावह विषमता के गर्भ में बड़ी मात्रा में हो रही हत्याएँ, शराब की बाढ़, आवास का अभाव, ये और इस प्रकार के सामान्य व्यक्ति के जीने-मरने के प्रश्नों का आत्मकेंद्री बने हुए धर्म का कैसे संबंध जोड़ा जाए? इसका प्रतिवाद नहीं किया जा सकता। यह असफलता है, अत: स्वाभाविक रूप से कालू माँ की मन्नत करने का ही आधार ढूँढ़ती है। इस उलझन भरी सामाजिक स्थिति को तुरंत बदलना संभव नहीं है, यह सब समझते हैं;

लेकिन जो संभव है उसके लिए अपने पैर क्यों खींचें? नगर, सोलापुर, सतारा इन क्षेत्रों से कालू माँ को भाविक आते हैं। इन चारों जिलों में दूर-दूर तक स्कूल फैले हैं। उन स्कूलों के हजारों शिक्षक और उनके द्वारा लाखों छात्रों को कालू माँ की यात्रा में कौन-सा काम होना चाहिए और क्या नहीं होना चाहिए यह विचार आज दिया जाए तो भविष्य में परिवर्तन जरूर दिखाई देगा। 'वर्तन में परिवर्तन' यही शिक्षा की व्याख्या है ना? पशु हत्या रोकने के लिए प्रशासकीय धाक तक पर्याप्त है। टोना जैसी राक्षसी अंधश्रद्धा संभाव्य कानून द्वारा सहजता से रोकी जा सकती है। गैरकानूनी शराब रोकने के लिए तो प्रशासकीय धाक ही काफी है।

धर्म की राजनीति पर काफी बातचीत होती है; लेकिन उसके लिए विस्तार से धर्म का व्यवसायीकरण, बाजारीकरण और विकृतिकरण हो रहा है, जिसे मात्र हेतुत: या अनजाने में ही नजरअंदाज किया जा रहा है। प्रत्येक व्यक्ति के मन की धार्मिकता भी पवित्र है लेकिन यह भाव कर्मकांड, बाह्याडंबर और फिर धर्मांधता की ओर मोड़ना जारी है। इसे धार्मिकता, नैतिकता, विकास और मानवता की ओर ले जाना होगा। महाराष्ट्र के संत और समाजसुधारक के धर्म चिंतन की या कृति की यही विधायक विरासत है। कथनी में महाराष्ट्र के समाजसुधारकों की जयकार करते समय करनी से हम उन्हें पराजित तो नहीं कर रहे हैं?

मांढरदेवी : यह मौन प्रकट है!

मांढरदेवी की उत्सव में हुई दुर्घटना भयानक थी। ऐसी घटना भविष्य में ना हो इसके लिए सभी उपाय और योजनाएँ बनाई जा रही हैं। केंद्र सरकार से 15 करोड़ रुपयों की राशि मंजूर की गई है। सुविधाओं से युक्त सुनियोजित उत्सव स्थल के रूप में मांढरदेवी का विकास होगा। हज यात्रा के लिए सरकार हजारों करोड़ की मदद करती है, सिंहस्थ के लिए 448 करोड़ रुपये खर्च होते हैं; उसी प्रकार लाखों भाविकों की श्रद्धास्थान मांढरदेवी क्षेत्र का विकास करने के लिए करोड़ों रुपये खर्च करना कोई गलत नहीं है, यह प्रचलित राजनैतिक व्यवहार मान सकते हैं लेकिन मांढरदेवी दुर्घटना के बाद उत्पन्न मूल प्रश्न अलग है। वह है श्रद्धा से संबंधित कालोचित चिकित्सा का। एक तरह से वह किनारे हो गया या उपस्थित ही नहीं हुआ; यह बात निश्चित ही गंभीर मानी जानी चाहिए।

विश्व के सभी प्रकार के मानव समूहों में आदिम अवस्था से किसी न किसी रूप में धर्म ने मनुष्य की सोहबत की है। आज तक जीवन के सभी आयाम धर्म कल्पना के प्रभाव से व्याप्त हैं। बचपन में भाषा सीखनी पड़ती है। धर्म तो जन्म से मिल जाता है। उसे संस्कार के रूप में ही हम स्वीकारते हैं। धर्म पर विचार करने का प्रश्न ही उपस्थित नहीं होता। बदलते समय के अनुसार कुछ कर्मकांड, धार्मिक पठन, तीर्थयात्रा इतना ही हो पाता है। धर्म संस्कार गहरे हो जाते हैं। वे मन को संतोष देते हैं। व्यक्ति को उचित और उपयुक्त लगनेवाली इन घटनाओं पर आपत्ति उठाने की कोई बात नहीं है। लेकिन इसी धर्म पर मनन, चिंतन, कृति करनेवाले कुछ व्यक्ति महाराष्ट्र में पिछले 100-150 वर्षों में हुए हैं। लोकहितवादी, महात्मा फुले, न्यायमूर्ति रानडे, पंडिता रमाबाई, डॉ. केतकर, वा. म. जोशी, राजर्षि शाहू महाराज, गाडगे बाबा, स्वातंत्र्यवीर सावकर, डॉ. बाबासाहेब अंबेडकर इन सबका अपने-अपने क्षेत्र में बड़ा योगदान रहा है। लेकिन इसी के साथ यह भी दिखाई देता है कि उन्होंने धर्म पर विचार भी किया है। उसमें आस्था और शोध की बुद्धि थी।

धर्म का, धार्मिक उत्सवों का, कर्मकांडों का अभिमान, अस्मिता, अहंकार को बलवान करने का प्रयास वर्तमान में सभी धर्मों में हो रहा है। मंदिर में जाना, यात्रा

करना, देवताओं के, धर्म के उत्सव, प्रवचन और कीर्तन-भजन की ओर स्त्री-पुरुष, युवा पीढ़ी आकर्षित होती दिखाई देती है। धर्म अभिमान और धर्म विचार दोनों भिन्न हैं। इसे पूरी तरह भुला दिया गया है। धर्म का अभिमान रखनेवाला व्यक्ति धर्म पर विचार कर सकेगा; लेकिन कर ही लेगा यह नहीं कह सकते। धर्म अभिमान को अधिक तीव्र करना और धर्म विचार का परित्याग करना आज के महाराष्ट्र का स्वरूप है। आदिमानव के सामाजिक जीवन में प्राथमिक धर्म भावना यातुप्रधान थी। विश्व के मनुष्यों में, प्राणियों में, निर्जीव वस्तुओं में एक यातु है। यातुक्रिया के द्वारा उपासना यह यातुधर्म का रूप होता है। पुरानी त्याज्य श्रद्धाओं को लाँघकर चेतनाशील नई श्रद्धा को स्वीकारना व्यक्ति के, समाज के स्वास्थ्य और सामर्थ्य के लिए आवश्यक है। विज्ञान की आज की चुनौती से लड़ते समय 'यातुनिर्भर' रूढ़ धर्मश्रद्धा से मानवी मन का बाहर होना हित का होता। प्रत्यक्ष रूप में अधिकांश लोकसमूह आज भी 'यातुप्रधान' धर्म श्रद्धा को मानते हैं। जाति भेद, बलि प्रथा, मंत्र-तंत्र, शकुन, तावीज, काला जादू, देव मंदिरों का प्रभाव दूर तक और राजा से लेकर रंक तक है। इस प्रभाव के साथ ही विकसित धर्म श्रद्धा भी कुछ व्यक्तियों के दिल में है। इन दोनों में बड़ा संघर्ष है और यह दिखाई देता है। बकरे, मुर्गे की बलि देना, मंत्रों से अभिषेक करना, विशिष्ट क्षेत्र में जाकर जाग्रत देवता से मन्नत माँगना इसी से भगवान प्रसन्न होंगे, पुण्य प्राप्त होगा, ऐसी अपेक्षाएँ अधिकांश भक्तों के अंत:करण में होती हैं। संतों की भक्ति और सीख अलग प्रकार की है। मनुष्य को कर्तव्य करना चाहिए वह भी ईश्वर की आज्ञा मानकर, ईश्वर को कुछ अर्पण भी बुद्धि से करें; अंत:करण की शुद्धि को प्रधानता दें। मानवता और करुणा से आचरण करें। यह संतों की सीख और आचरण भी है। लेकिन नई श्रद्धा का यह भक्ति मार्ग, विवेक मार्ग, संतों की सीख के बाद भी 'यातु श्रद्धा' की जगह लेकर भारतीय और मराठी मन को व्याप्त नहीं कर पाया। यही दिखाई देता है कि पाप-पुण्य हेतु की जाने वाली यातुक्रिया, कर्मकांड इसी का साम्राज्य अबाधित रहा है।

मांढरदेवी के मंदिर में तोड़े गए नारियलों के पानी की धार बह रही थी। दीपमाला पर बहाया गया तेल उसी में मिला। मनौती के लिए चार-पाँच हजार बकरों की बलि देना तो हमेशा का रिवाज है। शराब पीने का भी रिवाज है। गंदगी की तो मानो आदत ही लगी है। मंदिर के पीछे अधिकांश पेड़ों पर ठोंकी गई कीलों पर टँगी गुड़ियाँ और नीबू, दूसरों की बरबादी हो और उनकी सम्पन्नता अपनी ओर आए यह इच्छा प्रकट करने वाली पेड़ों पर लटकाई गई सैकड़ों चिट्ठियाँ, यह सब यातुश्रद्धा का स्पष्ट रूप हैं। सभी पार्टियों के महाराष्ट्र के नेताओं ने मांढरदेवी को भेंट दी। शिवराज पाटील, शरद पवार, विलासराव देशमुख, आर. आर. पाटील, उद्धव ठाकरे, मनोहर जोशी, गोपीनाथ मुंडे, कई विधायक, सांसद तथा नाना पाटेकर जैसे अभिनेता भी इसमें हैं। शरद पवार ने कहा 'अगले साल शराब और पशुबलि पर पाबंदी लगाने की विनती

हम राज्य सरकार से करेंगे। यह वाक्य छोड़ दिया जाए तो किसी ने एक वाक्य भी नहीं कहा। हरदम महाराष्ट्र के संतों और समाजसुधारकों के नाम की जयकार करनेवाले लोग उनकी विरासत को कैसे भूल गए?

महाराष्ट्र में उन्नीसवीं सदी के समाजसुधारकों ने धर्म को विवेकी बनाने का प्रयास किया है। ईश्वर केंद्रित धर्म को मानव केंद्रित बनाया। उन्नीसवीं सदी का धर्म प्रबोधन जनसामान्य को समाज उन्मुख बना रहा था। प्रबोधन का नाम था; लेकिन आशय समाजसुधार से था। स्त्री शिक्षा, अस्पृश्यता उन्मूलन, मूर्तिपूजा का विरोध, धर्म चिकित्सा ये धर्म जाग्रति के विषय थे। मानवी जीवन का नियमन केवल सरकार और कानून नहीं कर सकता; वहाँ मनुष्य की नैतिकता को भी चुनौती देने की आवश्यकता है, यह भूमिका होती थी। आज महाराष्ट्र में समाज प्रबोधन का प्रभाव कम हुआ है। बीसवीं सदी के प्रबोधन से आई आधुनिकता, समतावादी नैतिकता का मूल्य पोषित करने के लिए संघर्ष कर रही थी। अब उन्नीसवीं सदी के आरंभ में विपरीत घटनाएँ हो रही हैं। यह आधुनिकता कर्मकांड में लीन उरुस, यात्रा, मेले, जलसे, बाबा-बुवाओं की पालकी उठाने में ही स्वयं को खुश मान रहे हैं। घड़ी के काँटें विरुद्ध दिशा में घुमाकर उन्नीसवीं सदी के समाज सम्मुख प्रबोधन को समाज उन्मुख बनाया गया है। खेद है कि इसके संबंध में किसी को कोई लेना-देना नहीं है।

यह प्रश्न उपस्थित करने पर शाब्दिक या प्रत्यक्ष प्रहार, अंधविश्वास उन्मूलन जैसे अन्य विवेकवादी संगठन हर रोज सह रहे हैं। विवेकवादी आंदोलनों का हर रोज अनुभव कर रहे हैं। भगवान के घर, धर्म में निषिद्ध मानी हुई शराब कैसे स्वीकार्य है, यह पूछने पर, जवाब यह कि इन्हें सुरापान करने वाले भगवान याद आते हैं। सैकड़ों लीटर तेल बरबाद करना, यह प्रश्न उन्हें पवित्र रूढ़ियों का पालन करना लगता है। सफाई रखना सरकार की जिम्मेदारी है कहकर उससे दूर भागना, काली गुड़ियाँ, नीबू, टोटके की चिट्ठियाँ ये घटनाएँ समाज शिक्षित होने के बाद अपने आप चली जाएँगी, यह केवल गलतफहमी होती है। किसी एक विशिष्ट दिन सभी भक्तों की भीड़ जरूरी है? यह प्रश्न धर्म पर आक्रमण समझा जाता है। श्रद्धा किसी भी प्रकार की हो, जाँच-पड़ताल करने से पहले याद रखना, यह अप्रत्यक्ष धमकी दी जाती है। खेद इसका होता है कि इसके संबंध में सब लोग सावधानी से अपने-अपने तरीके कैसे मौन रहते हैं? मांढरदेवी के पास वाई में कई वर्षों से धर्मकोश पर काम हो रहा है, क्या उन्हें इस संबंध में कुछ नहीं कहना? बहुजन विकास की विरासत चलाने वाली शिक्षा संस्थाएँ भी इस संबंध में मौन धारण करती हैं। राजनीतिक नेताओं की चमड़ी बचाव नीति समझ सकते हैं। लेकिन कुलपति, शास्त्रज्ञ, साहित्यिकों के मौन का अर्थ क्या है? संतों की अभिमान योग्य विरासत चलाने वाले वारकरी संप्रदाय के विचार इस संबंध में कैसे और क्या हैं? स्कूलों में मूल्य शिक्षा देनेवाले महाराष्ट्र

को सारी घटनाओं के होने के पीछे कौन-सा मूल्य दिखाई देता है और उचित क्या होना चाहिए, इस शब्द का उच्चारण भी शिक्षक न करें? असमय उत्तेजित होकर बोलनेवाले, समाजसुधारकों का जयघोष करनेवाले समय आते ही क्यों चुप हो जाते हैं? प्रगतिशील महाराष्ट्र की आज की प्रत्यक्ष स्थिति दिखाने के लिए इन सबका मौन खूब बोलनेवाला और वेदनादायी है।

होली की परंपरा : कालोचित कृति करें

मानवी जीवन में पर्व-त्योहारों का बड़ा महत्त्व है। घर और समाज में सभी इकट्ठा होते हैं। खुशी का माहौल बनता है। सामाजिक एकात्मता आसानी से बनाई जा सकती है, लेकिन ऐसे उत्सव मनाते समय कालोचित परिवर्तन की अनुभूति खो दें तो आर्थिक नुकसान होता है। पर्यावरण की हानि होती है। खेती की खोज होने के बाद सघन जंगल काटने पड़े। उनकी होली करने की प्रथा का आरंभ हुआ। अब समय बदल गया है। मानव पर्यावरण प्रदूषण के जंजाल में फँसा है। पर्यावरण पर ही मनुष्य का जीवन निर्भर है, स्कूलों में यह विषय अनिवार्य बनाया गया है। 'पेड़ लगाओ, पेड़ बचाओ, प्रदूषण हटाओ' यही देश की आवश्यकता है। इसलिए समाज को होली जैसे पारंपरिक उत्सवों पर सामाजिक जरूरतों के साथ विचार करना चाहिए। हर घर में और सार्वजनिक स्थानों पर होलिका बड़ी श्रद्धा और कामना से जलाई जाती है। घर की होली में पाँच गोबर के कंडे, उपले, आम, ऐरंड की डाली, पुरण-पोली की आहुति दी जाती हैं। सार्वजनिक होली में सूखी डालियाँ, पुराना टूटा-फूटा फर्नीचर, लकड़ी के लट्ठे जलाते हैं। इसे बदमाश बच्चे चुराकर लाते हैं। कुछ हजार टन लकड़ी एक दिन में जलाई जाती है। उपले-कंडे और पुरण-पोली भी होली में फेंकी जाती है। सभ्यता की गर्दन शर्म से झुक जाए ऐसी गंदी गालियाँ बड़े चाव से दी जाती हैं।

देश की गरीब जनता के लिए रोज के ईंधन का प्रश्न विकट है। बारिश के दिनों में उनके उपयुक्त ईंधन की ऐसी अपव्ययता कहाँ तक उचित है? पेड़ों की कटाई कर मिले लकड़ी के लट्ठे को सार्वजनिक चंदे से जलाना और हवा में फैलता धुआँ और उष्मा बढ़ाना यह भी सही नहीं है। होली में अधिकतर स्थानों पर गोबर के कंडे जानबूझकर जलाए जाते हैं। इससे कई गुना बेहतर पर्यावरण की हानि हो जाती है। जमीन में एक बार गोबर खेती में डाला जाए तो वह जमीन चार-पाँच साल के लिए उपजाऊ रहती है, यह विशेषज्ञों का मत है। होली में जलाए जाने वाले कंडे खेती के उपयोग में लाए जाएँ तो उसका उपजाऊपन बढ़ेगा। इससे रासायनिक चीजों का उपयोग कम होगा और जमीन का प्रदूषण कम होगा। हर घर की होली के पाँच

कंडे भी घर के गमलों के लिए सबसे अच्छा खाद होंगे। इससे घर के पिछवाड़े में बगिया खिल सकती है।

पूजा कर होलिका को पुरण-पोली का उपहार अर्पण किया जाता है। एक क्षण में पुरण-पोली जलकर खाक हो जाती है। इसी पुरण-पोली से देश में करोड़ों दरिद्र जनता के पेट की भूख की होली एक बार तो शांत हो सकती है। 'भूखे को अन्न, यही सच्चा धर्म है।' यह संत गाडगे बाबा की सीख प्रत्यक्ष रूप में सिद्ध होगी। पुरण-पोली का स्वाद ही जिसे पता न हो ऐसे देशबंधुओं का विचार ही होली में पुरण-पोली फेंकने से हमें परावृत्त कर सकता है। शहरों के रास्तों का खस्ता हाल, यह हमेशा नागरिकों की नाराजगी का विषय होता है। अपने पैसों से बने रास्ते होलिका दहन से खराब हो जाते हैं। तो क्या इसे टालना सुजान नागरिक का कर्तव्य नहीं है? होलिका दहन उत्सव सामुदायिक खुशी के जीवन का भाग बनाए रखें लेकिन उसे कालोचित विधायक रूप देना है। यह प्रयत्न पिछले छः वर्षों से अंधश्रद्धा निर्मूलन समिति कर रही हैं। होली मनाई जाती है लेकिन किस चीज की? उत्सव मनाने वाले सभी लोग इकट्ठे होते हैं। खुद की शक्ति से, समय का नियोजन कर अपने आस-पास का माहौल जितना हो सके झाड़-पोंछकर सुंदर बनाते हैं। जमा हुए सूखे कचरे की होलिका बनाकर दहन करते हैं। इसी के साथ मनुष्य में होनेवाले दुर्गुणों की एक प्रतीकात्मक मूर्ति बनाकर उसके विविध भागों को आलसी, कामचोर, भ्रष्टाचारी जैसे नाम देते हैं। इससे मुक्ति पाने का संकल्प कर उस मूर्ति का दहन करते हैं।

लोक जाग्रति होती है तथा वे उन्हें पर्यावरण सुरक्षा का महत्त्व समझाते हैं और सभी लोग मिलकर स्त्री सम्मान के नारे बुलंद आवाज में देते हैं। कंडे पिछवाड़े के बाग तक या फूल-पौधों के गमलों तक पहुँचाते हैं। एक भी पुरण-पोली होलिका में फेंकने नहीं देते और उन्हें इकट्ठा कर वे कैसे गरीबों के मुख तक पहुँच सकें यह भी देखते हैं। या उन पुरण-पोली का सहभोजन करते हैं। चिल्लाहट न करना ही सही होता है लेकिन अपने-आप पर नियंत्रण नहीं कर पाए तो सामान्य व्यक्ति की असंख्य समस्याओं को याद करते, उनके जीवन में समस्याएँ उत्पन्न करनेवाली व्यवस्था के विरोध में चिल्लाकर (बोंब) होलिका होती है तो वह भी छोटी होती है। उसे जलाते समय उसके आस-पास बिजली या टेलिफोन का तार नहीं है, घास के गट्ठर, गैस, विस्फोटक नहीं है इसे देखते हैं। होलिका के लिए कोई भी चीज चुराकर नहीं लाते। तारकोल के रास्ते खराब न हों इसका खयाल रखते हैं। यह विचार देखते ही देखते पिछले छः वर्षों में महाराष्ट्र के अनेक जिलों में फैल गया है। कुछ स्थानों पर वह उपक्रम के रूप में था। कुछ स्थानों पर यह जन आंदोलन हुआ। सतारा जिले के कराड़ तहसील के प्राथमिक स्कूलों के शिक्षक और छात्र इनमें बड़ी उत्सुकता के साथ उतरे थे।

रयत शिक्षण संस्था भारत की सबसे बड़ी शिक्षा संस्था है। उन्होंने अपनी कई शाखाओं में यह विचार कृति कार्यक्रम के द्वारा पहुँचाया। कोल्हापुर विभाग के उच्च शिक्षा विभाग के महासंचालक, माध्यमिक शिक्षा के उपसंचालक, महानगर पालिका शिक्षा मंडल, इन्होंने इस उपक्रम में छात्रों के सहभाग के लिए आदेशों द्वारा अनुकूलता प्राप्त करवाई। इस विषय पर कई स्कूलों ने शालेय फलक लेखन करवाए। कुछ स्कूलों ने प्रार्थना के समय, परिपाठ में, मूल्यशिक्षा में होलिका दहन किस प्रकार मनाएँ और उसका नया स्वरूप क्या है यह बताया। इसे अगले कदम के रूप में मन पर चित्रित करना कि 'होलिका दहन को इनकार—सुरक्षित पर्यावरण स्वीकार', 'पेड़ लगाओ, पेड़ बढ़ाओ' 'होलिका दहन को इनकार—ईंधन बचत स्वीकार।' जैसे नारों से गूँजनेवाली प्रभात फेरी प्राथमिक और माध्यमिक स्कूल के छात्रों ने अपने इलाकों में निकाली।

इसे पार्षद, महापौर ने समर्थन दिया। सार्वजनिक होलिका दहन में सहभागी बच्चे कम होने का एहसास हुआ। एक स्कूल ने अपने इलाकों के मजदूरों, निर्धन परिवारों व अन्य धर्मियों को ध्यान में रखकर उन्हें सम्मान से पुरण-पोली की मेजबानी दी। अकेले कोल्हापुर में पिछले वर्ष 15 हजार पुरण-पोलियाँ जमा हुई थीं। मूल्य शिक्षा को कृति का साथ मिलने वाली उपक्रमशीलता मिले तो परिवर्तन का विचार किस प्रकार प्रवाही होता है, इसका वस्तुपाठ बन गया। इससे मानो 'प्रथा निर्माण करेंगे नई-निराली, करेंगे अमंगल की होली' निर्माण हो रही है।

कालोचित धर्मचिकित्सा लोग स्वीकारते हैं यह एक सुचिह्न!

दस सहस्त्र मंडल, लाखों कार्यकर्ता, करोड़ों भाविक ऐसा गणेश उत्सव हाल ही में सम्पन्न हुआ। समाज में कुल मिलाकर धर्मिक उत्सवों की बाढ़-सी आई है, या यूँ कहिए लाई गई है। गणेश उत्सव का जोश इसका चरम बिंदु समझना होगा। इसके पीछे धर्म की राजनीति है ही। लोगों की धार्मिकता मानो कच्चे माल पर धार्मिक जलसों के माध्यम से निवेश कर, अंधता की प्रक्रिया करना है। और इसके द्वारा मतपेटी से राजनीतिक सत्ता का पक्का माल बाहर निकालने का यह खेल है।

विवेकवादी आंदोलन विज्ञानपूर्व युग में निर्मित धर्म को कालबाह्य और अर्थहीन ठहराता है। स्वाभाविक ही जनसमुदाय की कड़ी धार्मिक अभिव्यक्ति उन्हें नकारने की बात लगती है। अधिकतर लोग धार्मिक होते हैं, इसलिए स्वाभाविकत: उन लोगों के धार्मिक होने को ही नकारा जाता है। मार्क्सवादी मानते हैं कि उत्पादन संसाधन और उत्पादन संबंध इनके नींव पर साहित्य, कला की तरह ही धर्म भी ऊर्ध्ववास्तु है। यह सच है कि इसके कारण शोषण होता है लेकिन उसमें मुक्ति पाने की राह है। वह राह यानी समाज रचना की चौखट बदलना। ऊपर का हिस्सा होनेवाले धर्म में सुधार करने में समय खराब करने का कोई अर्थ नहीं है। परिणामस्वरूप विवेकवादी हों या मार्क्सवादी, उन दोनों ने धर्म की ओर पीठ फेर ली और लोगों ने तो इस संदर्भ में दोनों से पीठ फेर ली है। धर्म की राजनीति करने की इच्छा रखने वालों को अनायास ही धर्म का मैदान खुला मिलेगा। शनि-शिंगणापुर में धर्म के नाम पर महिलाओं को प्रवेश नकारा जाता है। 'ऐसा कैसा आपका धर्म?' अंनिस के इस प्रश्न को 'आप हमें धर्म मत पढ़ाओ' यह उत्तर मिला।

'निर्माल्य के साथ विसर्जित गणपति दान करें' इस मुहिम को इस परिप्रेक्ष्य में देखें। इस मुहिम की शुरुआत ग्यारह वर्ष पहले कोल्हापुर में हुई। मूर्ति के साथ पूरे दिन का निर्माल्य लेकर भक्त आते और प्लास्टिक के कैरीबैग के साथ पानी में फेंक देते। जल प्रदूषण रोकने के लिए उन्हीं चीजों का दान माँगना समिति ने

शुरू किया। वस्तुतः कई टन निर्माल्य इकट्ठा हो रहा था। उसका उपयोग खाद बनाने के लिए किया गया। यह मुहिम अगले दो साल में कोल्हापुर जिले में फैल गई। इसके बाद अंनिस ने उसे पूरे महाराष्ट्र में प्रसारित किया। देखते-देखते उसे कई संस्थाओं ने अपनाया। पुणे-मुंबई महानगरनिगम ने निर्माल्य जमा कर उनका बागान हेतु प्रयोग किया। धुले जिलाधीश ने उस निर्माल्य की खाद के आदर्श प्लांट खुद के बंगले में किए। उत्तर महाराष्ट्र विश्वविद्यालय की राष्ट्रीय सेवा योजना ने गाँवों का सारा निर्माल्य जमा किया। पुणे महानगर निगम, राष्ट्रवादी कांग्रेस आदि ने निर्माल्य जमा करने के लिए पर्यावरण को पूरक थैलियाँ दीं।

असल मुद्दा यह था कि 'विसर्जित गणपति दान करें।' छः साल पहले कोल्हापुर में महापौर के हाथों पहला दान अंनिस ने स्वीकारा। उपक्रम संवेदनशील विषय को लेकर था। इसको लेकर कई आक्षेप थे। धर्मशास्त्र के अनुसार प्रवाहित पानी में ही मूर्ति विसर्जित हो, नदियों का प्रदूषण कई प्रकार से होता है, उस पर चुप्पी क्यों?

मूर्ति कहाँ और कैसे निर्गत करें? आपको धर्म में हस्तक्षेप करने का अधिकार किसने दिया? इन सारे हमलों का आंदोलन ने ढंग से मुकाबला किया तो इसका पूरा श्रेय यहाँ के सामान्य व्यक्ति की धार्मिक समझदारी को जाता है। हमारी भूमिका संक्षेप में यह थी कि 'महाराष्ट्र में एक करोड़ बाईस लाख परिवारों में से कम से कम एक करोड़ परिवार गणेश की स्थापना करते हैं। मूर्ति का वजन लगभग तीन किलो होता है। मतलब हर साल पानी में न घुलने वाला तीन करोड़ किलो प्लास्टर ऑफ पेरिस हम नदी, कैनाल, कुएँ, तालाबों में डाल देते हैं। इससे बड़ी मात्रा में कीचड़ जमा होता है। इससे पानी के स्रोत बाधित हो जाते हैं। मूर्तियों की अत्यधिक जहरीले रासायनिक रंगों से रंगाई होती है। वह प्रदूषित पानी सभी ओर फैल जाता है। इसे टालने के लिए घर पर उत्तर पूजा होने पर अपनी लाई हुई मूर्ति, जिसमें धर्मशास्त्र के अनुसार देवत्व खत्म हुआ है, पानी में फेंकने की बजाय हमें दान कीजिए। गाँव के बाहर भवन निर्माण के लिए पत्थर निकालने से बनी बड़ी खदानें हैं। इसके पानी में हम उसे निर्गत करेंगे। महाराष्ट्र में गति से और बड़े पैमाने पर सकारात्मक प्रतिक्रिया मिलना आश्चर्यजनक था। विरोध कम हुआ। विरोधकों को लोगों का समर्थन ना मिलने से विरोध रोकना पड़ा। हमें केवल पाँच साल पहले चार सौ गणपति दान में मिले थे। इस वर्ष महाराष्ट्र के सभी क्षेत्रों से चालीस हजार मूर्तियाँ दान में मिलीं। यह आँकड़ा और भी गई गुना बढ़ा होता लेकिन हमारी ताकत कम पड़ी। अब इसकी भी चिंता नहीं है क्योंकि इस बार पूरा एहसास हुआ है कि यह उपक्रम जन आंदोलन बना है। पुणे महानगर निगम ने स्वयं नेतृत्व कर विसर्जित गणपति दान स्वीकारने के लिए सौ हौद बनाए हैं। नगर निगम, ग्रामपंचायत ने भी स्वयं अगुआई की है। महिला मंडल, मजदूर संगठन, उत्साह से इसमें शामिल हुए हैं। कुछ स्कूलों में भी सामूहिक रूप से गणेश दान दिया गया है। पुणे जिले के भोर

में तो पूरे गाँव ने ही 'विसर्जित गणपति दान करो' कार्यक्रम आयोजित किया। इस प्रतिसाद से अगले पड़ाव पर कुछ प्रश्न भी निर्माण हुए हैं।

गणेश दान के लिए निकले विकल्पों के पर्यायों में गणेश के बाजू में सुपारी रखकर उसे विसर्जित करना, हमेशा के लिए धातु की मूर्ति घर में रखना और हर साल उसी की स्थापना करना, दान की मूर्ति आपसी समझौते से अगले वर्ष के लिए एक-दूसरे के घर मेहमान बनाकर लाई जाए, ऐसे कुछ विकल्प हैं लेकिन वे काफी अधूरे हैं। एक तो हर वर्ष उत्तम दर्जे की जमीन के फूल जैसी दो करोड़ किलो मिट्टी इस प्रकार उपयोग में लानी चाहिए? इस मिट्टी पर रासायनिक रंग लगाने पर प्रदूषण तो होगा ही और वनस्पति रंग लगाया जाए तो वह खर्चीला और अनाकर्षक होगा। ऐसी मूर्तियाँ कौन खरीदेगा? इन पर दो ही उपाय दिखाई देते हैं। एक है सरकार के नेतृत्व में बड़े पैमाने पर दान मिले गणपति सही ढंग से निर्गत करने की व्यवस्था खड़ी करें। यह संभव है; लेकिन यातायात, समय, श्रम, पैसा इस दृष्टि से थका देने वाला है। दूसरा विकल्प यानी दान की गई मूर्तियों का गणेशालय। किसी भी अच्छी जरूरतमंद संस्था को ये मूर्तियाँ दी जाएँ। वे साल भर उनका रखरखाव करें (इसके लिए कई लोगों के पास जगह होती है)। अगले वर्ष उनकी बिक्री के द्वारा संस्था को अच्छी आर्थिक मदद मिल सकती है। लगभग एक करोड़ मूर्तियाँ इस पद्धति से गणेशालय की ओर से आधी कीमत में भी बाजार में आएँ तो उनके द्वारा हर साल 35 करोड़ रुपये की राशि अच्छे सामाजिक कार्य के लिए मिल पाएगी। यह कल्पना अब धीरे-धीरे लोगों के द्वारा ही सामने आ रही है। लेकिन इसको लेकर कौन-से और कैसे आक्षेप आएँगे इसका डर कइयों को लगता है। दरअसल नदी और समंदर के किनारों पर विसर्जन के दूसरे दिन पड़ी हुई मूर्तियाँ इकट्ठी कर अगले वर्ष फिर से बाजार में लाई जाती हैं, यह सचाई है; लेकिन उसे स्वीकारना कठिन है।

इस वर्ष का और एक मानक उपक्रम 'एक गाँव, एक गणपति' है। यह कल्पना लोग कैसे स्वीकार करेंगे? क्योंकि उनके नेताओं को ही मंडल, चंदे और धूमधाम में अधिक रस होता है और यह स्वाभाविक भी है। यहाँ भी अनपेक्षित आश्चर्य पाया जाता है। इसकी शुरुआत छ: साल पहले कोल्हापुर जिले में ही हुई थी। इसका नेतृत्व पुलिस प्रमुख ने किया था लेकिन उनसे निम्न अधिकारी भी इस माथापच्ची को लेकर आशंकित थे। पहले साल केवल तीन गाँवों में 'एक गाँव, एक गणपति' उपक्रम संपन्न हुआ। इस वर्ष सरकार की मदद से इस मुहिम को उपक्रम का स्वरूप देने का प्रयास किया गया। किसी भी कानून के बगैर, जबरदस्ती के सिवा। पुलिस की सामाजिक प्रतिमा कुछ घटनाओं में प्रश्नांकित होने के बावजूद महाराष्ट्र के 23 जिलों में 67,00 गाँवों में इस वर्ष एक गाँव एक गणपति उपक्रम संपन्न हुआ। गाँव में पूरी तरह एकात्मता रहे, कम चंदा फिर भी कुल चंदा अधिक

इसलिए अच्छे कार्यक्रम, भीड़भाड़, यातायात को अवरोध नहीं, ये और ऐसे कई लाभ गाँव ने महसूस किए और इसीलिए स्फूर्त रूप से यह हो सका। बचे हुए पैसों से कई गाँवों ने सामाजिक कार्य किए। जिन गाँवों में कुछ वर्षों से इसकी शुरुआत हुई उनमें से कहीं भी फिर से 'एक गाँव, दो गणपति' नहीं हुए हैं। यह आँकड़ा अगले साल दस हजार गाँवों तक जा सकता है। लेकिन शहर और महानगर निगम के गणेश मंडल के राजनीति से ग्रस्त होने के कारण उन तक यह चुनौती अभी तो नहीं पहुँच पा रही है।

लोकमान्य तिलक के समय से आज तक की परंपरा चलानेवाले साखलीपीर राष्ट्रीय गणेश उत्सव मंडल द्वारा, धर्म श्रद्धा की निरंतर चिकित्सा करनेवाले मेरे जैसे शख्स को जाहिर कार्यक्रम में घोषित मानपत्र देना और उसके लिए पुणे विश्वविद्यालय के कुलपति उपस्थित होना, यह बदलाव का संकेत नहीं है? इस कार्यक्रम में अगले बदलाव के संकेत भी व्यक्त किए गए। मुद्दा यह था कि बुद्धि के देवता होनेवाले गणेश के पास हर साल भव्यदिव्य उत्सव मनानेवाला महाराष्ट्र का जनमानस, स्कूलों में जाने लायक बच्चे स्कूल में जरूर दाखिल हों, वहाँ बने रहें, वहाँ पढ़ें, यह आग्रह क्यों नहीं करता? प्रतीकों की पूजा और प्रत्यक्ष में नकार यह व्यवहार बुद्धिदाता गजानन को भी पसंद नहीं आएगा। यही धागा पकड़कर कुलपति ने कहा कि जिस पुणे शहर ने गणेश उत्सव की प्रेरणा दी यह देखे कि उस पुणे शहर में स्कूली उम्र का एक भी बच्चा अगले साल स्कूल से बाहर न हो। इसी से गणेश उत्सव का उत्साह सच्चे रूप में सार्थक होगा। धर्म के सरताल की चर्चा करना ठीक लेकिन धर्म श्रद्धा को नकार कर खड़े रहने की बजाय लोगों की श्रद्धा का आदर कर, स्वयं के भिन्न मत की रक्षा कर। लेकिन जनमानस से संवाद बनाकर, कुछ अधिक विधायक और सेक्युलर शक्तियों को बल देकर निर्माण हो सकता है क्या इसकी कृतिशील पड़ताल अंधविश्वास निर्मूलन समिति कर रही है? इससे संबंधित विचार मंथन प्रगतिशील आंदोलन में हो, ऐसी उम्मीद है।

गणनायक, बुद्धि दो!

व्यापक स्वरूप प्राप्त कर चुके गणेश उत्सव को विधायक रूप देने के लिए जो प्रयास जारी है, उसमें पिछले दशक में दो उल्लेखनीय विशेषताएँ नजर आती हैं। सार्वजनिक गणेश उत्सव की अपेक्षा घरेलू गणेश उत्सव का स्वरूप असीमित है और उससे जल प्रदूषण का गंभीर खतरा भी उत्पन्न होता है। इसकी जनजाग्रति करना एक बात है, दूसरी बात यह है कि इस संदर्भ में प्रयास कर रहे पर्यावरणवादी, विज्ञानवादी, परिवर्तनवादी अर्थात इहवादी विचारों के हैं, उन्हें समर्थन मिल रहा है।

जिन्हें महाराष्ट्र मानता है, ऐसे कुछ महोदयों के विधायक गणेश उत्सव के लिए 'पर्यावरण संवर्धन की पंचसूत्री' बताने का आवाहन महाराष्ट्र अंधश्रद्धा निर्मूलन समिति द्वारा प्रकाशित किया गया है। उसमें—(1) धातु, लकड़ी या चित्र रूप में गणेश की स्थापना की जाए। (2) धार्मिक संकेतों के अनुसार होनेवाली पार्थिव (मिट्टी की) मूर्ति बनाई जाए। उसका विधिवत विसर्जन घर पर ही करें। वह पानी घर के गमलों के फूल-पौधों में डालकर प्रकृति का अंश प्रकृति को वापस करें। प्लास्टर ऑफ पेरिस की मूर्ति हो तो उसकी जगह सुपारी विसर्जित करने की कुछ जगहों की परंपरा पर गौर किया जाए। (3) मूर्ति के साथ होने वाला निर्माल्य पानी में डालने की बजाय खाद बनाने का संकलन करने वाले उपक्रम को दान रूप में दें। (4) 'विसर्जित गणपति दान करें' इस संकल्पना को हर संभव समर्थन दें। (5) गणेश बुद्धि के देवता होने से अपने उत्सव खर्च की दो प्रतिशत राशि शैक्षिक कार्य पर खर्च करें, यह आवाहन है। इस पत्रक पर वरिष्ठ शास्त्रज्ञ वसंत गोवरीकर, विजय भाटकर, भूतपूर्व न्यायमूर्ति पी. बी. सावंत, चंद्रशेखर धर्माधिकारी, शिवशाहिर बाबासाहेब पुरंदरे, उद्योगपति भँवरलाल जैन, 'सकाल' समाचार-पत्र के कार्यकारी संचालक प्रताप पवार, ज्येष्ठ अभिनेता निलु फुले, अमोल पालेकर, सदाशिव अमरापुरकर के हस्ताक्षर हैं। 'गणेश उत्सव मांगल्य का है, वह आनंद और श्रद्धा के साथ मनाया जाए। उसी समय निर्माल्य और गणेश विसर्जन से पानी के स्रोतों का बड़ा प्रदूषण होता है। पानी के स्रोत जीवित और स्वच्छ रखना राष्ट्रीय कर्तव्य

और जरूरत है। इसका एहसास रखकर अपना धार्मिक आचरण कालोचित बदल किया जाए' यह आत्मीय विनती इस पत्रक में की गई है।

स्वयं को 'हिंदू जनजाग्रति समिति' कहनेवालों का इसके प्रति विरोध है। पिछले तीन सालों से केवल कोल्हापुर में हो रहा यह विरोध इस बार सभी ओर करने का उनका प्रयास है। यह विरोध हिंसक रूप में होगा, यह ललकार उनकी ओर से बाँटे गए पर्चों में हैं। उनका यह कहना है कि "देवत्व का दान स्वीकारना देवताओं का अवमान है। शास्त्रोक्त पूजाविधि के कारण मूर्ति में पवित्रता आकृष्ट होती है। मूर्ति प्रवाहित पानी में विसर्जित करने से पवित्रता का सभी ओर फैलकर वाष्पीभवन होता है, जिससे वातावरण में मिलकर सात्विकता दूर तक पहुँचती है।" धर्माचार्यों का इस अंधभक्ति को बढ़ावा देनेवाला आशीर्वाद भी पर्चे में छपा है। वह इस प्रकार है, "आज अंनिस मूर्ति दान करने के लिए कहती है, कल मूर्ति न बनाने के लिए कहेगी। फिर कहेगी धर्म एक खोखलापन है। इसलिए गणेश मूर्ति का दान जैसे धर्मद्रोही मुहिम का विरोध करें। यह दान माँगनेवालों के हाथ कलम किए जाएँ।" गणेश मूर्ति विसर्जन के लिए पानी के स्वतंत्र हौद बनाकर देने वाले महानगर निगम आयुक्त का धर्म जनजागरण समिति ने कड़ा विरोध किया।

स्वातंत्र्यवीर सावरकर के गौरव का मुद्दा आग्रह से उपस्थित होनेवाले महाराष्ट्र में इक्कीसवीं सदी की शुरुआत में उपरोक्त दलीलें दी जाएँ, यह खेदजनक है। गणेश विसर्जन किया गया पानी अगर विशेषत: पवित्र होता हो तो क्या पीने के लिए उस पानी का बोतलबंद व्यवसाय कोई करेगा? महाराष्ट्र में सामान्यत: एक करोड़ परिवारों में प्लास्टर ऑफ पेरिस की श्री गणेश के मूर्तियों की स्थापना की जाती है। उत्तर पूजा होने के बाद मूर्ति से देवत्व समाप्त होता है, यह सर्वसम्मत धर्मभावना है। एक मूर्ति का औसतन वजन तीन किलो होता है। विसर्जन के कारण लगभग तीन करोड़ किलो (एक करोड़ मूर्तियाँ, 3 किलो एक-एक का वजन) प्लास्टर ऑफ पेरिस कुएँ, तालाब, नदी, कैनालों में डाल दी जाती हैं। पानी में प्लास्टर ऑफ पेरिस 'सेट' होकर पत्थर की तरह कड़ा बनता है। इससे बड़ा कीचड़ इकट्ठा होता है, पानी के नीचे होनेवाले जीवित जलस्रोत बाधित हो जाते हैं। चमकीला दिखे इसलिए प्रयुक्त किए रासायनिक रंग घातक होते हैं। इसलिए पानी का रासायनिक प्रदूषण होता है। मनुष्य के साथ जलचर एवं जल वनस्पतियों को भी इससे गंभीर क्षति होने की संभावना होती है। 'ड्रेनेज से हुआ प्रदूषण मंजूर है, तो हमारे धर्म का ही विरोध क्यों?' यह दलील बिलकुल टिक नहीं पाएगी। उस प्रदूषण के विरोध में कानून है। बुद्धि को गिरवी रखकर मनुष्य ने यह उपक्रम किया, सुख कम कर प्रदूषण का दुख बढ़ानेवाली यह कृति क्या 'बुद्धिदाता और सुखकर्ता, दुखहर्ता, श्री गणनायक को पसंद आएगी? दूसरे, इस मुद्दे पर भी गौर किया जाए कि जैविक प्रदूषण प्रवाहित पानी दस किलोमीटर बाद अपने आप दुरुस्त होता है। रासायनिक प्रदूषण में यह

संभव नहीं होता। पिछले वर्ष महाराष्ट्र में 45 हजार मूर्तियों के हाथ समिति को प्राप्त हुए। हर शहर के बाहर पत्थर निकालने से बनी खदानें बड़ी मात्रा में हैं। इन स्थानों पर दान में प्राप्त मूर्तियाँ भंग करने से पानी में मूर्ति विसर्जित करने का संतोष भक्तों को प्राप्त होता है। खदान के पानी में होने वाले मच्छरों की पैदाइश और मलेरिया का संभावित प्रसार भी थम जाएगा। तलछट पत्थर का होने से पानी रिसता नहीं है। कुछ वर्षों बाद खदान की जगह समतल जमीन होने की संभावना बढ़ जाती है। जैसे रक्तदान, नेत्रदान उसी प्रकार विसर्जित गणेश मूर्तियों का दान यह लोगों को रास आता है। उपक्रम पूर्णत: ऐच्छिक होता है। लोग उसे स्वीकार कर रहे हैं।

पिछले तीन वर्ष के अकाल से पानी के स्रोत सुरक्षित और शुद्ध रहने का महत्त्व लोगों की समझ में आ चुका है। इसलिए यह विचार जनआंदोलन बन रहा है। अब निर्माल्य दान करो, यह कहने की आवश्यकता नहीं है। संकलन का इंतजाम हो तो भक्त स्वयं निर्माल्य खाद बनाने के लिए देते हैं। विसर्जन से होनेवाले प्रदूषण को रोकने के लिए विविध उपायों को अलग-अलग प्रकार से कृति कार्यक्रमों से समाज के विविध घटकों का समर्थन मिल रहा है। इनमें महाराष्ट्र के पर्यावरणवादी संगठन भी हैं। रयत शिक्षण संस्था जैसी बड़ी संस्था इसमें शामिल है। पुणे विश्वविद्यालय, राष्ट्रीय सेवा योजना का सहभाग लिया है। कोल्हापुर शिक्षा मंडल के शिक्षा अधिकारी, माध्यमिक शिक्षा उपसंचालक और सहसंचालक, उच्च शिक्षा विभाग, कोल्हापुर, इन्होंने अपने विभाग के सभी महाविद्यालयों, स्कूलों को इस उपक्रमों में सहभागी होने के लिए सूचित किया है।

जगह-जगह पर पुलिस अधिकारियों, गुट विकास अधिकारियों ने भी समर्थन दिया है। सतारा के जिलाधीश ने स्थानिक स्वराज्य संथाओं को सहयोग करने के आदेश दिए हैं। पिंपरी-चिंचवड महानगर निगम के आयुक्त स्वयं नेतृत्व कर रहे हैं। कई स्थानों पर लॉयन, रोटरी जैसी संस्थाएँ सहयोग कर रही हैं। पार्थिव से बनी मूर्ति हो, इस माँग के लिए कुम्हार समाज संगठित हो रहा है। उसकी आजीविका के लिए इससे बड़ा सहारा मिलने वाला है। एक आश्चर्य यह भी है कि कोल्हापुर में ट्रेड यूनियन्स, भोर में पूजा करने वाला ब्रह्मवृंद, ठाणे में अनिरुद्ध बापू के शिष्य इसके लिए सहयोग देनेवाले हैं। इन सबके कारण माहौल धीरे-धीरे ही सही लेकिन निश्चित रूप से बदल रहा है। धातुओं की गणेश मूर्ति की माँग बढ़ रही है। मूर्ति छोटी और मिट्टी की हो, यह मुद्दा भी सामने आ रहा है। दान में प्राप्त गणपति परस्पर अनुमति से एक-दूसरे के घर अतिथि के रूप में लेकर जाने और अगले वर्ष स्थापना वगैरह शुरू हुआ है। खराब होनेवाले सभी प्रकार के कागज बचाकर उससे 'इको फ्रेंडली' गणेश मूर्तियाँ तैयार हो रही हैं। कम कीमत की ये मूर्तियाँ प्राकृतिक घटकों से एकरूप होती है। सतारा, पुणे, ठाणे जैसे कई जगह गणेश मूर्ति संकलन केंद्र खुलने की संभावना है। उनमें से कुछ लोग इस मूर्ति को मूर्तिकारों को वापस

कर उससे प्राप्त पैसे गरीब बच्चों की शिक्षा के लिए देने की गणेशालय की कल्पना को समर्थन देनेवाले पत्रकों पर हस्ताक्षर कर रहे हैं।

देखते-देखते एक दशक पूरा हुआ। विचार कृतिशील जनआंदोलन में तब्दील हुआ। दूर-दूर तक पहुँच गया। यह प्रतिक्रिया इतनी व्यापक और हार्दिक है कि यह कार्य महाराष्ट्र अंधश्रद्धा निर्मूलन समिति की क्षमता को पार कर कब का आगे बढ़ चुका है। अब भविष्य में विधायक गणेश उत्सव संवर्धन समिति के नाम से उन्हें संगठित करने का प्रयास होगा। इहवादी लोगों की, संस्थाओं की विधायक धर्मचिकित्सा का जन आंदोलन जैसा एक नया परिमाण इससे स्वयंसिद्ध होगा। यही बड़ी सामाजिक उपलब्धि है।

प्रदूषण विरहित विसर्जन कितना पास, कितना दूर?

गणेश की मूर्ति पार्थिव की यानी पृथ्वी से बनी हो अर्थात् वह मिट्टी से बनी हो, यह धर्मशास्त्रों का संकेत है। मुंबई हाईकोर्ट के गोवा खंडपीठ ने तीन साल पहले इस प्रकार का आदेश दिया है। इसका अमल वहाँ पर व्यवस्थित रूप से हो रहा है। इस आदेश को किसी भी तरह के हौद से जोड़ दिए जाने से विसर्जन के समय होने वाले जल प्रदूषण के सभी प्रश्न हल हो जाते हैं।

महाराष्ट्र में गणेश उत्सव सबसे बड़ा धार्मिक उत्सव है। इसका सार्वजनिक स्वरूप सीधे दिखाई पड़ता है; लेकिन घरेलू स्वरूप तुरंत दिखाई नहीं देता। महाराष्ट्र में साधारणत: एक करोड़ 80 लाख परिवार हैं। इनमें कम से कम एक करोड़ परिवारों में गणपति की स्थापना पाँच दिनों के लिए की जाती है।

'गणेश उत्सव' शब्द अधिकतर सार्वजनिक प्रकटीकरण के लिए प्रयोग किया जाता है। इनमें से दु:खद घटनाओं को नियंत्रित करना और विधायकता का पुरस्कार अखंड चलनेवाली प्रक्रिया है। बलपूर्वक चंदा वसूल करना, गुलाल बिखेरना, थर्माकोल का उपयोग करना, कर्णकर्कश आवाज पर नियंत्रण, ये और ऐसी कई बातों में कमोबेश मात्रा में प्रभाव दिखाई दे रहा है। कुछ विधायक बातों का पुरस्कार भी हो रहा है। लेकिन एक करोड़ परिवारों में मनाई जाने वाली पारिवारिक धार्मिकता का जो महाप्रचंड सामाजिक आविष्कार होता है, इसका विचार बहुत कम मात्रा में होता दिखाई देता है।

महाराष्ट्र अंधश्रद्धा निर्मूलन समिति ने पंद्रह साल पहले घरेलू विसर्जन के साथ निर्माल्य जमा करने की शुरुआत की। हर घर में निर्माल्य लगभग एक किलो की मात्रा में होता है। विसर्जन के सभी स्थानों पर एक टन तक निर्माल्य जमा होने लगा। वह निर्माल्य खाद बनाने के लिए उपयोग में आने लगा है। यह बात अब महाराष्ट्र में सामान्य हो चुकी है लेकिन प्रदूषण के संदर्भ में असल समस्या घरेलू गणेश विसर्जन से उत्पन्न होती है। कुछ दशक पहले गणेश मूर्ति मिट्टी से बनती थी। रंग साधारण थे। विसर्जन के लिए पर्याप्त पानी था। अब जनसंख्या बड़ी मात्रा में बढ़

चुकी है। जहरीले रासायनिक रंग चमकदार रूप लाने के लिए प्रयोग किए जा रहे हैं। पानी के स्रोत सूख रहे हैं। एक करोड़ घरों में प्रतिमा स्थापित की गई मूर्तियाँ सामान्यत: डेढ़ फुट ऊँची और तीन किलो वजन की होती हैं। अर्थात विसर्जन के समय कम से कम तीन करोड़ किलो प्लास्टर ऑफ पेरिस, कुएँ, नदी, समंदर, तालाब, इन पानी के स्रोतों में डाला जाता है। पूरे महाराष्ट्र में सार्वजनिक मंडलों की संख्या 57 हजार से ऊपर नहीं है, इसे ध्यान में रखा जाए तो घरेलू मूर्ति विसर्जन से होने वाला प्रदूषण बड़े पैमाने पर होता है। ये सभी मूर्तियाँ जिन रासायनिक रंगों से रँगाई जाती हैं उसमें पारा, सीसा और अन्य घातक पदार्थ होते हैं। प्रदूषण दोहरे रूप में होता है। प्लास्टर ऑफ पेरिस पानी के संपर्क में आने पर तलछट में बड़े पैमाने पर जम जाता है और हर साल बढ़ता जाता है। जीवित स्रोत बाधित हो जाते हैं। जलचर जीव और मनुष्य दोनों के लिए वह बड़ा हानिकारक है। विसर्जन के बाद जल प्रदूषण कितना प्रतिशत बढ़ा है, इसकी शास्त्रीय कसौटी प्रदूषण नियंत्रण मंडल कई शहरों में करवाती है, इससे उसकी गंभीरता स्पष्ट होती है।

'विसर्जित गणेश मूर्ति दान करें' इस मुहिम के द्वारा अंधश्रद्धा निर्मूलन समिति ने दस साल पहले इस समस्या की ओर पहली बार ध्यान आकर्षित किया। जल प्रदूषण रोकने के लिए समिति ने कई विकल्पों का प्रचार किया। कागज पर होने वाले चित्र या धातु की मूर्ति की पूजा करना, मूर्ति के बजाय सुपारी विसर्जन, गणेशमूर्ति माटी से बने और वनस्पति के रंगों से रंगाई हो, विसर्जन की जगह अस्थायी हौद बनाएँ, ये कुछ पर्याय थे। इसी के साथ उत्तर पूजा के बाद देवत्व से रहित विसर्जन के लिए लाई गई मूर्ति समिति को दान करने पर समिति के कार्यकर्ता प्रदूषण मुक्त ढंग से मूर्ति का विसर्जन करते हैं। उसके लिए खदानों का प्रयोग किया जाता है। प्रतिवर्ष समिति को 40 से 50 हजार मूर्तियाँ दान में मिल जाती हैं। पुणे महानगर निगम ने विसर्जन स्थल पर स्थायी रूप में हौद बनाये हैं। उसमें भी एक लाख तक मूर्तियाँ विसर्जित होती हैं।

घरेलू गणेश मूर्तियों की संख्या इतनी अधिक है कि सारे उपाय कम पड़ रहे हैं। अस्थायी हौद में या दान में मिली मूर्तियाँ एक जगह से दूसरी जगह ले जाने के लिए बड़े पैमाने पर मनुष्य बल आवश्यक है। संबंधित स्थल दूर होता है। कई बार उन स्थलों के मालिक, आस-पास के निवासियों का विरोध होता है।

कुछ धार्मिक संगठनों की कालोचित धर्मचिकित्सा भी धर्म पर किया गया हमला लगती है। उन्होंने इस उपक्रम का विरोध करना शुरू किया है। उनके अनुसार पानी के स्रोत अन्य कई कारणों से दूषित होते हैं। आपको केवल भगवान की मूर्तियाँ ही क्यों दिखाई देती हैं? अब उन्हें यह कैसे समझाया जाए कि श्री गणेश भगवान ही सुखकर्ता और दुखहर्ता हैं; उसके उत्सव से, विसर्जन से पर्यावरण के कारण दुख बढ़ें यह मंगलमूर्ति को कैसे रास आएगा? प्रवाहित पानी में ही मूर्ति विसर्जित करें,

ये आग्रह करने वालों का दूसरा तर्क है—गणेश पूजन में मूर्ति में पवित्रता उत्पन्न होती है। पानी में विसर्जित की गई मूर्ति से वह सभी ओर बहती फैलती है। पानी के वाष्पीकरण से सर्वदूर पहुँचती है। इसलिए मूर्ति का विसर्जन पानी में ही होना चाहिए। ऐसे खोखले भ्रम के कारण 'बुद्धिदाता गजानन, अपने इन भक्तों को बुद्धि दो', इतनी ही विनती करना हमारे बस में है।

जल प्रदूषण रोकने के लिए सन् 1995 में सर्वोच्च न्यायालय में याचिका दायर की गई। सन् 2003 में उसका फैसला हुआ। सुप्रीम कोर्ट के आदेश पर अमल किया गया या नहीं, इसका लेखा-जोखा लेने वाली समिति को सन् 2005 में पता चला कि इस आदेश में पूरी तरह टालमटोल हुई है। सुप्रीम कोर्ट ने तुरंत राज्यों के प्रदूषण मंडल को आदेश दिया। जल प्रदूषण करना गैरकानूनी और दंडनीय अपराध है, यह बात सभी संबंधितों के अवलोकन में लाने की सूचना दी गई। महाराष्ट्र राज्य प्रदूषण नियंत्रण मंडल के सचिव ने दो साल पहले गणेश उत्सव के समय सभी को सूचित किया। इस साल पुनश्च सभी जिलाधीशों को सूचित किया गया है। पहले परिणाम शून्य था। इस साल भी वही होगा। इसके दो कारण हैं—एक तो प्रबोधन करने के संबंध में सभी स्तरों के शासकीय-गैरशासकीय संस्थाओं की अनास्था तथा दूसरा कारण प्रश्नों का जटिल स्वरूप। स्कूली छात्रों की छात्र हरित सेना, राष्ट्रीय सेवा योजना के छात्रों और पर्यावरणवादी और अन्य स्वयंसेवी संस्थाओं की इस पर कार्य करने की इच्छा होती हैं; लेकिन सरकार का नेतृत्व शून्य होता है। इस प्रकार का नेतृत्व करने से क्या हो सकता है, इसका एक सही उदाहरण इस बार पुणे में सामने आया। हरित सेना के कुछ हजार छात्रों ने मिट्टी की मूर्तियाँ स्वयं बनाने का और उन्हें पूजने का उपक्रम किया। लेकिन प्रबोधन के इलाज के प्रश्नों की प्रचंड व्याप्ति का विचार करें तो सीमाएँ महसूस होती हैं। इसके लिए फिलहाल एक ही रामबाण इलाज है।

'श्री गणेश की मूर्ति मिट्टी की और बिना जहरीले रंगों से रंगी हुई हो' ऐसा एक पंक्ति का आदेश प्राप्त हो, इस संबंध की अंधश्रद्धा निर्मूलन समिति की याचिका औरंगाबाद खंडपीठ में अंतिम स्थिति में है। गणपति की मूर्ति पार्थिव की यानी पृथ्वी से बनी हुई होनी चाहिए अर्थात मिट्टी की हो, यह धर्मशास्त्र का संकेत है। मुंबई उच्च न्यायालय के गोवा खंडपीठ ने तीन साल पहले इस प्रकार का आदेश दिया है। उस पर ढंग से अमल से हो रहा है। एक आदेश को किसी भी प्रकार के हौद की जोड़ देने से सारे प्रश्नों का समाधान होता है। रंग प्राकृतिक और पोस्टर कलर्स, जिससे रासायनिक प्रदूषण से पानी की मुक्ति होती है। मूर्ति माटी की होने से हौद से हटाने की आवश्यकता ही नहीं होती है। इसके विपरीत पूरी मिट्टी फिर से मूर्तिकारों को उपलब्ध होती है। इससे मिट्टी के अभाव का प्रश्न ही उत्पन्न नहीं होता। घर में ही टब में पानी लेकर उस मूर्ति का विधिवत विसर्जन कर वह पानी

घर के फूलपौधों को देने से प्रकृति की मिट्टी का अंश फिर से उसी को देना भी सहज संभव होता है। विसर्जन के लिए भीड़ में दूर तक ऑटो रिक्शा से जाने की आवश्यकता नहीं है।

महाराष्ट्र में घरेलू गणेश उत्सव का भव्य और व्यापक स्वरूप है। उससे होनेवाले जल प्रदूषण में मूलभूत परिवर्तन लाने का सामर्थ्य एक न्यायालयीन आदेश से हो सकता है। अन्यथा सर्वोच्च न्यायालय के आदेश का अनुपालन न करना, आज की तरह देखते रहने के सिवाय कोई विकल्प उपलब्ध नहीं होगा।

महाराष्ट्र 'मायावाद' की राह पर...

यह तो समय ही निर्धारित करेगा कि महाराष्ट्र में मायावती की राजनीति चलेगी या नहीं, लेकिन 'मायावाद' का सामाजीकरण बढ़ने के स्पष्ट लक्षण दिखाई दे रहे हैं। बड़े गाजेबाजे के साथ कोटीचंडी याग संपन्न होता है। सिंहस्थ से भी अधिक भाविक इकट्ठे होते हैं। हरदम महात्मा फुले और राजर्षि शाहू महाराज का नाम लेने वाले महाराष्ट्र के वर्तमान और भूतपूर्व मुख्यमंत्रियों के साथ दोनों कांग्रेस के मिलकर आधा दर्जन मंत्री भक्ति से उपस्थित होते हैं।

वर्तमान महाराष्ट्र के हालात ठीक नहीं है। लोडशेडिंग की तलवार सिर पर है, किसान आत्महत्या कर रहे हैं। कानून और व्यवस्था का हाल खराब है। इन सब के उपाय ढूँढ़ना मानो कठिन अग्नि परीक्षा ही है। उससे यह कठिन जीवन आभासी होने के कारण ब्रह्म चिरंतन है। क्षणिक माया में उलझने के बजाय शाश्वत की डोर पकड़ें; इसके लिए कोटि चंडी यज्ञ और सत्संग आयोजित करें। उससे धरा के प्रश्न सुलझते ही हैं, साथ ही परमार्थ भी होता है, यह हिसाब लगाने वाले बड़ी तेजी में हैं।

महाराष्ट्र में जगह-जगह पर संपन्न कोटि चंडी यज्ञों का समापन मई मास में नासिक जिले में हुआ। युद्ध, आतंकवाद, महायुद्ध, सुनामी जल प्रलय, अकाल जैसी कई आपत्तियों से भारतवासियों की मुक्ति हो इसलिए मंत्र-उच्चारण किए गए। समाचार-पत्रों के अतिरिक्त पन्ने भरकर निकले। उनमें कहा है—'कैन्सर के तीसरे स्तर पर होनेवाले भक्त का ठीक होना, दिवालिया मनुष्य का अच्छी स्थिति में पहुँचना, बिगड़ैल बच्चे सही रास्ते पर आना, नि:संतान को संतति, दुर्घटना के बावजूद सही सलामत रहना, बंद व्यापार फिर से खुलना, पिशाच-ब्रह्मराक्षस बाधा से मुक्ति, इच्छा के अनुसार कार्यसिद्धि, ख्वाबों में आकर मार्गदर्शन, ऐसी बातें इन सेवाधारियों के अनुभव का हिस्सा हैं। यह बिना माँगे सिद्धि देनेवाला देवता है।'

इस महायज्ञ का उपयोग अगली 40 पीढ़ियों को होगा। राज्य सरकार कई समस्याओं से गुजर रही है क्योंकि राज्य सरकार की इमारत में दोष है। वास्तुशास्त्र के अनुसार यह दोष निकालकर इमारतें लाभदायी बनाने की हमारी तैयारी है। वैसा प्रस्ताव उपमुख्यमंत्री आर. आर. पाटील को दिया गया है। इस समय ऐसा कहा

गया कि 'धर्म बचेगा, तो देश बचेगा।' छगन भुजबल, आर. आर. पाटील, बबनराव पाचपुते, बालासाहब थोरात के उस समय के भाषणों का अर्थ यह है कि यह यज्ञ देश को आगे लेकर जानेवाला है। सामाजिक शांति आध्यात्म की राह से आगे बढ़ेगी, फिर पुलिस की जरूरत नहीं होगी।

महाराष्ट्र के समाजसुधारकों की लंबी परंपरा है। उनके शिरोमणि महात्मा फुले ने लगभग 150 साल पहले यह प्रस्तुति की थी कि शिक्षा पर पाबंदी से अज्ञान बढ़ता है। अज्ञान के कारण अंधविश्वास जनम लेता है। इससे धर्म का भोलापन बढ़ता है, जिसके द्वारा मानसिक गुलामी तैयार होती है। यह गुलामी व्यक्ति को शोषण में ही जीने की सार्थकता महसूस करवाती है। यह ध्यान में रखकर ही डॉ. बाबासाहब आंबेडकर ने कहा था, "गुलाम को गुलामी का एहसास करवाओ, तो वह अपने आप विद्रोह करेगा।" आज शिक्षा पर पाबंदी न होने से अज्ञान चला गया और ज्ञान प्राप्त हुआ, लेकिन दृष्टि और समग्र विवेक नहीं आ पाया है।

अंधविश्वास पवित्रता प्राप्त और बहुत असुलझा अज्ञान होता है। अंधविश्वास की चिकित्सा बंद हो तो धर्म का भोलापन बढ़ता है। आज धर्म का खुला शोषण-उदाहरण—छुआछूत, स्त्री शिक्षा का विरोध—नकारना ही होगा। धर्म का नैतिक भाग तो केवल बातचीत तक सीमित हो गया है, यह सत्य सभी ने स्वीकार किया है। इन दो बातों को घटाने पर धर्म का भोलापन ही बच जाता है। यानी धर्म के आधार पर शोषण का पूरा गलत आकलन और उस पर गलत उपाय की योजना। इससे उत्पन्न मानसिक गुलामी, जिनका शोषण हो रहा है उन्हें संघर्ष के लिए खड़ा नहीं कर पाती। इसके विपरीत उन पर सदैव धार्मिक कार्यक्रमों का नशा बना रहे यही प्रयास करती है। स्वयं की कठिनाई ईश्वराधिष्ठित धर्म, यज्ञ-याग, पूजा-अर्चना, मंत्र-तंत्र, जप-तप, तावीज से दूर होगी, यह भ्रम फैलता है। मूल्य परिवर्तन का संवाद भी थम जाता है। समाजसुधारकों की माला जपने वाले महाराष्ट्र में पिछले दस वर्षों में क्रमशः यह स्थिति बढ़ती दिखाई देती है। ऐसा कर्मकांड प्रधान समाज और व्यक्ति बौद्धिक दृष्टि से उचित ऐहिक व्यवहार को दोयम स्थान देते हैं। जिस समाज में इस प्रकार के कर्मकांड का प्रचलन हो, उस समाज का आर्थिक प्रतिगमन होता है। उससे व्यक्ति आत्मकेंद्रित बनता है। परलोक की कल्पनाओं में फँस जाता है। इससे पुरोहित वर्ग का स्वार्थ पूरा होता है। व्यवस्था परिवर्तन, दरिद्रता निवारण, शोषण, मुक्ति ये शब्द निर्वासित हो जाते हैं।

ऐसे सभी उत्सवों में आजकल राजनेताओं की उपस्थिति हो तो राजसत्ता और धर्मसत्ता हाथों में हाथ थामे चल रही है, ऐसा कहा जाता है। इसका स्पष्ट अर्थ यह है कि वह भारतीय संविधान का मूलभूत अंश होने वाले तत्त्व को त्याग दे। कौन-सी धर्मसत्ता के साथ राजसत्ता हाथ मिलाए? उसी धर्म के साथ क्यों मिलाए? उस धर्म को भी किसने बताया इसे प्रमाण माना जाए? ऐसे कई प्रश्न निर्मित होते हैं। इन

प्रश्नों का ठोस उत्तर यह है कि ऐसा कुछ भी न करें। ऐसा करना भारतीय संविधान को भी मंजूर नहीं है। दरअसल वैज्ञानिक दृष्टिकोण रखना संविधान के अनुसार हर नागरिक का कर्तव्य है। वैज्ञानिक दृष्टिकोण का अर्थ विश्व के प्रत्येक कार्य के पीछे कोई न कोई कारण है। हो सकता है कि आज तक उसका आकलन हमसे न हुआ हो फिर भी जब कभी वह ज्ञात होगा, उस समय वह वैज्ञानिक दृष्टिकोण की पद्धति से ही होगा। यथार्थ ज्ञान की प्राप्ति के लिए आज तो मनुष्य को ज्ञात होनेवाला यही सर्वश्रेष्ठ मार्ग है।

भ्रामक वास्तुशास्त्र जैसी अवैज्ञानिक गूढ़ता का आधार राजकाज के लिए लेने की विनती जिस समय राजनेताओं से की जाती है, इसका अर्थ 'हम संविधान को पैरों तले रौंदते हैं, आप उसकी सहायता करें', यह होता है। आज महाराष्ट्र में जिस प्रकार की राजनीति जारी है, उसी ने राजनेता को इस मुकाम पर पहुँचाया है। अस्पृश्यता निर्मूलन, कन्या-भ्रूण हत्या रोकना, सफाई रखना ये सभी बातें राजनीति से परे समाजसुधार के रूप में देखी जाएँ तो उपकारक होंगी। प्रत्यक्ष में इसका अर्थ ऐसा लिया गया कि राजनीति के सिद्धांत अलग रखें, समाज सुधार के लिए जहाँ लोग इकट्ठा हों, वहाँ उपस्थित रहें।

हजारों-लाखों लोगों की भीड़ जमा करनेवाले कथित आध्यात्मिक बुआ-बाबाओं के प्रवचन, मंदिरों का जीर्णोद्धार, नए मंदिर बनवाना और सत्संग स्थल राजनेताओं के लिए महत्त्वपूर्ण बन गए हैं। आध्यात्मिक मंडली को भी राजनीतिक समर्थन का आकर्षण है ही। कोई प्रसंग मनाते समय 'हाँ' में 'हाँ' मिलाकर उनकी प्रशंसा करनी पड़ती है। अगली सीढ़ी के रूप में उनके अनुग्रह के लिए उस पर अमल भी करना होता है। फिर खेती का उत्पादन बढ़ाने के लिए, कृषि मंत्री को अग्निहोत्र की राख महत्त्वपूर्ण लग सकती है। सरकार के अच्छे दिन आनेवाले हैं तो वास्तुशास्त्र के अनुसार बदलाव करने में आपत्ति क्यों? यह प्रश्न उपस्थित किया जाएगा और स्कूली शिक्षा में उसके समावेश का आग्रह भी किया जाएगा। ऐसा होगा तो धीरे-धीरे राजसत्ता और धर्मसत्ता की मिलीभगत होगी और उसके विरोध में आवाज उठानेवालों को इन दोनों शक्तियों का आधार होनेवाली दंडसत्ता सबक सिखाएगी।

राजर्षि शाहू महाराज का बुत संसद के आँगन में लगाया जा रहा है; लेकिन उनके विचारों की महाराष्ट्र में समाज सुधार और राजनीति के आँगन में हार तो नहीं हो रही है? इसका अंतर्मुख होकर सभी को विचार करना चाहिए।

धर्मदंड के निमित्त

नरेंद्र महाराज को धर्मदंड लेकर हवाई जहाज में जाने से हवाई अड्डा प्रशासन के आधिकारियों ने मना किया। इसके बाद उनके अनुयायियों ने जानबूझकर मुंबई एवं औरंगाबाद के हवाईअड्डे पर हुड़दंग मचाया; स्वयं महाराज ने ऊँची आवाज़ में उनका समर्थन भी किया। स्वयं को धर्म का ठेकेदार कहनेवाली पार्टियाँ आग में तेल डालने का काम करें यह आश्चर्य है लेकिन स्वयं को धर्मनिरपेक्षतावादी माननेवाली पार्टियों का मौन वेदनादायी और गंभीर है।

एक प्रासंगिक घटना के रूप में इसे न देखा जाए। इस देश में धर्म के नाम पर एक राजनीतिक साजिश कई वर्षों से निरंतर चल रही है। भारतीय संविधान ने धर्म पालन और उपासना की स्वतंत्रता सभी को दी है। बहुसंख्यक व्यक्ति धार्मिक ही होते हैं। इस धार्मिकता को नैतिकता की ओर मोड़ने का काम संतों ने किया है। महाराष्ट्र के उन्नीसवीं सदी के धर्म प्रबोधनकार इसके गवाह हैं। न्यायमूर्ति रानडे, विठ्ठल रामजी शिंदे, महात्मा फुले, सभी ने ईश्वर केंद्रित धर्म को मानव केंद्रित बनाने का प्रयास किया। महाराष्ट्र में आज जानबूझकर इससे अलग और विपरीत कार्य किया जा रहा है।

पिछले दशक में सभी प्रकार के हिंदू धार्मिक उत्सवों में बड़ी मात्रा में उछाल आया है। पूरे साल भर किसी न किसी रूप में उत्सव और उनके धार्मिक कर्मकांड बड़े धूमधाम से महाराष्ट्र में मनाए जा रहे हैं। वातावरण में एक प्रकार की बेहोशी छा रही है। इस मस्ती से सारी सद्विवेक बुद्धि का लोप हो रहा है। उस पर प्रश्न उपस्थित करनेवाले धर्मद्रोही कहे जा रहे हैं। धर्म का व्यापारीकरण, बाजारीकरण, विकृतिकरण और राजनीति नियोजनबद्ध तरीके से की जा रही है। आज के समय में मार्गशीष महीने में महाराष्ट्र में सभी गाँवों से लेकर महानगरों तक वैभव महालक्ष्मी का व्रत धूमधाम से सभी वर्ग की महिलाएँ मना रही हैं। केवल पाँच वर्ष में जिस पद्धति से इस व्रत की बाढ़ पूरे महाराष्ट्र में फैली है, वह आश्चर्यचकित कर देनेवाली ही नहीं, डराने वाली भी है। दरअसल, इसका धर्म से कोई संबंध नहीं है। यह तो कर्मकांड का थोथा छिलका है। सकाम वृत्ति से—कुछ लाभ पाने के लिए—किया

गया व्रत तो असल में यातु क्रिया ही (जादू सदृश क्रिया, धर्म के नाम पर की गई) है। ऐसा धर्म के बड़े विद्वान तर्कतीर्थ लक्ष्मण शास्त्री जोशी ने बताया है। इस प्रकार का धर्माचरण फलदायी नहीं होता, वह आधुनिक विवेकी मनुष्य का लक्षण नहीं है, ऐसा उन्होंने प्रतिपादन किया है।

इसी के साथ संत, महंत, बापू, बाबा महाराजों का जमावड़ा महाराष्ट्र में प्रकट हुआ है। उनके सत्संगों के वैभवशाली उत्सव सम्पन्न हो रहे हैं। वहाँ पर वैभव, सत्ता, प्रतिष्ठा का प्रदर्शन जोर-शोर के साथ होता है। पैसों से मीडिया को खरीदा जा सकता है, यह सुनहरा सत्य उनकी समझ में आया है। इसी कारण विविध चैनलों के जरिये उनका अखंडित प्रसारण होता है। इनमें से हर एक का लाखों की संख्या में अनुयायी वर्ग है। उनके लिए उनका बाबा प्रतिईश्वर होता है। जिसके लाखों की संख्या में अंध अनुयायी हैं, ऐसे महाराज का समर्थन प्राप्त करने के लिए सभी प्रमुख राजीतिक पार्टियों के नेताओं की दौड़धूप चल रही है। स्वाभाविक रूप से उन नेताओं के अनुयायी इन बाबाओं के आगे माथा टेकते होंगे, यह तो होगा ही। हरदम फुले, शाहू, आंबेडकर, गाडगे बाबा के नाम की माला जपनेवाले नेताओं का आचरण तो अत्यधिक विपरीत मिलता है।

इन सबका उद्‌देश्य वोट की भरपूर कमाई करने का होता है। लोगों के काम कर सदैव उनके साथ रहकर, उनकी समस्याओं के लिए संघर्ष कर उन्हें अपने साथ रखना कठिन, त्रासद और बिना भरोसे का होता है। इसकी तुलना में धार्मिक मार्ग आसान होता है। संतों ने समाज की धार्मिकता को अपनी वाणी और आचरण से नैतिकता की ओर मोड़ने का कार्य किया है। आज इस धार्मिकता को धर्मांधता की ओर मोड़ने का काम नियोजनबद्ध तरीके से किया जा रहा है। लोगों की धार्मिक भावना मानो कच्चा माल है। उस पर विविध धार्मिक पर्व, उत्सव, कर्मकांड, बाबा, महाराज के द्वारा धर्मांधता की प्रक्रिया सूक्ष्म लेकिन प्रभावी रूप से की जाती है, जिससे मतपेटी से सत्ता-संपादन का पक्का माल मिलने की अपेक्षा होती है। इस प्रकार की यह कारखानादारी होती है। धंधा अच्छा न चलने पर भी पूँजी डूबने का खतरा नहीं होता। मुनाफा कम या अधिक इतना ही प्रश्न होता है।

समाज में यह वातावरण विकसित करना है तो भारतीय संविधान का धर्मनिरपेक्षता का तत्त्व सबसे बड़ी रुकावट है। भारतीय संविधान के कलम 25 से 28 में इसका उल्लेख मिलता है। 25 वाँ कलम स्पष्ट रूप से यह कहता है कि प्रत्येक भारतीय नागरिक को उसके धर्म पालन की, उपासना की, अलौकिक कल्याण की और आध्यात्मिक उन्नति की पूरी स्वतंत्रता है। लेकिन समाज का पूरा व्यवहार इहवादी पद्धति से ही होगा। नरेंद्र महाराज अपने साथ धर्मदंड सदैव रख पाएँगे; लेकिन वे हवाई जहाज से यात्रा न करें, रेल या निजी गाड़ी से करें। हवाई यात्रा करनी हो तो उसके नियमों का पालन करना ही होगा। देश के संविधान और कानून-सुव्यवस्था

के नियमों से कोई बड़ा नहीं है। शंकराचार्य जी पर लगे आरोप के संदर्भ में यह बात अत्यधिक स्पष्टता से सिद्ध हुई है। इससे आगे जाकर यह भी पूछा जा सकता है कि संतत्त्व के लक्षण सभी धर्मों में दया, क्षमा के द्वारा षड्रिपुओं को मात करना, ये बताये गए हैं। उनकी कसौटी ऐसे समय पर देखी जाती है। लेकिन इस संबंध में महाराज के अनुयायियों का वर्तन विरोधी है और महाराज की भाषा उसका समर्थन करने वाली तो है लेकिन उससे भी आगे जाकर देश के संविधान का मूलभूत ढाँचा होनेवाली धर्मनिरपेक्षता को ध्वस्त कर देनेवाली है। जिन राजनीतिक आकांक्षाओं का समर्थन इस प्रकार की अन्य प्रवृत्तियाँ छुपे रूप में करती हैं वैसा न करते हुए नरेंद्र महाराज ने स्पष्ट प्रतिपादन किया है कि "यह अपमान हिंदुओं को खत्म करने की साजिश का हिस्सा है। इसके लिए हम हिंदू वोट बैंक बना रहे हैं, इसके आगे जो हिंदुओं का हित देखेगा उसी का चुनाव में चयन करना चाहिए।" यह धर्मनीति नहीं; राजनीति है।

देश के राजकीय संघर्ष का आज का प्रधान मुद्दा धर्मनिरपेक्षता है। 'यह शक्ति विभाजित होने से बिहार में उसकी हार हुई' ऐसा हाल ही में सोनिया गांधी ने कहा था। मतपेटी की राजनीति से बाहर सामाजिक जीवन में धर्मनिरपेक्षता के तत्त्व की हार होते समय जिन पार्टियों को सहायता के लिए दौड़ना चाहिए था, वे खामोश हैं। इससे उनके पार्टी की धर्मनिरपेक्षता के तत्त्व पर की निष्ठा ही प्रश्नांकित होती है। विरोधी पक्ष धर्म की, मुसलमान द्वेष की राजनीति करता है, इसलिए हम धर्मनिरपेक्षता की राजनीति करते हैं, इस प्रकार का यह स्वरूप है। धर्मनिरपेक्षता का अर्थ केवल हिंदू-मुसलमान सामंजस्य बढ़ाने तक ही सीमित है। प्रमुख राजनीतिक पार्टियों में वैचारिक प्रतिबद्धता के अभाव की प्रवृत्ति इसे बढ़ाने का मुख्य कारण है। भूतपूर्व मुख्यमंत्री सुशील कुमार शिंदे जैसे व्यक्ति मुख्यमंत्री होते हुए भी नरेंद्र महाराज के दर्शन को अधिकारियों की सलाह और विनती को ठुकराकर जाते हैं; वहाँ पर महाराज की विवेकानंद और गाडगे बाबा से तुलना करते हैं, ऐसे समय ये लड़ाई कितनी कठिन है यह समझ सकते हैं।

इन सभी बातों को ध्यान में रखकर और विरोध करने की कीमत अदा कर पिछले अनेक वर्षों से महाराष्ट्र अंधश्रद्धा निर्मूलन समिति इन प्रवृत्तियों के विरोध में वैचारिक संघर्ष कर रही है। इस निमित्त से राष्ट्र की सुज्ञ जनता विचार मंथन कर सच्चे संतों की राह का अनुसरण करेगी, यही अपेक्षा कर सकते हैं।

युवा और अंधविश्वास उन्मूलन

इक्कीसवीं सदी के आरंभ में भारत-महाराष्ट्र की विषय पत्रिका में अंधविश्वास उन्मूलन विषय स्पष्ट रूप में होना, यह बात बड़ी खेदजन्य और डर उत्पन्न करनेवाली है। विज्ञान, शिक्षा प्रसार, आधुनिकता इन सबके प्रभाव के कारण वैसे तो अंधविश्वास उन्मूलन बहुत पहले ही होना चाहिए था। कई लोगों का यही अनुमान था। इस पर लोग आशावादी थे। उनके मन में यह स्पष्टीकरण था कि अंधविश्वास एक तरह का अंधकार है। किसी एक कमरे में घना अँधेरा हो, तो हम क्या करते हैं? मोमबत्ती जलाने पर उस कमरे में थोड़ा-बहुत प्रकाश होता है। उसकी जगह पेट्रोमैक्स की बत्ती लगाने पर उस कमरे में अधिक उजाला होता है। ट्यूब लाइट लगाने पर कमरा उजाले से भर जाता है और सूर्य निकल आया है, सूर्य माथे पर है, उसकी किरणें चारों ओर से आने लगें तो अंधेरे का नामोनिशान भी नहीं होता। जैसे-जैसे प्रकाश बढ़ता है वैसे-वैसे ही अंधेरा दूर होता है। उसी प्रकार वैज्ञानिक शिक्षा का प्रकाश मानवी जीवन में जैसे ही आएगा, वैसे ही अंधविश्वास उन्मूलन अपने-आप होगा, इस प्रकार की यह भूमिका है। लेकिन यह स्पष्ट है कि ऐसा हुआ नहीं है, करवाया गया है। महाराष्ट्र में अंधविश्वास उन्मूलन के लिए अनुकूल पृष्ठभूमि थी। महाराष्ट्र के संत और समाजसुधारकों ने इस पर बहुत अच्छा विचार मंथन किया है। संत तुकाराम, गाडगे बाबा, तुकडोजी महाराज ने अंधविश्वास पर कठोर प्रहार किए हैं। महात्मा फुले, अगरकर, राजर्षि शाहू महाराज, स्वातंत्र्यवीर सावरकर, डॉ. बाबासाहब आंबेडकर इन सभी ने अंधविश्वास के विरोध में दमदार भूमिका तो ली ही, साथ ही कई लोग ने कृतिशीलता भी अपनाई। भारत में अन्य किसी भी राज्य को ऐसी उज्ज्वल विरासत नहीं मिली है। इसके बावजूद जादू-टोना विरोधी कानून का महाराष्ट्र में जिस प्रकार से विरोध हुआ और सरकार ने जो बहुत उपेक्षित व्यवहार किया वह अंधविश्वास उन्मूलन विषय की गुत्थियों को दर्शाता है।

अंधविश्वास किसे कहते हैं?

जिस घटना में कोई कार्यकारण सिद्धांत नहीं, वह घटना अंधविश्वास मानी जाती है।

आधुनिक विज्ञान की सहायता से वैज्ञानिक दृष्टिकोण का उपयोग कर किसी भी घटना के संबंध में कार्यकारण सिद्धांत की खोज करना बड़ा आसान होकर भी अंधविश्वास दूर करने में कठिनाई क्यों हो? इसका एक कारण है कि अंधविश्वास केवल अज्ञान नहीं है तो वह पवित्रता प्राप्त, हितसंबंध होनेवाला व्यक्ति सापेक्ष अज्ञान होता है। अंधविश्वास उन्मूलन होना चाहिए इसको सभी की मान्यता होती है। लेकिन हर कोई ऐसा मानता है कि मेरी तो केवल श्रद्धा है। बाकी लोगों का (अज्ञानी पामरों का) अंधविश्वास है। स्वयं की (कथित) श्रद्धा के संबंध में चिकित्सा शब्द का उच्चारण करने में भक्तों को तीव्र मनाही होती है। दूसरों की श्रद्धा की आलोचना करने की उनको पूरी छूट होती है। व्यक्ति-व्यक्ति में होनेवाली यह मत भिन्नता अंधविश्वास उन्मूलन का संवाद जारी रखने में बाधा बनती है। अधिकतर धर्मों के कर्मकांड में रूढ़ि और परंपराओं से संबंधित अवैज्ञानिकता होती है। हिंदू धर्म की घटनाओं पर संतों और समाजसुधारकों ने कड़े शब्दों में आलोचनाएँ लिखी हैं। लेकिन फिर भी व्यवहार में उस रूढ़ि, परंपरा और उसके द्वारा पोषित अंधविश्वास का प्रभाव कायम है। इसका महत्त्वपूर्ण कारण है उस कालबाह्य रूढ़ि, परंपराओं को भी धर्माज्ञा माना जाता है। उन्हें धर्म की पवित्रता प्राप्त होती है। उनकी चिकित्सा असंभव होती है या बनाई जाती है। सामान्य लोग परंपराओं की शरण में जानेवाले होते हैं। उन्हें मन ही मन लगता है कि परंपरा ही धर्म है। लेकिन एक छोटा वर्ग होता है, जिसे इसका पूर्ण एहसास होता है कि ये परंपराएँ (अंधविश्वास) अपने लिए लाभदायी हैं। अपने हितसंबंध श्रद्धा की पवित्रता का मुलम्मा चढ़ाकर सुरक्षित रखनेवाले हैं। इसीलिए इस वर्ग को अंधविश्वास को यथावत बनाये रखने में अधिक रुचि होती है।

स्वाभाविकत: इन अंधविश्वासों के संबंध में किसी के कुछ बोलने पर उसका तीव्र विरोध किया जाता है। इसके साथ ही सामाजिक यथार्थ भी अंधविश्वास को बड़ी मात्रा में बढ़ावा देता है। वर्तमान सामाजिक यथार्थ में एक ओर प्रचंड अस्वस्थता और असुरक्षितता है। दूसरी ओर उपभोग की प्रवृत्ति एवं विलासिता का स्फोट है। अस्थिर सामाजिक जीवन में मेरा व्यवसाय, मेरा और मेरे परिवार का जीवन, सामाजिक स्थैर्य, रोटी, कपड़ा और मकान, शिक्षा, स्वास्थ्य की विश्वसनीयता कम हो रही है। ऐसे समय व्यक्ति परंपरा से आए अंधविश्वासों का आधार ढूँढ़ती है। वे कथित श्रद्धाएँ अंध हैं, यह कहना उस पर आश्रित लोगों को रास नहीं आता। ऐसा कहना ही उन्हें जैसे उनके अस्तित्व पर कुल्हाड़ी चलाने जैसा लगता है। केवल बोलना ही रास नहीं आती तो चिकित्सा और उसके अनुसार कृति तो दूर की बात है। दूसरी ओर भोगवाद का एक चक्र जोर से घूम रहा है। उसमें सहज सुलभ रूप में सहभागी होनेवाले व्यक्ति को भी चिकित्सा आदि बातें माथापच्ची लगती हैं। जो चल रहा है उसे श्रद्धा से स्वीकार करना उसे सुविधाजनक और सुरक्षित लगता है। अदृश्य का डर और अतृप्त कामनाओं की पूर्ति के लिए व्यक्ति को स्वयं के जीवन के श्रद्धाव्यूह

को सहेजना रास आता है। उसकी पड़ताल कर उसमें होनेवाली कालबाह्य चीजें छोड़ने का प्रयास उन्हें स्वयं के अस्तित्व पर ही हमला लगता है। अंधविश्वासों का उन्मूलन क्यों और किस प्रकार कठिन है यह इस विवेचन से स्पष्ट होता है।

युवाओं की विषेषताएँ

युवा किसे कहें, यह सदैव चर्चा का विषय रहा है। जिन लोगों की मानसिकता युवा जैसी हो, ऐसे हर किसी व्यक्ति को युवा कहने में कोई हर्ज नहीं है। लेकिन यहाँ विवेचन के लिए प्रमुख रूप से युवा उम्र या इसी अर्थ से 'युवक' शब्द का उपयोग किया है। ऐसा युवक अंधविश्वास उन्मूलन का काम कर सकता है क्योंकि उसकी उम्र इस कर्तव्य के लिए अनुकूल होती है। युवक के विशेष गुण इस प्रकार हैं—

1. संवेदनशीलता : वर्तमान समाज बड़ी मात्रा में असंवेदनशील बन गया है, बन रहा है, यह आम शिकायत सुनाई देती है। स्वयं को छोड़ समाज की अन्य गतिविधियों और लोगों के सुख-दुख के संबंध में उदासीन वृत्ति दिखाई देती है। समाज का शोषण, कुप्रवृत्ति के संबंध में 'मुझे उससे क्या' यह बेफिक्री दिखाई देती है। इसी के परिणामस्वरूप किसी भी अन्याय के विरुद्ध गुस्से में कृतिशील हुए मन दिखाई नहीं देते। ऐसे मन, फिर वे किसी भी उम्र के हों, वे मन के वृद्धत्व की निशानी हैं। इसकी तुलना में यौवन से रसयुक्त युवा उम्र के युवक में जीवन के सभी प्रश्नों के संबंध में आस्था, संवेदनशीलता मिलती है। यह वृत्ति अंधविश्वास उन्मूलन के लिए अत्यंत उपयुक्त है।

2. मत आकार लेता है : अंधविश्वास उन्मूलन करना यानी अलग पद्धति से विचार करना। यह बात आसान नहीं है। एक तो व्यक्ति को वैज्ञानिक दृष्टिकोण से विचार करना सिखाया नहीं जाता। दूसरे, जैसे-जैसे जिंदगी का अधिक हिस्सा गुजरता है वैसे-वैसे एक चौखट में विचार करना सुविधाजनक, सुखकर और उचित लगने लगता है। युवा अवस्था में अभी मत ठोस बने नहीं होते। मन में विचारों का तूफान चलता है। नया-पुराना इसमें से किसे स्वीकार करें, किसे छोड़ दें इसी उलझन में मन होता है। मन में विचारों का निर्माण होता है। यह युवक बड़े पैमाने में शैक्षिक प्रक्रिया से गुजरता रहता है। इस शैक्षिक नीति का मूल तत्त्व वैज्ञानिक मानसिकता की निर्मिति है। भारतीय संविधान में दर्ज नागरिकों के कर्तव्यों में भी वैज्ञानिक दृष्टिकोण स्पष्ट रूप में दिया है। इन सभी का समन्वित अर्थ यह है कि नई वैज्ञानिक अनुभूति को स्वीकार करना और अंधविश्वास त्याग देना। यह बदलाव होने की अधिकतम गुंजाइश युवाओं में है।

3. समाज को उचित दिशा में बदलने में युवक का हित संबंध होता है : अंधविश्वास कठोर बना अज्ञान होता है। केवल अज्ञान हो तो वह विज्ञान से

दूर होता है लेकिन अज्ञान पर जब हित संबंध आरोपित किए जाते हैं तब उसमें से अंधविश्वास जन्म लेता है। स्वाभाविकत: अंधविश्वास के विरोध की लड़ाई हित संबंध के विरोध की लड़ाई होती है। अंधविश्वास प्रस्थापित व्यवस्था को बनाए रखते हैं और हित संबंध को महत्त्व देनेवाले व्यक्ति इस खुशी से इसकी रचना करते हैं कि उनके हित संबंध जैसे बहुजनों को अपने हित संबंध लगने लगते हैं। दरअसल, बहुसंख्यक के विकास के हित संबंध अंधविश्वास की जकड़न से खतरे में आते हैं लेकिन उन्हें इसका एहसास नहीं होता। यह तो अंधविश्वास उत्पन्न करनेवाली मानसिक गुलामी की खासियत होती है। इससे विषम, शोषण करने वाली व्यवस्था ही बनी रहती है। यह व्यवस्था युवकों को कभी न्याय देनेवाली, उज्ज्वल भविष्य का आश्वासन देनेवाली नहीं होती। उसे बदलने में ही युवकों के उज्ज्वल भविष्य के हित संबंध हैं। स्वाभाविकत: ऐसी सोच रखनेवाला युवक अंधविश्वास उन्मूलन के मोर्चे की टुकड़ी में आ सकता है।

4. सामूहिक ताकत : अंधविश्वास उन्मूलन एक संघर्ष है। संघर्ष सत्य के लिए हो तो भी उसके लिए सामर्थ्य की आवश्यकता होती ही है। सामर्थ्य समूह में, संगठन में होता है। संगठन बनाना उलझन भरा और मुश्किल काम हो सकता है। वह संभव नहीं हो सकता इसलिए संघर्ष भी टाल दिया जाता है। युवाओं को संगठित करना भी आसान नहीं होता। लेकिन जवानी के स्वभाव विशेष के कारण वे गुटों में घूमते रहते हैं। इससे उनके मन को छूनेवाली बात छोटे पैमाने में उनके गुट की बात बनती है। एक प्रकार से, सीमित अर्थ में वह संगठन ही होता है। उससे भी आगे महाविद्यालय में बड़े समूहों में युवा इकट्ठा होते हैं। महाराष्ट्र के सभी महाविद्यालयों में कुल दस लाख युवक-युवतियाँ शिक्षा ले रहे हैं। यह संख्या आश्वासक है। एक और बात है कि अंधविश्वास के विरोध का संघर्ष कोई अकेले करे तो डर लगता है। समूह में यह भय अपने आप नष्ट हो जाता है। कहते हैं, Coward in crowd is breave man. इसका अर्थ है 'भीड़ में डरपोक व्यक्ति भी वीर बन जाता है।' समूह में रहनेवाले युवकों को स्वयं के बारे में यह अनुभूति हो सकता है और वह अंधविश्वास उन्मूलन के लिए उपयुक्त हो सकती है।

5. साहस युवावस्था का स्थायी भाव : बाबा आमटे ने युवक की एक खूबसूरत व्याख्या की है। वह इस प्रकार है, "युवा वह होता है जो कैसे होगा, इस प्रश्न को ही सूली पर चढ़ा देता है।" (youth is he who crucifies question how in life.) सामान्यत: हर किसी को 'कैसे होगा?' यह चिंता सताती है। लेकिन युवाओं को यह चिंता कभी नहीं होती। युवा अपनी उत्साही साहसी वृत्ति से इस प्रश्न को ही सूली पर चढ़ाकर हिम्मत से जीता रहता है। अंधविश्वास उन्मूलन के कार्य के लिए यह वृत्ति अत्यंत आवश्यक होती है। अंधविश्वास उन्मूलन की यात्रा उचित होती है, इष्ट होती है, आवश्यक होती है; लेकिन एकाकी होती है। उस राह

पर कदम रखते समय एकाकी होने की हिम्मत रखकर ही वह शुरू करनी पड़ती है। आगे साथी मिल सकते हैं; लेकिन न मिलने की संभावना भी माननी होती है। इन सभी के लिए जो उम्दा, साहसी वृत्ति होनी चाहिए वह स्वाभाविकत: युवाओं के पास ज्यादा होती है।

क्या होना चाहिए

अंधविश्वास उन्मूलन कार्य के लिए जो कई गुण होने चाहिए उनकी शक्ति स्वाभाविक रूप से युवाओं में होती है यह सच है लेकिन उसका प्रत्यक्ष दर्शन कराना चाहिए। युवाओं को अपने आचरण से वह दिखा देना चाहिए। हमारे समाज में शोषण करनेवाले अंधविश्वास पग-पग पर दिखाई देते हैं। पूरी ताकत के साथ उनको रोकनेवाले व्यक्ति आज समाज में नहीं हैं। ये अंधविश्वास इतने स्पष्ट होते हैं कि उन्हें गुमराह, धोखा, शोषण करने वाले प्रबोधन की नहीं प्रतिकार की आवश्यकता होती है। पेट पर हाथ फेरकर नि:संतानों को संतति देने का दावा करने वाली पार्वती माँ और हाथ की उँगलियों से बेहोश कर ऑपरेशन करनेवाले अस्लम बाबा ने महाराष्ट्र में बड़ी लूट की है। शरीर में माता का संचार लाकर तावीज, टोना करनेवाली देवियाँ आज भी गाँव-देहात में मिलती हैं। उनकी कही वाणी गाँव के किसी व्यक्ति पर टोटके के शक की सूई रखती है और झगड़ा, मारकाट, खून-खराबा होता है। आदिवासी बहुल जिलों में गाँव में घटित दुर्घटना की जिम्मेवारी किसी स्त्री को डायन कहकर उससे जोड़ी जाती है। उसे गाँव छोड़ना पड़ता है, उसके बच्चों के विवाह नहीं होते, उसे अपनी जान भी गँवानी पड़ती है। इस प्रकार के सभी अंधविश्वास आज संवेदनशील साहसी युवा शक्ति की सक्रियता की बाट जोह रहे हैं। इस समाज का बदलाव उन युवकों के उज्ज्वल भविष्य के हितों से जुड़ा हुआ है। वह युवकों तक पहुँचाने की आवश्यकता है। हज की यात्रा या सिंहस्थ मेले का उदाहरण ही लीजिए। हज यात्रा के टिकट में रियायत या सिंहस्थों के लिए भक्तों की व्यवस्था के लिए सरकार किसी भी पार्टी की हो वह करोड़ों रुपये खर्च करती है। भक्त हज या सिंहस्थ मेले को जरूर जाएँ। प्रश्न यह है कि वहाँ की सुविधाओं के लिए करोड़ों रुपये खर्च करना और उसी समय निधि की कमी के कारण हजारों स्कूलों को फलक, चॉक, भवन नसीब नहीं होना, इसमें पैसा खर्च करने के लिए किसे महत्त्व दिया जाए? विशेषत: यह सब पैसे जिस समय सामान्य नागरिकों के राजस्व के रूप में जमा होते हैं, उस समय ही अधिक महत्त्वपूर्ण होता है। ऐसी घटनाओं में दृढ़ एवं कृतिशील भूमिका लेने के लिए युवा और समाज के विकास के लिए युवाओं की मानसिकता तो होनी ही चाहिए लेकिन साथ ही यह भी याद रहे कि इसमें हित संबंधों का प्रश्न भी है। ऐसा हुआ तो शायद करोड़ों रुपये धार्मिक परंपराओं के पालन की बजाय

युवाओं के लिए और समाज के विकास की बुनियाद की आधारभूत शिक्षा के लिए मिल पाएँगे। एक अलग रास्ते पर चलने के लिए जो दृढ़ निश्चय आवश्यक है, वह युवाओं की विशेषता है। ऐसी कई बातें हैं, जिनमें निश्चय की आवश्यकता है। समाज में दहेज के बगैर विवाह करना, पंचांग देखे बगैर साथी चुनना, इसके लिए हिम्मत होनी जरूरी है। हम साथी चुनते समय जाति के कारण अधिक सीमित होते हैं। जाति इस देश का एक आद्य अंधविश्वास है। साथ ही और भी कई चीजें हैं। जन्म से एक व्यक्ति श्रेष्ठ, पवित्र होता है और दूसरा कनिष्ठ, तुलना में अपवित्र होता है। अंतर्जातीय विवाह इस भावना का अंधविश्वास दूर करने का प्रभावी मार्ग है और उसके लिए विद्रोह बेशक रूप में युवा ही कर सकते हैं।

विचार की तरह आचरण भी आदर्श हो। कथनी और करनी में मेल होना चाहिए। प्रत्यक्ष में ऐसे वंदनीय लोग कम ही होंगे। लेकिन वह असंभव होने पर भी सही समय पर विवेक, वैज्ञानिक दृष्टिकोण, अंधविश्वास उन्मूलन के लिए आग्रही बातें करना भी बहुत महत्त्वपूर्ण है। इतना ही पथ्य पालन करें कि जो कहते हैं उसका आचरण नहीं कर पाए तो कम से कम उसके विपरीत तो आचरण नहीं होना चाहिए। यह अनुभव है कि अंधविश्वास उन्मूलन का प्रबोधन एक संघर्ष ही होता है। युवाओं के मुख से इस प्रबोधन की लक्ष-लक्ष धाराएँ बहने लगें तो कल के भारत का अंधविश्वास मुक्त होने का स्वप्न गति से पूरा हो पाएगा।

महिलाएँ और अंधविश्वास स्वरूप, कारण और उपाय

अंधविश्वास उन्मूलन का घोषणा-पत्र पंद्रह वर्ष पहले तैयार हुआ। उसी के आधार पर आंदोलन की राह तय हुई। आंदोलन के अगले पड़ाव पर अब 'महिलाएँ और अंधविश्वास उन्मूलन: स्वरूप, कारण और उपाय' इस विषय पर 27, 28 नवंबर को लातूर में राज्यस्तरीय परिषद हो रही है। इस विचार मंथन से 'अंधविश्वास उन्मूलन का महिला घोषणा-पत्र' प्रकाशित होगा। अंधविश्वास के विरोध की लड़ाई कठिन है; महिला वर्ग के संदर्भ में तो वह और भी कठिन है। अंधविश्वास विरोधी लड़ाई में जिनके विरोध में संघर्ष करना है, वे बातें जीवन में बड़ी जरूरी होनेवाली श्रद्धा ही हैं, ऐसा अनगिनत बहनों को लगता है। हाथ की बेड़ियों को ही फूलों के हार माना जाता है। अंधविश्वास से कई प्रकार के शोषण की बलि बनते समय उसके विरोध में एक शब्द भी न कहकर उस अंधविश्वास को पोषित करने में ही अभिमान और धन्यता मानी जाती है। मूलत: गंभीर प्रश्न मानसिक गुलामी का ही है।

आज भी आदिवासी क्षेत्र के गाँवों में किसी दु:खद घटना में डायन पर संशय किया जाता है। तांत्रिक के बताए हुए नियमों से गाँव की किसी भी महिला को डायन ठहराया जाता है। उसे शारीरिक, मानसिक छल सहना पड़ता है। कई बार गाँव से निकाला जाता है, कभी खून किया जाता है। शिक्षित आदिवासी भी डायन प्रथा पर विश्वास करते हैं। आदिम मानवी समाज व्यवस्था के अंधविश्वास इक्कीसवीं सदी में भी महाराष्ट्र को उत्पीड़ित कर रहे हैं। अधिकांश महिलाएँ सदैव मानसिक तनाव में होती हैं। सास का उत्पीड़न, पति का प्रेम न मिलना, परिवार में मान्यता और प्रतिष्ठा का अभाव, गृहस्थी में विसंवाद, लैंगिक असंतुष्टि ऐसे कारणों से उत्पन्न होनेवाले तनाव के कारण महिलाओं का व्यक्तित्व खंडित हो जाता है। यह खंडितता विशिष्ट काल, स्थल और व्यक्ति के साथ जुड़ी होती है। शरीर में देवी का संचार होना अधिकांशत: स्वसम्मोहन की अवस्था होती है या प्रासंगिक मनोविघटन करनेवाली हिस्टीरिया की सौम्य मानसिक बीमारी होती है। शरीर में देवी का संचार

होना जैसे एक प्रकार से गकुछ समय के लिए मन के तनाव का (अयोग्य प्रकार से) विरेचन होता है। प्रसंगानुरूप भययुक्त आदर भी मिलता है।

व्रत आदि के संबंध में महिलाओं के मन संवेदनशील होते हैं। व्रतों में धर्म का आचरण होता है, कुल, परंपरा को संभालने का संतोष होता है। जीवन को एक अनुशासन प्राप्त होता है, ऐसी मान्यता होती है। इससे जीवन के सभी क्षेत्रों में स्वतंत्र हो रही आज की मध्यवर्गीय शिक्षित महिला तक व्रत- उपवासों के आचरण के संबंध में आग्रही होती है। एक ओर परंपराओं से संस्कारित मन और दूसरी ओर आधुनिकता का आकर्षण जिससे उसमें द्वंद्व होता है। वह उस चौखट से बाहर नहीं निकल पाती और दूसरी ओर रूढ़ि-परंपराओं के अधीन होना मन से स्वीकार भी नहीं कर सकती। 'हमारे यहाँ अभी सब कुछ पालन किया जाता है', ऐसा ऊपरी तौर पर अभिमान से कहनेवाली गृहिणी, पूजा, प्रथा, दान, दक्षिणा, भोज यह सब परेशान होकर करती रहती है। इसके बावजूद यह व्रत-उपवास के पालन की जिद क्यों की जाती है? 'विशिष्ट पीताम्बर ही क्यों पहनना चाहिए? सभी को निर्माण करनेवाले ईश्वर की पूजा के लिए ब्राह्मण ही क्यों चाहिए?' ये प्रश्न नहीं पूछती। फिर व्रत-उपवास का आखिर प्रयोजन क्या है? ऐसा पूछना तो दूर ही। बचपन से पोषित श्रद्धा, परंपराएँ क्यों छोड़ दी जाएँ? इससे एक प्रकार का मानसिक संतोष प्राप्त होता है, संकट, बाधाओं को मात करने का बल प्राप्त होता है, ससुराल वालों का सम्मान रखने के लिए करना पड़ता है, ऐसे कई उत्तर सुनने को मिलते हैं।

स्त्री शिक्षा आज भी पारिवारिक, सामाजिक व्यवस्था में उपेक्षित विषय है। सबसे पहले स्त्री को सभी स्तरों पर शिक्षा प्राप्त होनी चाहिए। उससे वैज्ञानिक दृष्टिकोण निर्मित होना चाहिए। आस-पास की घटनाओं का कार्यकारण भाव समझ में आना जरूरी है। शिक्षा के मूल तत्त्वों में वैज्ञानिक मानसिकता की निर्मिति बताई गई है। मूल्य शिक्षा में वैज्ञानिक दृष्टिकोण का समावेश है। इन सभी से विवेक, शोधकता और निर्भयता का पोषण होना चाहिए। महिलाओं के अंधविश्वासों का उन्मूलन होने के लिए पुरुषों का प्रबोधन आवश्यक है और उनके लिए आचारसंहिता ही होनी चाहिए, जो महिलाओं की अंधविश्वास उन्मूलन हेतु कृति करने के लिए सहायक बनेगी। शरीर में देवी का संचार, भानमती, डायन ये सभी बातें आधुनिक महाराष्ट्र, मनुष्य जाति पर कालिख हैं। निर्धार के साथ अमल किया जाए तो समाजसुधारकों की विरासत बतानेवाले महाराष्ट्र को इन सबसे मुक्त करना संभव है।

व्रत वैकल्यों का कालोचित पुनर्विचार क्यों न किया जाए? कई व्रतों में अपने पास होने वाला कुछ औरों को देने का महत्त्वपूर्ण संस्कार अपेक्षित होता है। इस पर महात्मा फुले से लेकर स्वातंत्र्यवीर सावरकर तक सभी ने आत्मीयता से लिखा है। लेकिन आज के व्रतों में इसकी केवल खानापूर्ति की जाती है। मकर संक्रांति के कुमकुम-तिलक के दिन महिलाएँ अतिसामान्य, निरुपयोगी वस्तुएँ, उपहार के

रूप में लुटा देती हैं। अच्छी चीजें दी जाएँ तो जिनके पास वे पहले से हैं और जो उन्हें कभी भी ले सकते हैं, उन्हें दी जाती हैं। यही पैसे किसी गरीब छात्र की फीस के लिए खर्च करें तो? चातुर्मास के स्त्रियों के नियम दान-धर्म से संबंधित होते हैं। एकाध गरीब छात्र को रोज या सप्ताह में एक दिन नियमित रूप से साल भर भोजन देकर, एक अशिक्षित महिला को पढ़ानेवाले व्रत की आज आवश्यकता है। आधिक मास में ब्राह्मण या दामाद को 33 वस्तुओं का दान देने की बजाय वे रुपए अंध विद्यालय को चंदे में क्यों न दिए जाएँ? वास्तु की शांति के समय उस घर के निर्माण में पसीना बहाने वाले मजदूरों का आग्रह से सत्कार क्यों न किया जाए।

उपरोक्त स्वरूप की वस्तुनिष्ठ उपाय योजना होनी चाहिए लेकिन वे पर्याप्त नहीं हैं, इसे भी समझना होगा। इस समाज का कोई भी प्रश्न, उसी तरह महिला-अंधविश्वास-उन्मूलन के प्रश्न सुलझाते हुए व्यापक समाज परिवर्तन के संदर्भ का एहसास हो, ऐसा होना चाहिए। इस संदर्भ में डायन प्रथा का प्रातिनिधिक उदाहरण देखा जा सकता है। प्रथाएँ अमानुष हैं ही उनके विरोध में केवल कानून और प्रबोधन कितना उपयोगी होगा? आज भी आदिवासी क्षेत्र में प्रचंड निरक्षरता, कमाल की दरिद्रता, स्वास्थ्य का पतन, कुपोषित बाल मृत्यु की भयावह संख्या, ऐसा वास्तव है। इन सभी से निर्माण होनेवाली परेशानियों पर जब तक अधिक बेहतर, सुरक्षित वास्तव जीवन का विकल्प उपलब्ध नहीं होगा तब तक किसी भी अमानवी शक्ति पर, अपने संकटों को दूसरे के माथे लादने की मानसिकता बदलना आसान नहीं है।

इसीलिए महिला और अंधविश्वास उन्मूलन के संबंध में सम्यक विचार और एकात्मिक कृति की जरूरत है। अंधविश्वास उन्मूलन का जो घोषणा-पत्र महिलाओं के नाम से प्रकाशित होगा, उसके जरिये इस संदर्भ में ठोस कदम उठाए जाएँगे, ऐसी उम्मीद है।

लड़ाई लड़ेंगे हर दिल से, हर घर से

देश की सर्वोच्च राजनीति में एक महिला समर्थ रूप से अपनी भूमिका निभा रही है। उसी समय समाजसुधारकों के महाराष्ट्र में आधा दर्जन आदिवासी बहुसंख्यक गाँवों में डायन ठहराए जाने के कारण आतंकित होकर महिलाएँ जीवन जी रही हैं। ये दोनों विरोधी उदाहरण हैं लेकिन हकीकत यही है कि महिलाओं और अंधविश्वासों का घेरा अधिक व्यापक है। उसमें महिलाओं को छलने वाली भानमती है। देवदासी प्रथा है। लड़का न होने के कारण किया जानेवाला छल है। अर्थहीन लेकिन अनिवार्य बनी हुई रूढ़ि, परंपरा, कर्मकांड की मार है। विशेषतः कथित आध्यात्मिक बाबा और धार्मिक उत्सव, इनमें अचंभित कर देनेवाली महिलाओं की शिरकत है। और इनमें से किसी की भी विवेकनिष्ठ चिकित्सा करोगे, तो खबरदार! यह हिंदू जनजागरण समिति की (दरअसल प्रत्येक धर्म के धर्ममार्तंडों की) धमकी भी आती है। इसीलिए महिला अंधविश्वास उन्मूलन की यह लड़ाई दिलों से घरों से लड़नी पड़ती है।

आज भी शरीर में देवी का संचार होने के लिए भारतीय नारी पर देवी माँ प्रसन्न है। माता अधिकतर महिलाओं के शरीर में ही संचार करती है, वह भी गरीब और दलित महिलाओं के। परिवार में स्त्री को अक्सर तनाव सहना पड़ता है, दोयम स्तर का जीवन जीना पड़ता है। बाँझपन या वैधव्य के कारण, उन्हें ही जवाबदेह माना जाता है। प्रकृति द्वारा सौंपी मातृत्व की जिम्मेदारी से शारीरिक और मानसिक अवस्था में परिवर्तन होता है। बार-बार के गर्भधारण से वह अवस्था पूर्ववत नहीं हो पाती। इस दुर्बल मानसिक अवस्था में देवी के संचारने के लिए अधिक अनुकूल वातावरण तैयार होता है। अतृप्त लैंगिक भावना का तनाव भी महिलाओं पर ही अधिक होता है और उसे व्यक्त करना भी असंभव होता है। दलित, गरीब, अशिक्षित, महिलाएँ अक्सर पराश्रित होती हैं। इन सभी का निचोड़ शरीर में माता आना, सामाजिक और सांस्कृतिक दृष्टि से मान्यता प्राप्त मार्ग बन जाता है। मराठवाड़ा में पाया जानेवाला भानमती इसी में से एक प्रकार है। जो केवल महिलाओं का उत्पीड़न करने वाला है और अन्यत्र कहीं भी नहीं पाया जाता है। इन महिलाओं को छाती, पेट में चुभन भरी वेदनाएँ होती हैं। मरीज के अंतर्मन की मानसिक वेदना का रूपांतर शरीरिक वेदना में

होता है। कई बार ये वेदनाएँ क्षयरोग, अल्सर, मूत्राशय में जलन, जीवनसत्वों की कमी से होती हैं। इन सारे लक्षणों को भिलावाँ, हुल्या कहा जाता है, जो खास मराठवाड़ी ग्रामीण शब्द हैं। ऐसा माना जाता है कि ओझा या गाँव का संबंधित व्यक्ति अपने पास होनेवाली गुड़िया में सूइयाँ चुभोकर यह वेदना उत्पन्न करता है। इस प्रकार के भानमती के साथ ही बड़ी आवाज में वह स्त्री एक विशेष आवाज की लय में कराहते हुए, लुढ़कना शुरू करती है। इसे 'भौंकनेवाली भानमती' कहा जाता है। इसी के साथ घर पर अपने-आप पत्थर गिर जाना, आँखों से कंकर निकलना, काँच निकलना, कपड़े अपने आप फट जाना और आग लगना, इस प्रकार की भानमती महाराष्ट्र में दिखाई देती हैं। कुंठित भावना से बीमार स्त्री मन औषधि, इलाज और मनोचिकित्सक के साथ मनोबल बढ़ाने वाला सामाजिक, पारिवारिक वातावरण निर्माण कर ठीक कर सकते हैं। इसकी जानकारी अधिकतर लोगों को नहीं होती। इसलिए तांत्रिक, ज्योतिषी, सैलानी बाबा या गाणगापुर की यात्रा शुरू होती है। संबंधित व्यक्ति किसी का नाम लें तो उस व्यक्ति का गाँव में जीना मुश्किल बन जाता है। इक्कीसवीं सदी में आज भी महाराष्ट्र का एक बड़ा महिला वर्ग अंधविश्वासों के चलते जो यातनाएँ सह रहा है उसका यह कच्चा चिट्ठा है।

हमारे समाज में जिस संख्या में महिलाएँ बड़ी आसानी से बाबाओं की भक्त बन रही हैं, वह संख्या और उनका समर्पण अचरज में डालनेवाला है। अपवाद छोड़ दें तो सभी बाबाओं को महिलाओं का आकर्षण होता ही है। इतनी आसानी से स्त्री को प्राप्त करने का दूसरा कोई प्रतिष्ठित व्यवसाय नहीं है। स्वयं के वैवाहिक मांगल्य के प्रतीक के रूप में मंगलसूत्र गले में पहननेवाली स्त्री, उस मंगलसूत्र में बाबा का छायाचित्र क्यों लगाती है और सारे भक्तों की भीड़ से अपनी पसंद की स्त्री को बंद कमरे में ले जाकर आध्यात्मिक दीक्षा के नाम पर बैठक की स्वतंत्रता लेनेवाला बाबा उस स्त्री के परिवार को साक्षी बनाकर उसका कैसे उपभोग कर सकता है, यह पहेली सुलझाना कठिन है। बाबा के कथित प्रभाव को भूलकर बाबा के वासनाकांड में महिलाएँ धकेली जाती हैं, या उनके अंतर्मन में तीव्र अतृप्त कामवासना इसका कारण होती होगी, यह अक्सर चर्चा का विषय रहा है। वासना पूर्ति के लिए पुरुषों के पास कई विकल्प होते हैं। महिलाएँ मात्र बच्चों की परवरिश, जप, पूजा, इसी मार्ग से वासना के प्रक्षोभ काबू में रखती हैं। स्त्री को विवाहेतर संबंध बनाना कठिन होता है लेकिन आध्यात्मिक बातें करने वाले बाबा, गुरु महाराज के सहवास में जाते समय यह खतरा नहीं होता। लेकिन यह मत भी विवादास्पद है। कई बार बाबा का बोलबाला हुए धार्मिक प्रभाव से कम-अधिक संवेदना मिले, व्यथा, वेदना दूर करनेवाला मानसिक आधार मिले, यही उद्देश्य होता है। इस प्रकार के आधार की आज के भारतीय समाज की स्त्री को होने वाली आवश्यकता आध्यात्मिक धार्मिक गुरुओं से पूरी होती है, परंपरा से आए इस विश्वास से ही महिलाएँ बाबाओं की ओर आकर्षित होती हैं।

स्त्री का केवल संतति होने से काम नहीं चलता। वंश को दीपक चाहिए इसलिए उसे एक पुत्र को जन्म देना जरूरी होता है। स्वर्ग किसी ने नहीं देखा फिर भी पुत्र ने अंत्यसंस्कार नहीं किया तो स्वर्ग में प्रवेश नहीं मिल पाएगा ऐसा पक्का विश्वास होता है। इसलिए शरीर, मन, आर्थिक स्थिति के असह्य होने के बावजूद लड़कियों को जन्म देते-देते एक पुत्र के जन्म होने की प्रतीक्षा में रहना पड़ता है या गर्भलिंग चिकित्सा या गैरकानूनी रूप से गर्भपात झेलने पड़ते हैं। पुत्र होने की जिम्मेदारी पुरुष की होती है, यह विज्ञान के द्वारा निर्विवाद रूप से सिद्ध होने पर भी स्त्री को ही दोषी माना जाता है। विज्ञान का वास्तव समझने के बाद भी उसे गोपाल संतान विधि, पुत्र कामेष्टी यज्ञ, बुआ-बाबाओं का आशीर्वाद, शारीरिक सजा बननेवाले व्रत-उपवास करने पड़ते हैं। पुराने जमाने में समाज में मातृसत्तात्मक पद्धति थी लेकिन आज स्त्री का पूरा जीवन ही पुरुषों के वर्चस्व से जुड़ा हुआ है। विवाह होना और लड़का ही पैदा होना यह पुरुष के लिए एक घटना होती है और स्त्री के लिए उसका अस्तित्व होता है। इसीलिए स्त्री पुरुष के लिए कोई कुँवारी, प्रौढ़, सौभाग्यकांक्षी, सौभाग्यवती, तलाकशुदा, परित्यक्ता, विधवा जैसे ही कोई होती है। पुत्री, माँ, पत्नी की भूमिका में ही जीवन की सफलता मानना, उसके लिए चेहरे पर झूठी मुस्कान लाकर सारे अभाव सहना ही सार्थक है, यही उसे सिखाया भी जाता है। उसके सारे व्रत-उपवास एक अच्छे पुत्र और पति के लिए ही होते हैं। पति के किसी भी वजह से मृत होने पर उसे ही बदनसीब माना जाता है। स्वयं को उच्च कुलीन, खानदानी कहनेवाले, राजनीति-सहकार और शिक्षा के क्षेत्र में सम्मान से घूमने वाले जाति समूह आज भी स्वयं के समाज की जवान विधवाओं के पुनर्विवाह के तीव्र विरोधी होते हैं। दूसरी ओर हलदी-कुमकुम स्वीकारने, उत्सवों में सम्मान से उत्सव के भोजन में सम्मिलित होने के लायक वे नहीं रहती हैं। उनके हाथों से किसी भी शगुन को पूरा नहीं कराया जाता। अपनी बेटी का कन्यादान तक करने का अधिकार उन्हें नहीं होता। यह जीवन में व्याप्त गौण स्थान समझे बगैर महिलाओं के अंधविश्वास की मानसिक उलझन समझ में नहीं आएगी।

धर्मचिकित्सा को नकार

ये सारे भोग स्त्रियों के हिस्से में आते हैं, क्योंकि उन्हें संस्कृति को परखने का और बनाने का अवसर लगभग नकारा गया है। उनकी सारी समझ सदियों से अत्यंत अशास्त्रीय होनेवाले पोथी-पुराणों के आधार पर बनी है। अब उन्हें शिक्षा प्राप्त हो रही है लेकिन फिर भी मन में, परिवार में, समाज में धर्म गुरुओं की पोषित की मानसिकता स्त्री के परिवर्तन में बाधा लाती है। दरअसल, इनमें से अधिकतर व्रत उपवास और कर्मकांड अन्याय पर आधारित और अविवेकी हैं और उस प्रकार के

न हों तो भी अर्थहीन और संदर्भहीन तो हैं ही। धार्मिक रस्म-रिवाज और नैतिकता के नियम वाले धर्म ने जन्म लिया और वह फैलता गया उस स्थल, काल और समय के अनुसार, जो बताए गए हैं। यह सच्चा धर्म नहीं है। नीति मूल्यों की शिक्षा देनेवाले धर्म से उसके विचारों का और उसके आधार पर उत्पन्न कर्मकांडों का कोई संबंध नहीं है। लेकिन अज्ञान, असमंजसता, दकियानूसी वृत्ति, परंपरा का मोह, अंधविश्वास, अविचारी प्रवृत्ति, पुरोहितों का वर्चस्व और उनसे निर्मित धर्म द्रोह के भय से बहुसंख्यक धार्मिक उस धर्म के अवास्तविक, अविवेकी और अशास्त्रीय रस्म-रिवाजों और परंपराओं से जकड़े रहते हैं। समाजसुधारकों के महाराष्ट्र में आज भी नगर जिले की नेवासा तहसील के शनि शिंगणापुर के चबूतरे पर महिलाओं को प्रवेश नहीं दिया जाता। इसके लिए महाराष्ट्र अंनिस की ओर से हड़ताल करने पर हिंदुत्ववादी कहनेवाले दर्जनभर संगठनों ने इकट्ठे होकर इसका हिंसक विरोध किया। दूसरी ओर पहली बार मुख्यमंत्री होने पर मन्नत पूरी करने के लिए गए विलासराव देशमुख चबूतरे पर सपत्नीक पूजा नहीं कर पाएँगे, इसलिए चबूतरे के नीचे उन्होंने चुपचाप सपत्नीक पूजा की। यह धर्म की आज्ञा का सम्मान नहीं है बल्कि महात्मा फुले और भारतीय संविधान का अपमान करना है।

कृतियुक्त दृढ़ संकल्प की आवश्यकता के चलते भारतीय संविधान में वैज्ञानिक दृष्टिकोण रखना नागरिकों का कर्तव्य बताया गया है। वैज्ञानिक दृष्टिकोण रखना यानी कार्यकारण भाव की पड़ताल करना। आज की शिक्षा विवेकवादी बनने में असमर्थ अथवा बड़ी ही अधूरी है। भानमती, डायन, देवदासी परंपरा इक्कीसवीं सदी के पहले दशक में निश्चय से समाप्त करना संभव है। लेकिन उसके लिए एकत्रित आंदोलन की जरूरत है। वर्तमान विविध शासकीय यंत्रणा और इस विषय का स्वागत करने वाले जनआंदोलन की सहायता से निश्चित रूप से यह हो सकता है। महिलाओं को मानसिक आधार, सहयोग और मार्गदर्शन करनेवाले समुपदेशन केंद्र बड़े पैमाने पर होने चाहिए। इन सबके साथ ही गाड़गे बाबा एवं डॉ. बाबासाहब आंबेडकर के निर्वाण के बाद लगभग थम चुकी धर्मचिकित्सा की विरासत फिर एक बार जाग्रत करनी होगी। इसके लिए महाराष्ट्र के संतों एवं उन्नीसवीं सदी के धर्म प्रबोधनकारों के विचारों का पाथेय सहज प्राप्त हो सकता है। इसी के साथ ही समतामूलक स्त्री-पुरुष सहजीवन की प्रस्तुति और माँग निरंतर करनी चाहिए। बच्चा नहीं हो रहा था तो महात्मा फुले को दूसरी शादी करने की सलाह देने पर "दोष सावित्री बाई में ही होगा ऐसा कैसे कह सकते हैं? वह मुझमें भी हो सकता है और अगर मुझ में दोष हो तो सावित्री दूसरा पति करें तो क्या यह आपको चलेगा?" महाराष्ट्र में ऐसा ठेठ प्रश्न महात्मा फुले ने डेढ़ सौ वर्ष पहले किया था। उनकी धर्मचिकित्सा की और स्त्री-पुरुष समानता की सशक्त विचारधारा महिला और अंधविश्वास उन्मूलन के संबंध में कृतिशील राह दिखा सकती है।

अंधविश्वास उन्मूलन का महिला घोषणा-पत्र

अंधश्रद्धा निर्मूलन समिति की यात्रा को आज डेढ़ दशक पूरा हुआ है। इस कार्य को शुरू करते समय समिति ने अंधविश्वास-उन्मूलन की महाराष्ट्र की रूपरेखा ध्यान में रखकर घोषणा-पत्र प्रकाशित किया था। उसके अनुसार पिछले 15 वर्षों में कार्य भी किया। अंधविश्वास उन्मूलन का कानून इसका ठोस उदाहरण है।

इस यात्रा में कुछ कदम अंधविश्वास उन्मूलन की दिशा में पड़े हैं और उसे सीमित रूप में समर्थन भी मिल रहा है। लेकिन यह भी सच है कि अभी काफी काम करना शेष है। देवदासी की अमानुष प्रथा, मराठवाड़ा के भानमती—डायन के प्रकार, ये घटनाएँ आज भी जारी हैं। इस संदर्भ में बहुत कुछ करना बाकी है। इस पूरी व्यवस्था में महिलाएँ बलि चढ़ती हैं। लेकिन गंभीर बात यह है कि 'महिलाएँ और अंधविश्वास उन्मूलन' का एक दाहक वास्तव है और उसका परिणाम यह होता है कि अंधविश्वास के कारण सर्वाधिक शोषित होनेवाली हमारी बहनें कई बार स्वाभिमान से वे सारी बातें संजोए रखती हैं। एक ओर महिला वर्ग के हिस्से में समाज व्यवस्था का कठोर वास्तव अपरिहार्य शोषण और अस्वस्थता लाता है। उसमें अभी होनेवाली अशिक्षा, कुपोषण, असमान वेतन, दहेज के कारण होनेवाला छल, घूरती हुई पुरुषों की नजरें हैं, जिनके उत्तर दृष्टिक्षेप में न होने के कारण अंधविश्वास का आधार खोज लिया जाता है। दूसरी ओर समग्र रूढ़ि-परंपरा, धार्मिक कार्यक्रम, संस्कार के नाम से सारा माहौल जैसे रमणीय है। पुराने व्रतों के साथ नये व्रत-उपवास उत्साह से आते हैं। पिछले पाँच वर्षों में, देखते-देखते 'वैभवलक्ष्मी का व्रत' सर्वदूर पहुँचा है। अब उत्तर भारत से 'करवा चौथ' व्रत आ रहा है। इन व्रतों के पालन से हम कुछ त्याग करते हैं और धर्म के अधिष्ठान का पालन करते हैं, ऐसी महिलाओं की धारणा है। कथित आध्यात्मिक संदेश देने वाले बाबा-बुवा और कुल मिलाकर स्वामी-महाराज की ओर सभी स्तरों की, सभी उम्र की शिक्षित-अशिक्षित महिलाओं की भीड़ पूरे प्रवाह के साथ बह रही है। विशेष बात यह कि इसी समय महिलाओं को असली समस्याएँ भुगतनी पड़ती हैं। उन्हें हल करने की कृति में उनकी शिरकत अभाव से ही दिखाई देती है। इसी कारण

'महिला और अंधविश्वास उन्मूलन : स्वरूप, कारण एवं उपाय' इस विषय पर राज्यस्तरीय परिषद लेकर उसमें हुए चिंतन से अंधविश्वास उन्मूलन का महिला घोषणा-पत्र प्रकाशित किया जाने वाला है।

सभी धर्मों ने स्त्री को दोयम दर्जे का स्थान दिया है। मनुस्मृति बताती है कि स्त्री को बचपन में पिता की, जवानी में पति की और बुढ़ापे में बेटे की आज्ञा में रहना चाहिए। कन्या को आज भी दान की वस्तु माना जाता है। पुरुष प्रधान व्यवस्था को निरुत्तर करने वाले प्रश्न पूछनेवाली ब्रह्मवादिनी गार्गी को याज्ञवल्क्य धमकाते हैं, "मर्यादा लाँघकर प्रश्न मत करो, वरना तुम्हारा मस्तिष्क अलग हो जाएगा।" इस्लाम में एक ओर धर्म को मान्य बहुपत्नीत्व और सहज रूप से दिए जाने वाले मौखिक तलाक से स्त्री सदैव असुरक्षित रखी गई है। जैन धर्म में स्त्री की साधना शक्ति पुरुषों से कम बताई गई है। ईसाई धर्म के अनुसार कहा गया है कि पुरुष के लिए, पुरुष के बाद, पुरुष की एक पसली से स्त्री की उत्पत्ति हुई है। जन्म से ही गौण समझी जानेवाली उस स्त्री ने ज्ञान का फल चखने का आद्य पाप किया, इससे अॅडम और इव मनुष्य के मूल पूर्वज पृथ्वी पर जीने की शिक्षा के पात्र हुए। अपने शिष्य आनंद की विनती पर गौतम बुद्ध ने भिख्खू संगठन में महिलाओं को प्रवेश दिया; लेकिन उससे हजारों सालों तक जीवित रहने वाला अपना धर्म केवल 500 वर्ष ही जीवित रहेगा, ऐसा उन्हें लगा। ये सभी घटनाएँ भूतकालीन हैं। आज स्त्री का दोयम स्थान कहाँ है? ऐसा जिन्हें लगता है, उन्हें अपने आस-पास नजर घुमानी चाहिए।

मुंबई के एक विदुषी ने बोन्साय बरगद का पेड़ दिखाते हुए मुझसे कहा, "इस पेड़ के कारण मुझे कई पुरस्कार तो मिले ही हैं लेकिन और एक लाभ यह हुआ कि वट सावित्री के दिन कॉलोनी की सारी महिलाओं की पूजा मेरे ही घर पर होती है।" यह बुद्धि का बोन्साय है, बौनापन है, यह उन्हें कौन बताए? कई शहरों में वटसावित्री के दिन बरगद की अनेक टहनियाँ तोड़कर पूजा के लिए घर-घर बेची जाती हैं, कभी-कभी तो बरगद का चित्र ही लगाया जाता है। लेकिन आज की स्थिति यह है कि समिति ले रही 'वैज्ञानिक एहसास परीक्षा' में वटसावित्री व्रत में कौन-सा अंधविश्वास है, यह प्रश्न पूछने के कारण हिंदू जन जनजागरण समिति ने उपद्रव मचाया। उन्हें यह धर्म पर किया हुआ हमला लगता है। हिंदू हृदयसम्राट सावरकर ने इस व्रत के लिए 'असत्य की पूजा' शब्द का उपयोग किया है। असत्य की पूजा कर उसकी सार्थकता मानने में कौन-सी बड़ी बात है, इस पर विचार नहीं होना चाहिए? लेकिन विचार रास नहीं आता। रास आए तो भी नाहक धोखा क्यों अपनाना? घरवालों का दिल क्यों तोड़ें? इस कारण से उच्च शिक्षित महिलाएँ भी वे सारे कर्मकांड पूरी ईमानदारी से करती हैं। हमारे देश की महिलाओं को शिक्षा का अधिकार बहुत देर से प्राप्त हुआ है, और वह आज भी मर्यादित समाज तक

ही है। महिलाओं के कुछ खास विषयों को 'शास्त्र' का दर्जा तक अभी-अभी मिला है। स्वाभाविकत: सर्वकष विचार करना, परंपराओं की पड़ताल करना, उनको नकारना, नए विचार प्रस्तुत करना या स्वीकारना, ये बातें अभाव में ही हुई हैं और अब तो सभी धर्मों के स्वयंघोषित धर्मरक्षक धर्म की जाँच-पड़ताल, चिकित्सा का हिंसक विरोध कर रहे हैं।

इक्कीसवीं सदी के आरंभ में भारतीय संविधान का सुवर्ण महोत्सव मनाते समय हमने नगर जिले की नेवासा तहसील के शनि शिंगणापुर में भगवान के चबूतरे पर महिलाओं को भी प्रवेश मिले, इसके लिए सत्याग्रह किया। खुद को हिंदुत्ववादी कहनेवाले संगठनों ने इसका कट्टरता से तीव्र विरोध किया। आज भी वह परंपरा जारी है। बीच-बीच में मुसलमान धर्मांधों द्वारा मुसलमान स्त्री के बुरखे के लिए जबरदस्ती के फतवे निकाले जाते हैं। कश्मीर में चार साल पहले इसके लिए चार मुसलमान महिलाओं की गर्दन काट दी गई थी। महिलाएँ कौन-से कपड़े पहनें और सौंदर्य के अलंकार कौन-से अपनाएँ, इसके आदेश भी धर्म के ठेकेदार समय-समय पर निकालते रहते हैं। वे बाहुबल के आधार पर इसे कार्यान्वयन कर स्त्री को मध्ययुग में धकेलने का प्रयास करते रहते हैं। भारतीय संविधान में धर्म-लिंग के कारण भेद करने की मनाही है। कानून द्वारा स्थापित कार्य पद्धति के अनुसरण बगैर किसी भी व्यक्ति को उसकी व्यक्तिगत स्वतंत्रता से वंचित नहीं किया जा सकता। ऐसा होने के बावजूद हाल ही में एक छोटी बच्ची को जैन साध्वी की दीक्षा देने का मामला सामने आया है।

आंदोलन के अनुभव, महिला संगठनों से चर्चा, विशेषज्ञों के मत और परिषद के विचार मंथन के आधार पर अंधविश्वास उन्मूलन का घोषणा-पत्र म. फुले के स्मृतिदिन पर प्रकाशित होगा। उसमें अपेक्षित परिवर्तन के दिशानिर्देश होंगे। महिलाओं का समाज में स्वतंत्र स्थान होना चाहिए। पुरुष के संदर्भ में उसका महत्त्व, यह मानसिकता बदलनी चाहिए। परिवार में लड़का और लड़की दोनों से समान व्यवहार किया जाना चाहिए। लड़कों में अहं और लड़कियों में हीन भावना का निर्माण नहीं होना चहिए। लड़की को स्वतंत्र विचार करने की सीख, कार्यकारण सिद्धांत की समझ से प्रशिक्षित करने की शिक्षा मिलनी चाहिए। जिसके आधार पर वह धर्म की पड़ताल करेगी और उसमें होनेवाला अनुचित हिस्सा नकार देगी। इसी के साथ वह स्वयं के बच्चों को विवेक की अनुभूति के सकारात्मक संस्कार दे पाएगी; जिससे भविष्य का समाज अन्वेषी, निडर और शोषणहीन होगा। इसकी रचना भी घोषणा-पत्र में होगी। इन सभी विचारों को आधार देने वाला कृति कार्यक्रम स्वीकारा जाएगा। उसमें एक ओर बाबागिरी, भानमती, चमत्कार, माता का संचार, देवदासी, बालविवाह इन सभी अंधविश्वासों का सीधे विरोध करना अंतर्भूत होगा। सभी धर्मों से परे जाकर समता पर आधारित नया पारिवारिक कानून बनाने की कृति

भी तीव्र होनी चाहिए, ऐसी कामना है। शिक्षा में लड़कियों का ड्रापआउट कम होना चाहिए, समान काम के लिए समान दाम मिलना चाहिए, संपत्ति में आधा अधिकार मिले इसकी माँग को भी समावेशित करने का प्रयास होगा। कुल मिलाकर स्त्री को संस्कृति की जाँच एवं उसमें परिवर्तन करने का समता पर आधारित अवसर मिले और संस्कृति द्वारा उस पर थोपा दोयम दर्जा क्रमशः लेकिन निर्धार से दूर हो, ऐसी कृति कार्यक्रम की दिशा होगी। घोषणा-पत्र महिला अंधविश्वास उन्मूलन का है लेकिन परिषद स्त्री-पुरुषों की, समाज की सभी इकाइयों की है, क्योंकि किसी भी राष्ट्र निर्माण की प्रमुख शर्त विवेकी आत्मभान होनेवाला महिला वर्ग होती है। इसलिए समाज की सभी इकाइयों को संकल्प के साथ उस दिशा में प्रयास करना चाहिए। महिला अंधविश्वास उन्मूलन घोषणा-पत्र परिषद का कृतिशील आरंभ हो सके, यही उम्मीद है।

परिवार और अंधविश्वास उन्मूलन

परिवार में होनेवाला अंधविश्वास ऐसा विषय है कि हर एक के मन में इसको लेकर प्रश्न निर्माण हो सकता है। यह किसी व्यक्ति में हो या किसी परिवार में, घर में हो या समाज में, अंधविश्वास तो अंधविश्वास ही है। इसमें अंतर करें तो कितना और कैसे? एक दृष्टि से यह सच भी है। बावजूद इसके समाज की विविध इकाइयों में अंधविश्वास का स्वरूप, उसकी व्यापकता और कारण अलग-अलग हो सकते हैं, ऐसा मानकर केवल विचार मंथन के लिए कुछ मुद्‌दों को प्रस्तुत कर रहा हूँ।

अंधविश्वास किसे कहते हैं, इसकी मैं बिलकुल चर्चा नहीं करूँगा क्योंकि वह एक स्वतंत्र चर्चा का विषय है। फिलहाल इतना कहना उचित होगा कि जिस कार्य में किसी भी स्वरूप की कार्यकारण अनुभूति न हो उस कार्य का व्यवहार स्वयं की कार्यपूर्ति के लिए अथवा संकट के निराकरण के लिए करना अंधविश्वास ही है। व्यक्ति अपने जीवन में इस प्रकार का वर्तन, व्यवहार कई बार बड़े मनोभाव के साथ करता है। अमुक रंग की शर्ट पहनने पर अथवा अमुक पेन से उत्तर लिखा तो परीक्षा में निश्चित सफलता मिलेगी। या फिर किसी एक बैट के प्रयोग से वह 'लकी' होने से जरूर शतक बना लेंगे। इस प्रकार की घटनाएँ हम हमेशा अपने आस-पास देखते-सुनते हैं। पारिवारिक स्तर पर इसका कैसे विचार करें? परिवार की यह विशेषता होती है कि एक छोटा समूह करीबी रिश्ते-संबंधों से, अपने हितों से, सुख-दुखों से एक-दूसरे में गुँथा होता है। व्यक्ति का भला करने की भावना व्यक्तिगत स्तर पर न रहकर, 'परिवार की भलाई' के लिए होती है। लोग जिन कारणों से अंधविश्वास को गले लगाते हैं उसी से वे अधिक तीव्र परिणाम प्राप्त करते हैं। इनमें से एक कारण होता है अदृष्ट का डर। दूसरा, अतृप्त कामनाओं की पूर्ति। युद्ध जारी है और सैनिक शहीद हो जाए यह अलग बात है और स्वयं के घर के व्यक्ति के युद्ध में लड़ते समय उसकी चिंता सताना अलग बात है। घर का मुखिया ही युद्ध में शहीद हो जाए तो परिवार की जिम्मेदारी कौन निभाए, इस चिंता से शोकाकुल होने वाले परिवार का आचरण स्वाभाविक रूप से ही अंधविश्वास की घनी छाया में पलता है।

इसी का दूसरा पहलू भी होता है, जो विचार करने पर हास्यास्पद लगता है। लेकिन विचार ही नहीं करना और करें तो उसके अनुसार आचरण तो बिलकुल नहीं करना, ऐसी बहुसंख्यक समाज की मानसिकता होने से, यह हास्यास्पदता उन्हें महसूस नहीं होती। यह कई बार सुविधाजनक व्यवहार होता है। इधर हमारी समिति ने वट सावित्री के व्रत के समय महिलाओं के मनोगतों का सर्वेक्षण किया। इससे एक बात समझ में आ गई कि आज भी बड़े पैमाने पर यह व्रत शहरों में शिक्षित महिलाएँ कर रही हैं। उनकी धार्मिक भावना तीव्र है। व्रत से प्राप्त होने वाले फल की प्राप्ति में श्रद्धा है ऐसा भी नहीं है। अधिकांश ने कारण बताया कि सोचो, अगर व्रत नहीं किया और उसी समय उन्हें कुछ बीमारी हो जाए तो घरवालों से उन पर कोई दोष न आ जाए। घर की धार्मिक वास्तुशांति का पूरी तरह निरर्थक कर्मकांड किसलिए किया जाता है? उसके स्थान पर स्नेही साथियों को भोजन, घर का निर्माण करनेवाले श्रमिकों का सम्मान ठीक नहीं है? लेकिन वास्तुशांति के पीछे भी यही मान्यता होती है कि वह इस घर के लिए लाभदायी हो, गृह प्रवेश करने पर सभी मनोकामनाएँ पूरी हों। लड़के को मेडिकल कॉलेज में प्रवेश मिले, लड़की को अच्छा वर मिले। परिवार के मुखिया को नौकरी में प्रमोशन मिले। इसी प्रकार और भी बहुत कुछ। न होने वाले वास्तुपुरुष की शांति करना और घर में सब कुछ अपने मन के अनुसार होना, इसमें किसी भी प्रकार का कार्यकारण भाव है या नहीं? इसका विचार 'अदृष्ट का डर और अतृप्त कामनाओं की पूर्ति' करने नहीं देती।

परिवार में होनेवाले अंधविश्वास के लिए कौन-से उपाय हैं? सभी अंधविश्वासों के दो उपाय हैं। पहला, जनमानस में हर व्यक्ति में वैज्ञानिक दृष्टि का निर्माण करना और दूसरा, 'सुधारक' गोपाल गणेश अगरकर का सूचित किया हुआ। उन्होंने कहा था कि "केवल ज्ञान में वृद्धि होना कोई मायने नहीं रखता, बल्कि उसी प्रकार व्यवहार करने का साहस होना चाहिए।"

खुला विचार-विनिमय और हर एक को प्रश्न पूछने की छूट वैज्ञानिक दृष्टिकोण निर्माण करने की प्राथमिक शर्त होती है। पारिवारिक माहौल में इसका आज भी विरोध होता है। घर का छोटा-बड़ा कोई भी प्रश्न, फिल्म देखना, कपड़े खरीदना या यात्रा के लिए जाने के सामान्य निर्णय लेने हों तो 'पिताजी को आने दो, वे तय करेंगे' यही राग हर घर में आलापा जाता है। जिनके प्रश्न हैं या जिनकी इच्छाएँ हैं, जिनके कुछ अलग मत हैं उनके साथ वैचारिक आदान-प्रदान करना यानी पारिवारिक आचारसंहिता भंग करना ही माना जाता है। परिवार में होनेवाला यह व्यक्त या अव्यक्त एकाधिकार खुले मत प्रदर्शन को रोकता है। चिकित्सक संवाद नामुमकिन बनाता है और अंधविश्वास बढ़ाने हेतु उपजाऊ जमीन तैयार करता है।

जो पसंद आए उसका आचरण करना और भी कठिन होता है। परिवार का पूरा माहौल रूढ़ि, परंपरा, उनकी चिकित्सा किए बगैर उनका पालन करने में धन्यता

मानने का होता है। हम जो आचरण कर रहे हैं, उसमें निहित व्यर्थता समझ में आने पर भी 'समाज क्या कहेगा?' यह (गलत) डर परिवार का मन निरंतर कुरेदता रहता है। इसलिए कार्यकारण भाव से पूर्णतः असंगत होनेवाली परंपराएँ भी कुलाचार के रूप में सम्मान प्राप्त करती हैं। उन्हें अंधविश्वास मानना, उनके आचरण को नकार देना परिवार की भावना को ठेस पहुँचाने वाला, प्रक्षुब्ध करने वाला हो सकता है।

स्वयं के परिवार के प्रश्न कौन-से हैं, मनुष्य को इसका एहसास विवेक शक्ति देता है। परिस्थिति की मर्यादा में प्रामाणिक रूप से संयम, मानवता से उनका मुकाबला करना और उत्तर ढूँढ़ना ही मानवता की असली कसौटी है। यह सामर्थ्य देने वाला सबसे प्रभावी ऊर्जा केंद्र परिवार का माहौल बदलने, सजग और सक्रिय बनाने और परिवार में निहित अंधविश्वास के उन्मूलन का प्रभावी मार्ग है।

अंधविश्वास उन्मूलन : एक कठिन चुनौती

'सामना' के वर्धापन दिन विशेषांक में अंधविश्वास उन्मूलन आंदोलन के संबंध में विस्तार से लिखने के लिए कार्यकारी संपादक संजय राउत का पत्र मिला तो कुछ आश्चर्य का, आनंद का झटका लगा। प्रबोधनकार ठाकरे की विरासत को प्रकाश में लाने का यह अवसर है, इसका भी एहसास हुआ। इस विशेषांक में जनआंदोलन का एक भाग है। उसमें संयुक्त महाराष्ट्र का आंदोलन, किसानों, आदिवासियों, दलितों का आंदोलन, इसी के साथ अंधविश्वास उन्मूलन आंदोलन का समावेश हुआ और जनजीवन पर उसका गहरा असर हुआ है, ऐसा उल्लेख है। इसका अभिमान भी महसूस हुआ। आंदोलन का इतिहास, वर्तमान, भविष्य, बल स्थान, मर्म, महाराष्ट्र के जीवन पर हुआ असर, कार्य का मूल्यमापन, इस संबंध में लिखें, यह व्यक्त की गई अपेक्षा भी एक अवसर जैसी लगी। खैर।

अंधविश्वास उन्मूलन आंदोलन और अन्य आंदोलनों में एक महत्त्वपूर्ण अंतर है। बाकी के सभी आंदोलन समाज की किसी एक इकाई से संबंधित हैं। किसान, आदिवासी, दलित ये समाज जीवन के बड़े जनसमूह हैं। उससे समाज के एक वर्ग की आंदोलन की शक्ति के अनुसार प्रकिया होती है। प्रस्थापित व्यवस्था में इस प्रकिया से तीव्र रूप से सामने आई माँगों को समा लिया जाता है। आंदोलन की ताकत, प्रस्थापितों की संवेदनशीलता और वास्तव के ताने-बाने से यह घटित होता है। अंधविश्वास उन्मूलन आंदोलन इससे अलग है। यह एक ऐसा आंदोलन है जिसका भौतिक आधार उपरोक्त आंदोलन की तुलना में काफी कम है। राजनीतिक सत्ताधीशों को धक्का देने की ताकत अंधविश्वास उन्मूलन आंदोलन में नहीं है लेकिन फिर भी वह सही मायने में जनआंदोलन है। क्योंकि यह विषय बालक, युवा, प्रौढ़, स्त्री, पुरुष, अमीर या गरीब हर एक के मन में उपस्थित हुआ होता है। उस व्यक्ति के मन में और उसके आस-पास के लोगों में अंधविश्वास की चर्चा बड़ी उत्सुकता से होती है। अर्थात चर्चा में व्यक्त विचार स्पष्टत: उस व्यक्ति के, छोटे-बड़े गुटों के होते हैं; लेकिन निश्चय ही इस चर्चा में महाराष्ट्र अंधविश्वास उन्मूलन समिति द्वारा प्रकाशित विचारों के हस्तक्षेप का संदर्भ होता है। इससे अंधविश्वास उन्मूलन

आंदोलन प्रत्येक व्यक्ति के मन की श्रद्धा या अंधविश्वास संबंधी चर्चा का एक संदर्भ बिंदु बनता है। दूसरे, स्वयं की श्रद्धा या अंधविश्वास यदि उस व्यक्ति की दृष्टि से सामान्य प्रासंगिक बात नहीं होती तो उसकी जीवन धारणा का महत्त्वपूर्ण हिस्सा होता है। इस श्रृंखला पर गौर करें तो समझ सकते हैं कि अंधविश्वास उन्मूलन समिति के प्रबोधन को आंदोलन का स्वरूप इसलिए प्राप्त हुआ कि समिति ने उसके जरिये प्रत्येक व्यक्ति के संवेदनशील विचारविश्व से संवाद बनाने में दो दशकों की अखंड और सफल यात्रा की है। इसलिए सभी के दिलों में, घरों में और समाज की सभी इकाइयों में फैले जन आंदोलन का स्वरूप समिति को प्राप्त हुआ दिखाई देता है।

अब हम अंधविश्वास उन्मूलन आंदोलन के प्राथमिक पड़ाव पर विचार करेंगे। यह स्तर गुरुडम, भूत, भानमती, नसीब, ज्योतिष, चमत्कार, टोना-टोटका, शरीर में देवी का संचार, तंत्र-मंत्र आदि के संबंध में है। दरअसल ये सभी अंधविश्वास आदि मानव समूह में होने वाली यातु अर्थात जादू पर निर्भर श्रद्धाओं का स्वरूप है। संत और समाजसुधारकों ने इस पर कठोर आघात किए हैं। विज्ञान का प्रकाश, शिक्षा का प्रसार और इक्कीसवीं सदी की आधुनिकता के स्पर्श से ये अंधविश्वास कब के टूट जाने चाहिए थे लेकिन ऐसा नहीं हुआ। अनपढ़ समाज में ही नहीं लेकिन शिक्षित समाज में भी यह नहीं हो पाया है। सबसे खेदजनक बात यह है कि यह सारे अंधविश्वास ही हैं, इनके संबंध में शिक्षा द्वारा छात्रों का सीधा और ठोस प्रबोधन नहीं होता। ऐसी मानसिकता में इसके विरोध में समिति हरदम चुनौती स्वीकार कर दृढ़ निश्चय और कल्पकता के साथ खड़ी रही। उसका स्वागत न होता तो आश्चर्य होता।

समिति ने अपने प्रदर्शन में सदैव नवीनता और परिणामकारकता लाने के लिए यथोचित प्रभावात्मकता लाने का प्रयास किया है। इसके साथ ही केवल दिखावा न आने पाए इस पर भी विचार किया है। वैज्ञानिक नियमों को पार करने वाले अद्‌भुत शक्ति के चमत्कार नहीं होते, यह समिति की ठोस राय है। इस प्रकार का कोई भी चमत्कार दिखानेवाले व्यक्ति को समिति द्वारा ग्यारह लाख रुपये का पारितोषिक देने की चुनौती दी है। यह राशि जनता से चंदे के रूप में जमा कर केवल इसी कार्य के लिए बचत के रूप में हमेशा के लिए रखी है। इसी के साथ समिति ने महाराष्ट्र में दो बार चमत्कार सत्यशोधन जुलूस निकाले हैं। उसके लिए प्रकाशयान तैयार किया गया। उस पर घोषवाक्य था, 'चमत्कार दिखाओ, जुलूस रोको, इक्कीस लाख पाओ।' स्वयं की दैवी शक्ति का कवच लेकर कोई भी जुलूस की चुनौती स्वीकार कर चमत्कार दिखाने की हिम्मत नहीं कर सका। आज भी समिति की यह चुनौती कायम है। कोकण क्षेत्र में समिति ने 'खोज भूत का, बोध मन का' यह जुलूस निकाला। इससे जनमानस में परंपरागत रूप से पैठी भूत संकल्पना को बड़ा झटका लगा। इसी के साथ भूत दिखाने की अथवा उस भूत के द्वारा समिति के किसी भी

कार्यकर्ता को बाधित करा देने की चुनौती दी। लेकिन जुलूस का मुख्य आधार था, 'मन' किसे कहते हैं, वह बीमार कैसे होता है, इस घटना को हम गलती से देवी का संचार अथवा भूत बाधा कैसे मान लेते हैं।

मराठवाड़ा क्षेत्र में भानमती प्रकार आज भी संस्कृति से संबंधित मानसिक बीमारी के रूप में पाया जाता है। किसी महिला में देवी का संचार होता है, वह अभुआने लगती है, चिल्लाती है, कुत्ते की तरह भौंकती है, गाँव में इसका संक्रमण होने से कई महिलाएँ अभुआने लगती हैं। उनकी यह दुर्दशा किसने की, इसको लेकर अभुआते हुए किसी व्यक्ति का नाम लिया जाता है। गाँव में झगड़े होते हैं। असली मुद्दा किनारे हो जाता है। पिछले 12 वर्षों से समिति इस भानमती प्रकार के विरोध में लड़ रही है। समिति ने भानमती उन्मूलन की ठेठ मुहिम गाँव-देहात तक पहुँचाई है। बाधित महिलाओं के इलाज भी किए। आज भले ही ये मामले बंद न हुए हों लेकिन कम हुए हैं।

आंदोलन का दूसरा उद्देश्य वैज्ञानिक दृष्टिकोण का प्रचार, प्रसार करना है। इस संबंध में समिति का एक बड़ा फायदा यह है कि भारत के संविधान में नागरिकों के कर्तव्यों का समावेश किया गया है। उनमें से एक महत्त्वपूर्ण कर्तव्य है, 'वैज्ञानिक दृष्टिकोण, अनुसंधानात्मक बुद्धि और मानवतावाद का विचार, प्रसार और उसे स्वीकृत करना।' शिक्षा के मूलभूत तत्त्वों में भी वैज्ञानिक मानसिकता तैयार करना महत्त्वपूर्ण माना गया है। शालेय मूल्य शिक्षा में भी वैज्ञानिक दृष्टिकोण अंतर्भूत है। वैज्ञानिक दृष्टिकोण देने वाले कई उपक्रम महाराष्ट्र में कई संगठन चलाते हैं। ये उपक्रम अधिकतर प्रयोगशालाओं के प्रयोग या सौरशक्ति का उपयोग करनेवाली घटनाओं से संबंधित होते हैं। इसका महत्त्व समिति निश्चित रूप से मानती है। लेकिन समिति को लगता है कि अंधविश्वास उन्मूलन के लिए इसका उपयोग सीमित है। समिति ने इसके लिए कुछ उपक्रम शुरू किए हैं और उन्हें मिले व्यापक समर्थन के कारण उनका जनआंदोलन में रूपांतरण हुआ है। 'वैज्ञानिक एहसास उपक्रम' नाम से मिडल एवं प्राथमिक शिक्षकों के लिए एक पाठ्यक्रम बनाया गया। उसके आधार पर शिक्षकों के शिविर आयोजित किए गए। इससे प्रशिक्षित शिक्षक अंधविश्वास उन्मूलन की यह समग्र रचना अब आसान भाषा में छात्रों को समझा देते। उनमें से जो छात्र इच्छुक हैं उनकी समिति द्वारा परीक्षा भी आयोजित की जाती है। पिछले बारह वर्षों में ऐसे चौदह-पंद्रह हजार अध्यापक प्रशिक्षित हुए और परीक्षा में बैठने वाले छात्रों की संख्या साढ़े चार-पाँच लाख हो गई। इन अध्यापकों ने धीमी गति से लेकिन निरंतर, अंधविश्वास उन्मूलन और वैज्ञानिक दृष्टिकोण रूपायित करने का जो प्रयास किया उससे समिति को जन आंदोलन बनाने में बड़ी सहायता हुई है।

अंधविश्वास उन्मूलन का कार्य जनसामान्य में जनआंदोलन के रूप में दर्ज हुआ। इसका मुख्य कारण यह है कि अंधविश्वास उन्मूलन समिति ने कुछ ऐसे

उपक्रम किए कि जिसमें गलत रूढ़ि, परंपरा, कर्मकांडों का विरोध करते समय धर्म की सीधी चिकित्सा होती है। दरअसल, समिति ने इस संबंध में ऐसे एक भी शब्द का उच्चारण नहीं किया जो महाराष्ट्र के संत अथवा समाजसुधारकों ने उच्चरित नहीं किया हो। लेकिन फिर भी यह बात समझ में आई कि हरदम संत और समाजसुधारकों का नाम जपनेवाले केवल उनके आकार की ही पूजा करते हैं। उनके विचारों को भूल जाते हैं और उस पर आचरण करने से मना नहीं करते, लेकिन आचरण करनेवालों का विरोध जरूर करते हैं। मेले में भगवान के नाम से मन्नत पूरी करने के लिए बकरे की गर्दन पर छुरा चलानेवाले कसाई के आगे गाडगे बाबा ने अपनी ही गर्दन आगे की थी। पूरी सृष्टि में अगर ईश्वर हैं तो ईश्वर के नाम पर एक जीव समाप्त करना कितना उचित है? बकरे की बलि देने की यह प्रथा धर्म का रसीला तत्त्व है या शुष्क घास? ऐसा प्रश्न पूछकर 150 से अधिक विविध मेलों में ईश्वर के नाम पर पशुहत्या रोकने का सफल प्रयास किया गया। लेकिन इसे भी खुद को धर्मरक्षक माननेवालों ने पहले मुसलमानों के बकरीद की कुर्बानी रोकिए, उसके बाद हिंदू धर्म के अंधविश्वासों का उन्मूलन कीजिए, यह सुनाया। शनि शिंगणापुर के भगवान के चबूतरे पर आज भी महिलाओं को कदम रखने की मनाही है। इसके विरोध में आंदोलन करते समय समिति ने शारीरिक हमलों के साथ सभी हमलों को बर्दाश्त किया। भारतीय संविधान ने सभी परंपराओं को सभी जगहों पर जाति, धर्म, लिंग निरपेक्ष प्रवेश की अनुमति दी है। फिर भी इक्कीसवीं सदी में विषमता का समर्थन क्यों?

एक प्रश्न समिति से हर बार पूछा गया कि क्या समिति केवल हिंदुओं के ही अंधविश्वासों का उन्मूलन चाहती है? समिति के बढ़ते प्रभाव से यह प्रश्न अब सीधे तौर पर नहीं पूछा जाता, लेकिन लोकमानस के आंदोलन को अनुकूल करने में ऐसे प्रश्नों की उलझन हर स्तर पर कठिन साबित हुई है। इस देश में आज भी 82 प्रतिशत हिंदू हैं। उनके घरों में अंधविश्वास उन्मूलन के रूप में ज्ञान का दीपक जलाएँ तो समाज के एक बड़े वर्ग में वैज्ञानिक दृष्टिकोण का प्रकाश होगा। उसके बाद ही बचे हुए अंधविश्वासों को अपने कदम पीछे खींचने होंगे। इतनी आसान बात इस मंडली को कैसे समझ में नहीं आती? दरअसल, अंधविश्वास श्रद्धा क्षेत्र का काला बाजार है। काला बाजार करने वालों की जाति, धर्म को नहीं देखा जाता और उसे देखा भी नहीं जाना चाहिए। समिति ने भी उसे नहीं देखा। समिति के कार्य का अवलोकन करें तो वह सभी जाति धर्मों के अंधविश्वास के विरोध में लड़ती हुई दिखाई देती है। अर्थात देश में अगर बहुसंख्यक हिंदू हैं तो समिति के पास आनेवाले बहुसंख्यक अंधविश्वास उन्मूलन के मामले भी हिंदुओं के ही होंगे। लेकिन उससे भी अधिक महत्त्वपूर्ण बात है, चार्वाक, बुद्ध से लेकर एक मजबूत अंधविश्वास उन्मूलन की परंपरा अस्तित्व में है। वह सीधे गाडगे बाबा, प्रबोधनकार ठाकरे और

हिंदू हृदयसम्राट स्वातंत्र्यवीर सावरकर तक है। इस विरासत को समझें तो समिति पर किए गए आक्षेप पर अलग से उत्तर देने की आवश्यकता नहीं है।

प्रबोधनकार ठाकरे ने 1 दिसंबर 1921 के 'प्रबोधन' मासिक के अंक में 'हम असल में कौन हैं?' इस प्रश्न का उत्तर दिया था, "पुराने चिथड़ों की गाथा, मनुस्मृति के मुख में गाथा, कर्मठता की करताल हाथों में, शरीर पर है अंधविश्वास की भभूत, इस समय को धक्का देकर आगे बढ़नेवाली।" यह विरासत शिवसैनिक क्यों भूलते हैं? सावरकर ने कहा है, "हमारे हिंदू राष्ट्र में आज के वैज्ञानिक युग में कालबाह्य होनेवाली बावली कुप्रथाएँ, व्रत, त्याग दो, यह बार-बार बताना जैसे हमारा कर्तव्य है। उसी प्रकार मुसलमान समाज को भी हमारा यही संदेश है कि उपद्रवी आचरण और क्रूर धर्म का पागलपन जितनी जल्दी हो सके उतनी जल्दी छोड़ दो। यह हिंदुओं पर उपकार के लिए नहीं, उसमें आपका ही हित है। संस्कृति संरक्षण यानी दुष्कृति रक्षण नहीं है। हमें जो प्राप्त करना है वह धर्मभेद की धार वैज्ञानिक बल के आगे ही ढीली पड़ती है। अत: मुसलमानों की तरह पोथीनिष्ठ होना, यह जैसे को तैसा होने की रीत न होकर यूरोपियनों की तरह विज्ञाननिष्ठ, उपयोगितानिष्ठ होना ही उसका उत्तर है।" स्वातंत्र्यवीर सावरकर के अपमान पर आगबबूला होनेवाली भाजपा द्वारा अंधविश्वास उन्मूलन कानून का किया गया विरोध स्वातंत्र्यवीर का अपमान नहीं है? शिवसेना ने अपने निषेध प्रस्ताव में कहा है कि यह कानून हिंदुओं की उन्नति रोकने के लिए किया जा रहा है। यह उन्नति है या अवनति?

इतना सब कुछ होने के बावजूद, आज की स्थिति निश्चित रूप से अच्छी नहीं है। अपितु आज भी हमारी यात्रा विपरीत दिशा में हो रही है। सभी उत्सवों को सार्वजनिक रूप में उन्माद में लाया जा रहा है। काला पैसा और दो नंबर के धंधे करनेवालों की ताकत के एक हुए बगैर यह वैभवसंपन्न धर्म आचरण वहन करना कठिन है। समाज के ज्वलंत प्रश्न और गिरती हुई नैतिकता से लेना-देना न रखनेवाले बाबा, बापू, स्वामी, महाराजों के सत्संग लाखों की भीड़ खींच रहे हैं। भजन, पूजन, कीर्तन संस्कृति के अच्छे दिन आ गए हैं। लेकिन उससे सदाचरण बढ़ने का अनुभव कहीं भी नहीं हो रहा है। पिछले पाँच-दस सालों में महाराष्ट्र के शहरों और गाँवों में किसके लिए पैसा जमा किया गया, इसकी समिति ने पड़ताल की है। इससे यह समझ में आया है कि प्रतियोगिता की तरह होनेवाले हरिनाम सप्ताह, पारायण, मंदिरों का जीर्णोद्धार, जाति निहाय मंदिरों के निर्माण कार्यों के लिए प्रमुखता से धनराशि जमा की गई है। महाराष्ट्र में बहुजनों की शिक्षा गंभीर रूप से संकट में है। शिक्षा मंदिरों के दरवाजे उनके लिए हमेशा के लिए बंद हो रहे हैं। ईश्वर, धर्म, मंदिर खड़े करनेवालों को इससे कोई लेना-देना नहीं है। संतों की भक्ति और सीख धर्म के नैतिक उन्नत रूप की शिक्षा देनेवाली है। मनुष्य अपना कर्म करे, कर्तव्य बुद्धि से ईश्वर को अर्पण करे, ईश्वर विषयक आस्था से अंत:करण की शुद्धि करे,

अर्थहीन कर्मकांड में जकड़कर न रहे, मानवता और करुणा से वर्तन करे, यह संतों ने न केवल बताया बल्कि उसका आचरण भी किया। महाराष्ट्र में न्यायमूर्ति रानडे, महात्मा फुले, विट्ठल रामजी शिंदे, डॉ. बाबासाहब आंबेडकर, गाडगे बाबा ये अव्वल दर्जे के धर्म प्रबोधनकार हुए हैं। उन्होंने ईश्वर केंद्रित धर्म को मानव केंद्रित बनाया। इसके लिए अंधविश्वास के विलय हेतु अनुकूल पृष्ठभूमि तैयार हुई। लेकिन यह कृतिशील गहरा मौलिक चिंतन भी मराठी मन को व्याप्त नहीं कर सका है।

इसका अर्थ यही है कि चुनौती कठिन है इसलिए दोहरे उत्साह और उम्मीद से काम करना होगा। सबसे पहली जिम्मेवारी शिक्षा क्षेत्र पर आती है। वैज्ञानिक दृष्टिकोण शिक्षा क्षेत्र का तत्त्व है लेकिन उसका उपयोग कर अंधविश्वास की पड़ताल करने की बात बिलकुल दिखाई नहीं देती। चिकित्सा वृत्ति हो तो निर्भयता नहीं होती है। 'चिकित्सा करोगे तो याद रखना', जैसी धमकी देनेवाले और उसे जामा पहनानेवाले स्वयंघोषित श्रद्धा रक्षकों की फौज तैयार होने से विवेक के तौर पर अंधविश्वास जाँचने का संकट मोल लेने को कोई तैयार नहीं होता। जनमानस को प्रभावित करनेवाली दूसरी शक्ति जनसंचार माध्यम की है। वे धनशक्ति से मिलीभगत कर जिसकी माँग अधिक है उसी की जयकार करने में धन्यता मानते हैं। इसलिए विवेक के पक्ष में खड़ा रहने की बजाय चटपटे समाचार देना महत्त्वपूर्ण बनता है। राजनीतिज्ञ तो आज के जमाने में खुलेआम धंधा करने बैठे हैं। जिधर भीड़ ज्यादा उनकी जय बोलने में धन्यता मानते हैं। इसलिए अनुयायियों के होनेवाले इस नेतृत्व की शक्ति चुनाव के हितसंबंधों में निहित होने से पंगु बन गई है। संक्षेप में, शिक्षा क्षेत्र, जनसंचार माध्यम, राजनीतिक नेतृत्व इस समाज की तीन प्रभावी शक्तियों में मूलभूत बदलाव लाने की इच्छाशक्ति प्रकट किए बगैर या प्रबोधित जनता के दबाव से प्रकट हुए बगैर आंदोलन के अगले पड़ाव पर पहुँचना कठिन और त्रासद होगा।

प्रगतिवादियों का विरोध धर्म को नहीं धर्मवाद को है

प्रगतिवादी का अर्थ है समाज को आगे ले जाने का प्रयास करने वाला। समाज व्यवस्था 'जैसे थे' रहने में जिनका हित है, वे इन विचारों का विरोध तो करेंगे ही। इन विरोधकों का फैलाया हुआ सबसे बड़ा भ्रम यानी प्रगतिवादी मंडली धर्म को नकारने वाली है, ठुकराने वाली है, डुबो देनेवाली है। हर व्यक्ति के मन में बचपन से ही धर्म के गहरे संस्कार होते हैं। वे संस्कार उसके मन पर धर्मविरोधी प्रतिमा बनाने वाले प्रगतिवादियों को उससे सहज दूर ले जाते हैं। यह प्रगतिवादियों की शक्ति का जनाधार कम करने के लिए रचा गया षड्यंत्र है। इसके संबंध में प्रगतिवादी शक्ति के प्रतीक बने एस. एम. जोशी के जन्मशती पर सत्य जानना उचित होगा।

धर्म के प्रभाव से व्यक्ति नैतिकता का व्यवहार करता है या पाखंड से दोगला व्यवहार करता है, यह विवादास्पद मुद्दा है। लेकिन बहुसंख्यक व्यक्तियों को धर्म से घटित घटनाओं की आवश्यकता होती है। भारतीय संविधान में इस वास्तव की दखल सजगता से ली गई है। प्रगतिवादी शक्तियों और संविधान की धर्म विषयक भूमिका एक ही है। वह संक्षेप में इस प्रकार है—संविधान के कलम 25 के अनुसार प्रत्येक भारतीय नागरिक को धर्मपालन, उपासना, अलौकिक कल्याण और आध्यात्मिक उन्नति की स्वतंत्रता है। इस स्वतंत्रता में धर्म को छोड़ना, दूसरा धर्म स्वीकारना, नया धर्म स्थापित करने का भी समावेश है। लेकिन धार्मिक आचरण से संबंधित सभी आर्थिक, राजनीतिक या अन्य लौकिक व्यवहारों का नियमन करने का अधिकार राज्य को है। इतना ही नहीं तो उपासना स्वातंत्र्य भी निरपवाद नहीं है। सार्वजनिक स्वास्थ्य, कानून-सुव्यवस्था, सार्वजनिक नैतिकता और राष्ट्रीय एकात्मता हेतु उसे सीमित करने का अधिकार भी सरकार को है। इसलिए पांडुरंग पर कितना भी विश्वास क्यों न हो फिर भी पंढरपुर की यात्रा को जाते समय सार्वजनिक स्वास्थ्य को ध्यान में रखकर कॉलरा का टीका लगवाना पड़ता है। धार्मिक जलसे का मार्ग कानून सुव्यवस्था के कारण बदला जा सकता है। राष्ट्रीय एकात्मता के लिए खालिस्तानियों का खात्मा करने के लिए भारतीय सेना सर्वोच्च पवित्र सुवर्ण मंदिर में जा सकती है। इसके बावजूद ईश्वर और धर्म के प्रभाव से हम नीतिपरक व्यवहार करते हैं

यह कइयों का दावा होता है। नीति से आचरण करना इतनी महत्त्वपूर्ण बात है कि किसी भी प्रभाव से उसका आचरण करना प्रगतिवादियों को आदर ही लगता है।

धर्म जब धर्म 'वाद', इज्म अथवा प्रणाली का रूप लेता है उस समय उसका विरोध करना जरूरी होता है। किसी भी 'वाद' का उद्देश्य जीवन का समग्र तत्त्वज्ञान बताना एवं उसका नियंत्रण करना होता है। धर्म में तो इस वर्चस्ववाद की लंबी परंपरा रही है। इस धर्मवाद से समाज को नियंत्रित करने से गंभीर खतरा निर्माण होने की संभावनाएँ हैं। भारत में हिंदू धर्म के नाम पर धर्मवाद आने की संभावना सर्वाधिक है। हिंदू धर्म का सच्चा स्वरूप आज भी 'जाति' ही है। हिंदू धर्मवाद के रूप से सदियों पूर्व का उच्च जातियों का ही प्रभुत्व फिर से लाद दिए जाने का भय साधार है। दूसरी बात यह है कि धर्म के कई पारंपरिक मूल्यों की विश्वसनीयता और उपयुक्तता कब की खत्म हो चुकी है। लेकिन उन मूल्यों के धर्म की दीर्घकालीन मान्यता के कारण प्रमाणित मूल्यों का दर्जा और पवित्रता प्राप्त होती है। उसे बदलने की माँग को धर्म पर किया गया हमला माना जाता है। इससे स्वाभाविक रूप से समाज की उन्नति बाधित होती है। सदियों से धर्म के नाम पर स्त्री और दलितों को ज्ञान और संपत्ति के आधिकारों से दूर रखा गया है। इस राष्ट्र ने इसके दुष्परिणाम सहे हैं। भारतीय संविधान ने वैज्ञानिक दृष्टिकोण रखना नागरिकों का कर्तव्य माना है। वैज्ञानिक दृष्टिकोण यानी विवेक से कार्यकारण भाव की जाँच करना। हर धर्म का यह दावा होता है कि उसने अंतिम सत्य को खोजा है। इससे धर्मवादी राष्ट्र में वैज्ञानिक दृष्टिकोण अर्थात विकास ही बाधित होने का साधार भय प्रगतिवादियों को होता है। स्वयं को हिंदुत्ववादी कहलाने वाला पक्ष पिछले छः वर्षों से केंद्र में सत्तासीन था। उसका अनुभव भी वही है। सबसे महत्त्वपूर्ण बात यह है कि भारतीय संविधान एक व्यक्ति, एक वोट, एक मूल्य का समर्थन करता है। आज जो खुद को अभिमान से धर्मवादी पक्ष कहलवाते हैं, वे हिंदू वोट बैंक की तैयारी करते हैं। मैं जो वोट देता हूँ, उससे समाज कैसे संचालित हो इस संदर्भ में मेरा मूल्यात्मक मत प्रदर्शन होता है। जन्म से अमुक धर्म का होने से अपने धर्मियों को ही वोट दें, यह धर्मवादी आग्रह जनतंत्र का ही गला घोंट देता है।

धर्म के नाम पर नीति का प्रचार-प्रसार करनेवालों का सम्मान करनेवाले प्रगतिवादी धर्मवाद के निर्माण से संविधान का गला घोंटनेवाली कार्रवाइयों का इसीलिए विरोध करते हैं। लेकिन इसके लिए न्यायमूर्ति रानडे, विट्ठल रामजी शिंदे, महात्मा फुले, डॉ. बाबासाहब आंबेडकर इनके भावनात्मक अनुग्रह की धार्मिक विधायकता का उपयोग करना अधिक परिणामकारक हो सकता है क्या? इस पर प्रगतिवादी शक्तियाँ विचार करें ऐसा सूचित करना चाहता हूँ।

मेरी धर्मनिरपेक्षता

मैंने 30-35 वर्ष हो गए ईश्वर को मानना छोड़ दिया। भगवान ही नहीं, कोई धार्मिक कर्मकांड भी नहीं। मेरे पिता बड़े धार्मिक थे। दत्त के भक्त थे। दत्त की पूजा, गुरु चरित्र का पारायण, गाणगापुर को जाना यह उनके जीवनक्रम का महत्त्वपूर्ण हिस्सा था। आस-पास का पूरा माहौल श्रद्धा से युक्त था। इसी के साथ एक और महत्त्वपूर्ण बात कि मैं खिलाड़ी था। कई साल मैं अपनी टीम का कप्तान था। टीम को जीत दिलाने की जिम्मेदारी मेरी ही होती थी। उसके लिए जो पूजापाठ, कर्मकांड करना होता, उसमें कुछ गलत है; ऐसा मुझे नहीं लगता था। मुझमें कैसे परिवर्तन आया, यह मैं निश्चित तौर पर बता नहीं सकता। लेकिन मेरे व्यक्तिगत जीवन से भगवान और धर्म निष्कासित हो गया। मैंने विवाह रजिस्टर पद्धति से ही किया। घर बनाते समय या पूरा होने पर धार्मिक विधियाँ नहीं अपनाईं। सत्यनारायण को कभी प्रणाम नहीं किया। कई बार मैच के उद्घाटन के समय नारियल तोड़ने की नौबत आई तो मैंने मना किया। स्कूल-कॉलेजों के कार्यक्रमों में सरस्वती पूजन को नकार दिया। गणेश उत्सव में भाषण दिए। लेकिन गणेश की मूर्ति को कभी प्रणाम नहीं किया। मुझे कभी किसी कारण से ईश्वर के आगे नतमस्तक होने की आवश्यकता महसूस नहीं हुई। एक बार भूमिका लेने के बाद मैंने पिछले 30-35 वर्षों में किसी भी धर्म का पालन नहीं किया।

प्रचलित अर्थ में मेरी गिनती पक्के नास्तिक में होने के लिए इतनी पार्श्वभूमि पर्याप्त है। लेकिन अपने ये विचार मुझे कोई अपूर्व नहीं लगते हैं। अपितु ख्यातलब्ध अभिनेता श्रीराम लागू से महाराष्ट्र में कई जगहों पर मेरे जो वादविवाद हुए, उन सभी जगहों पर मैंने समिति की भूमिका रखी है। वह इस प्रकार है, कि हम भगवान और धर्म के संबंध में तटस्थ हैं। इसका डॉ. लागू ने सशक्त विरोध किया था। उनका मत था कि ईश्वर की कल्पना ही सभी अंधविश्वासों की जड़ है और इस जड़ पर घाव किए बगैर अंधविश्वास की डालियाँ काटने का कोई अर्थ नहीं है। दलित समाज के जो लोग बौद्ध हुए हैं, उनका भी मत लगभग यही होता है। अभी

कुछ समय पहले महाराष्ट्र अंधविश्वास निर्मूलन समिति ने एक राज्यस्तरीय परिषद लेकर धर्मनिरपेक्षता का शैक्षिक घोषणा-पत्र जाहिर किया है। उसमें इस भूमिका के आगे एक कदम बढ़ाकर विधायक धार्मिकता का आदर और धर्म का विवेकीकरण ऐसी भूमिका ली गई है। अर्थात यह भूमिका पारंपरिक धर्मनिरपेक्षता के विचारों से भिन्न है और धर्मचिकित्सा के क्षेत्र में कृतिशील महाराष्ट्र अंधश्रद्धा निर्मूलन समिति वह भूमिका ले, इसका भी महत्त्व है। इसकी प्रस्तुति सूत्रबद्ध पद्धति से करने का प्रयत्न आगे किया है।

अंधश्रद्धा निर्मूलन समिति ईश्वर और धर्म के संबंध में तटस्थ है। इसका अर्थ यह है कि समिति के मंच पर किसी भी ईश्वर या धर्म को लेकर किसी भी प्रकार का कर्मकांड नहीं होगा। इसी के साथ समिति एक संगठन के रूप में किसी भी धार्मिक कार्य में शिरकत नहीं करेगी। अर्थात व्यक्तिगत स्तर पर कार्यकर्ता को धर्म का पालन करना हो तो वह उसका व्यक्तिगत प्रश्न है। उसमें भी यह अपेक्षा है कि खुले रूप से शोषण करनेवाले धर्म की रूढ़ियों से या अवैज्ञानिक कर्मकांड और परंपराओं से कार्यकर्ता दूर रहें।

समिति की यह भूमिका भारतीय संविधान के धर्म विषयक कलमों से पूर्णतः सुसंगत है। भारतीय संविधान का कलम 25 कहता है कि प्रत्येक व्यक्ति को उपासना, धर्म पालन, अलौकिक कल्याण एवं आध्यात्मिक उन्नति की स्वतंत्रता है लेकिन यह स्वतंत्रता अपवादरहित नहीं है। सार्वजनिक स्वास्थ्य, सार्वजनिक नैतिकता, कानून-सुव्यवस्था, राष्ट्रीय एकात्मता और नागरिकों के लोकतंत्र के अधिकारों के कार्यान्वयन में रुकावट हो तो, सरकार हस्तक्षेप कर सकती है और धर्म को नियंत्रित कर सकती है। इसके कई उदाहरण उपलब्ध हैं। लेकिन उनमें महत्त्वपूर्ण सूत्र यह है कि इसके द्वारा धर्म की पड़ताल करने का स्वातंत्र्य नागरिकों को बहाल किया गया है।

प्रत्यक्ष रूप में ऐसा हुआ कि प्रगतिशील आंदोलन के कई कार्यकर्ताओं के जीवन में ईश्वर और धर्म का प्रयोजन खत्म हुआ या कम हुआ। इससे इन सभी ने प्रगतिशील धर्म की ओर पीठ फेर दी। मार्क्सवादी संरचना में धर्म के उपाय ने भौतिक शोषण से मुक्ति न मिलने से नैतिक आधार के रूप में जन्म लिया है। लेकिन वह खुले रूप से अधूरा और आभासात्मक था और है। इसके लिए वर्गीय शोषण को प्राथमिकता का मुद्दा बनाकर मार्क्सवादियों ने धर्म से मुँह मोड़ लिया। इससे सनातनियों के हाथ में धर्म नाम की प्रभावी शक्ति आ गई। धर्म के पीछे लोगों की धार्मिकता होती है। इस धार्मिकता का मूल स्रोत मांगल्य की प्रेरणा में होता है। लेकिन इस भावना का व्यापारीकरण, बाजारीकरण, विद्वेषीकरण और राजनीति करने का नियोजनबद्ध प्रयास आज जिन्होंने राजनीतिक पक्ष निकाले हैं, वे कर रहे हैं। इनका मुकाबला कैसे किया जाए यह सबसे अहम प्रश्न है।

व्यापक प्रबोधन और जनता के प्रश्नों की राजनीति, ये दो मार्ग इस पर बताए जाते हैं। लेकिन ये मार्ग लोगों को धर्म से दूर करने कि लिए अपर्याप्त हैं। ऐसे समय धर्मनिरपेक्ष समाज निर्मिति को केवल सरकारी संस्था पर निर्भर रखने का कोई अर्थ नहीं है। सरकार ही कितने क्रूर रूप से धर्मांध हो सकती है, यह हमने गुजरात में हाल ही में देखा है।

इसका अर्थ यह है कि धर्म की जयकार हो रही है, उसकी ढंग से चिकित्सा हो। उसमें निहित शोषण और पुरोहितशाही को स्पष्टता से नकारा जाए। धर्म के कर्मकांड की और उसमें होनेवाली अवैज्ञानिकता की चिकित्सा करते हुए भी मानवी कृतज्ञ बुद्धि के आविष्कार के रूप में देखा जाए। लेकिन धर्म के आधार पर जो व्यवहार में नीति का विचार और आचरण करते हैं, या करना चाहते हैं उनसे संवाद करना होगा। व्यक्ति-व्यक्ति, व्यक्ति-समाज, व्यक्ति-राज्यसंस्था, राज्यसंस्था-समाज, इन सभी को उनके स्तरों की धर्मनिरपेक्षता का बहुआयामी भावात्मक रूप समझाना होगा। इसका अर्थ है, धर्मनिरपेक्ष आंदोलन की गर्भनाल संत परंपरा से और उसकी मूल्य धारणा से स्फूर्ति लिए महात्मा फुले, डॉ. बाबासाहब आंबेडकर और इनके धर्म चिंतन से जोड़ दी जाए। इसका सूत्र, धर्म यानी विवेक जागरण से अधिक कुछ भी नहीं यह समझाना है। सत्य की खोज करना धर्म का प्रयोजन है और अहिंसा उसका पथ्य है। इससे कोई भी धार्मिक, नैतिक अर्थ से अधिक अच्छा धार्मिक बनने की संभावना उत्पन्न होती है। यह संवाद शुरू करना होगा। एक ओर धर्म की पड़ताल और अन्याय की धार्मिक परंपरा को नकारना और दूसरी ओर धार्मिकता, नैतिकता की ओर मोड़ने का प्रयास करना, यही मूल उद्देश्य है। यह विरासत विट्ठल रामजी शिंदे, पंडिता रमाबाई, न्यायमूर्ति रानडे, डॉ. बाबासाहब आंबेडकर, महात्मा फुले की है। गांधी एवं मौलाना अबुल कलाम आजाद की विरासत भी यही है। धर्म के नाम पर ये शक्तियाँ सामाजिक एवं राजनीतिक न्याय के लिए हस्तक्षेप करती हैं। अस्पृश्यता उन्मूलन, मूर्तिपूजा का विरोध, धर्मचिकित्सा तथा स्त्री शिक्षा के लिए काम करती हैं।

इसके जरिये समाजसुधारक समाज विमुख धर्म को समाज क्रेंद्रित बनाते हैं। ईश्वर केंद्रित धर्म की मानव केंद्रित धर्म की यह यात्रा व्यक्ति को इहवादी बनाता है या परलोकवादी धर्म से दूर ले जाता है। यह भूमिका धर्म के विवेकीकरण की भूमिका है। इसलिए धर्म के अविवेकीकरण को लेकर सीधे प्राथमिक दिक्कतें कृतिशील रूप से खड़ी करें तो उसका धर्म रक्षा के नाम से कड़ा विरोध होता है। यह धर्म रक्षण नहीं बल्कि प्रत्यक्ष रूप में हितसंबंधों की रक्षा होती है। अन्यथा भगवान के चबूतरे पर महिला को जाना चाहिए या नहीं इस संबंध में समिति का सभी हिंदुत्ववादी संगठन कड़ा और हिंसक विरोध करें, यह इक्कीसवीं सदी में होने का कोई कारण ही नहीं था। जल प्रदूषण एक गंभीर राष्ट्रीय प्रश्न होने के बावजूद

बुद्धि के देवता माने गए गणेश का विसर्जन पानी में कर पानी में रासायनिक प्रदूषण बढ़ना भी जारी रहे इसके लिए धर्म के नाम पर कटु प्रतिकार करने का अर्थ है धर्म का विवेकीकरण रोकना।

अंतर्जातीय धार्मिक विवाह का होनेवाला तीव्र विरोध यही संकीर्णता दिखाता है और फुले की प्रस्तुति का महत्त्व रेखांकित करता है। धर्म जैसे बाह्य आचरण और विचारों पर नियंत्रण करता है वैसे ही व्यक्ति को षडरिपुओं को मात करने के लिए और अधिक अच्छा इन्सान बनने के लिए उपयोगी होता है, ऐसा बताया जाता है। स्वयं की क्षुद्रता को मात करना, वासना- विकारों पर नियंत्रण रखना, नैतिक ऊँचाई बढ़ाना, ये प्रश्न तो विवेकवादियों के भी सामने होते हैं। इसके लिए शोषण का वास्तव बदलने की आवश्यकता को स्वीकार कर उससे भी अधिक कुछ करना चाहिए। विवेकवादी अपनी हैसियत के अनुसार और अपनी पद्धति से वे करते हैं। विधायक धार्मिकता की दृष्टि से इस संदर्भ में नास्तिक व्यक्ति और नैतिक उन्नति के लिए धर्म का आधार लेने वाले व्यक्ति इनमें सुसंवाद हों तो धर्मांधों की ताकत निश्चित तौर पर कम हो सकती है।

मूलत: धर्मनिरपेक्षता यानी केवल 'सर्वधर्मसमभाव' या राजनीति और धर्म का अलगाव या अल्पसंख्यकों की खुशामद और बहुसंख्यक हिंदुओं पर अन्याय ऐसा नहीं है। धर्मनिरपेक्षता यानी प्रत्येक व्यक्ति और धर्म, व्यक्ति और राज्यसंस्था, व्यक्ति और समुदाय, भिन्न धर्मीय समूहों का आपस में रिश्ता क्या होना चाहिए इसका विचार है। इससे स्वधर्म अधिक विवेकी होगा, दूसरे धर्मों का अकारण भय नष्ट होगा। धर्मनिरपेक्षता का कालोचित विचार इससे संबंधित एक नक्शा है। वह ठीक से समझाया जाए तो धर्मनिरपेक्षता की दिशा धर्म के उच्छेद की न होकर, धर्म के विवेक भवन निर्माण की दिशा है यह स्पष्ट होगा।

भारतीय संविधान में अंतर्भूत धर्मनिरपेक्षता बहुआयामी और आशय संपन्न है लेकिन वह इस पद्धति से जनसामान्य तक नहीं पहुँचाई जाती। उसी प्रकार केवल राज्यसंस्था द्वारा धर्मनिरपेक्षता ग्रहण करने से समाज भी अपने आप धर्मनिरपेक्षता स्वीकारता है, ऐसा नहीं है। अपनी धार्मिक सहिष्णुता, दूसरे धर्मों का आदर, ये बातें अपने व्यक्तिगत और सामाजिक जीवन में जब तक एक साथ प्रकट नहीं होती हैं, तब तक धर्मनिरपेक्षता हमारा आचरण धर्म नहीं हो सकता। उदाहरणार्थ, हम सार्वजनिक जीवन में शायद अंतर्जातीय विवाह के समर्थक होंगे लेकिन व्यक्तिगत जीवन में अपने परिवार में दूसरे धर्म को स्वीकार करने की स्वतंत्रता कितने लोगों को देते हैं। यही आपकी धार्मिक सहिष्णुता की और धर्मनिरपेक्षता की कसौटी होती है। लेकिन ऐसा शायद ही होता है क्योंकि धर्मनिरपेक्षता की ऐसी भावात्मक प्रस्तुति ही नहीं की जाती। परिणामस्वरूप धर्मनिरपेक्षता केवल राज्य और धर्म का इनमें

होनेवाला रिश्ता बतानेवाली व्यवस्था है ऐसा नीरस आशय ही उसका बताया जाता है। आज यह देखने की आवश्यकता है कि धर्मनिरपेक्षता का भावात्मक अर्थ रेखांकित करने पर वह एक सामाजिक पुरुषार्थ के रूप में किस प्रकार मान्यता प्राप्त करेगा।

सामाजिक समता का परिवर्तन करने वाली 'वारी'

'वारी'[1] की कुछ सदियों की परंपरा रही है। वारी के माध्यम से विराट जनसमुदाय पूरे महाराष्ट्र से पंढरपुर को पैदल निकल पड़ता है। उसमें हर साल बढ़ोतरी हो रही है। युवा और महिलाओं की संख्या विशेष रूप से बढ़ रही है। ऐसी सामाजिक शक्तियाँ विधायक कार्यों की ओर कैसे मुड़ पाएँगी, इसका चिंतन समाज को ही आगे लेकर जानेवाला होगा।

'लाखों लोगों के तीन सप्ताह तक कठिनाइयाँ झेलकर, बारिश में भीगकर, काम-काज छोड़कर इस तरह चलने से क्या साध्य होता है? यह प्रश्न उपस्थित करने वालों को परंपरा और आधुनिकता दोनों की सामर्थ्य समझ में नहीं आई है। कोई भी अपेक्षा न करते हुए, मनौती पूरी करने से कोई संबंध न होते हुए श्रद्धा के साथ लाखों का जनसमूह एक विशिष्ट प्रकार का वर्तन करता है। उस समय वह उनके जीवन जीने की पद्धति होती है, इसलिए उसे समझना होता है। आधुनिक पद्धति से विचार करने पर भी प्रत्येक व्यक्ति को अपने जीवन में कुछ बातें प्राथमिक स्तर की लगती हैं। किसी के लिए पर्वतारोहण, किसी और के लिए वन भ्रमण तो किसी को संगीत की महफिल अथवा चित्रकला का संग्रहालय देखने में ब्रह्मानंद प्राप्त होता है। उसके लिए हर व्यक्ति अपने पास होने वाला श्रम, समय और पैसे से आवश्यकता के अनुसार खर्च करता है। व्यक्ति को प्राप्त इस स्वतंत्रता का आदर ही करना होगा। बड़ी संख्या में जब जनसमूह बाहर निकलता है, उस समय कुछ प्रश्न निर्माण होते ही हैं। शारीरिक विधियों के कारण अस्वच्छता के कुछ प्रश्न निर्माण होते हैं लेकिन नई कल्पनाओं का उपयोग कर जनता, सरकार, उद्योग समूहों के द्वारा उनका हल करना सहज संभाव्य है। लेकिन असल मुद्दा इससे भिन्न ही है।

इस संप्रदाय की शुरुआत संत नामदेव ने की। वारकरी संप्रदाय में जाति, धर्म, शूद्र आदि भेद नहीं माने जाते। इस अर्थ से वारकरी संप्रदाय का आचरण

---

1. महाराष्ट्र में दक्षिण काशी माने जानेवाले पंढरपुर में आषाढ़ और चैत्र मास में पूरे महाराष्ट्र और कर्नाटक आदि राज्यों से बड़ी मात्रा में भक्त पैदल पंढरपुर जाते हैं। उनकी इस सामूहिक पैदल यात्रा को 'वारी' कहा जाता है। इसमें शामिल भक्त को 'वारकरी' कहा जाता है।

आध्यात्मिकता की दृष्टि से क्रान्तिकारी कदम है। 'आध्यात्म' शब्द की शाब्दिक चर्चा में मैं नहीं जाना चाहता। मेरे मतानुसार सच्ची आध्यात्मिकता ऐसा मानती है कि भौतिक सुख से परे भी जीवन का एक श्रेयस है और वह भौतिक सुख से कई गुना मौलिक है। जिस व्यक्ति के अंतरंग में यह एहसास होता है वह व्यक्ति संयमी, सदाचारी होता है। वह करुणा से मानवसम्मुख कृति करता है। उसके द्वारा उसके जीवन में शुचिता और पवित्रता आती है। इस राह से जाने वाली साधना का प्रारंभ वारी के राह पर चलने से होता है, ऐसा कई वारकरी भक्तों का मानना है। अच्छा खाना, निवास, आराम की सारी सुविधाएँ ये सब भौतिक सुख के साधन हैं। इनके विपरीत, वारी के समय वारकरी हर रोज 20-20 किलोमीटर पैदल चलता रहता है। यात्रा में मिलनेवाला भोजन, निवास, बारिश की मार, कीचड़ में चलना सब खुशी से स्वीकारता है। इसके पीछे की भावना को समझना होगा। अधिकतर वारकरी माला पहनते हैं। एक अर्थ में व्रतस्थ होते हैं। मांस भक्षण, धूम्रपान, शराब, दुर्वव्यवहार, अपने आप वर्ज्य होते हैं। जो बातें करनी हो उनमें नामस्मरण, पंढरी की वारी, भगवद्‌भक्ति, पुण्य कर्म, शुद्ध आचार इनका समावेश होता है। वारी संभवत: पैदल ही की जाती है। वारी के उत्सव का मूलभूत संदेश प्रेम, भक्ति, शांति की स्थापना और मानवता की समानता होता है।

पंढरपुर की वारी अंधविश्वास है तो लोग उसका विरोध क्यों नहीं करते और अगर वह श्रद्धा है तो प्रगतिवादी उसमें खुले दिल से शामिल क्यों नहीं होते, ऐसा प्रश्न पूछा जाता है। श्रद्धा किसे कहते हैं, यह एक बहुचर्चित प्रश्न है। उन्नीसवीं सदी के अव्वल प्रबोधनकार न्यायमूर्ति रानडे ने, 'उत्कट रूप में कृतिशील हुई विवेक बुद्धि' ऐसी श्रद्धा की समर्पक परिभाषा दी है। इस परिभाषा में होनेवाली उत्कटता और कृतिशीलता ये दोनों बातें वारकरियों में पूरी तरह पाई जाती हैं। उनके बिना, किसी के बगैर बुलाए खुद का पैसा खर्च कर इतना बड़ा जनसमूह इतनी शांति से आ ही नहीं पाता। इस परिभाषा में होनेवाला तीसरा शब्द बड़ा महत्त्वपूर्ण है। अगर मनुष्य का मूल्य विवेक उन्नत करता है तो वह श्रद्धा होती है और अगर अवनत करता है वह अंधश्रद्धा होती है।

वारकरी संप्रदाय से संबंधित मूल्य विवेक की दो बातें आज महाराष्ट्र के समाज जीवन में ज्वलंत हैं। वारकरी शराब मुक्ति के लिए आग्रही होते हैं। गले में वारकरी संप्रदाय का प्रतीक होनेवाली तुलसी की माला पहनी तो उसके प्रभाव में आनेवाला व्यक्ति तक नशा से मुक्त होता है, इतनी उस माला की धाक है। लेकिन आज महाराष्ट्र की इस संदर्भ में क्या स्थिति है? विकास के लिए अधिक से अधिक पैसा कर के रूप में इकट्ठा करने के मोह से राज्य सरकार मद्यवर्धक नीति अपना रही है। दूसरी ओर नशापान लोगों का जीवन खुशी से जीने का मार्ग और व्यक्तिगत स्वतंत्रता का अधिकार बन गया है। राज्य सरकार को मद्य बिक्री की लगान से प्राप्त

धन पिछले 10 वर्षों में 250 करोड़ से 2,600 करोड़ रुपये तक यानी दस गुना बढ़ा है। वारी सज्जन शक्ति के स्रोतों का आविष्कार हो सकती है। इस शक्ति से उस प्रकार की भूमिका लेने पर सरकार की थोड़ी-बहुत नींद खुल जाएगी और दूसरी ओर लोगों को जीवन खुशी से जीने के लिए मद्य सेवन की व्यर्थता और खतरा समझ में आएगा। इससे भी बड़ी चुनौती समता की है। वारकरी संप्रदाय की नींव ही क्रांतिकारी है। यह संप्रदाय समता की ओर ले जाने वाला है। उनके तत्त्वज्ञान की रचना जाति उन्मूलन की ओर ले जाने वाली है। जब वारकरी संप्रदाय की स्थापना हुई उस काल में समाज में जाति, उपजातियों का बोलबाला था। शरीर की ऊपरी वेशभूषा से लेकर जीवन के सभी व्यवहारों में दूसरों से भिन्न और श्रेष्ठ होने का दिखावा करने की जिद समाज में चल रही थी। ऐसे समय वारकरी संप्रदाय ने समता का विचार रखा और उसका आचरण किया। जिसके माथे पर तिलक हो, गले में तुलसी की माला हो जो मुरमुरे-बताशों का प्रसाद सभी के साथ खुशी से लेता है, वह जाति-धर्म से कौन है, इसकी शूद्र पड़ताल किए बगैर वारी की यात्रा शुरू हुई।

वैष्णव यह विश्व। वैष्णवों का धर्म॥
भेदाभेद भ्रम। अमंगल॥

यह वारकरी संप्रदाय की प्रतिज्ञा थी। आज भी वारी के सभी वारकरी एक-दूसरे को माऊली कहकर संबोधित करते हैं। जाति-धर्म का विचार न कर सामने वाले माऊली के पाँवों पर नतमस्तक होते हैं।

लेकिन चंद्रभागा के तट पर खड़ी यह समता संगर गाँवों की सीमाओं को पार कर जाति के गढ़ों को ध्वस्त करने लायक आज भी प्रभावी नहीं हो पाई है। सामाजिक समता के आंदोलन में ऐसी समझ आर्य समाज ने दिखाई है। आर्य समाज की प्रस्तुति के संबंध में वैचारिक भेद संभव है लेकिन जाति उन्मूलन के संबंध में आर्य समाज ने एक समय प्रबोधन और आंदोलन बड़ी तीव्रता से चलाया था। जिस समय सहभोजन जाति उन्मूलन का प्रभावी उपक्रम था, उस समय हजारों नहीं, विभिन्न जातियों के लाखों लोगों का सहभोजन आर्य समाज ने करवाया था। मराठवाड़ा के कुछ क्षेत्रों में आर्य समाज का अधिक प्रभाव था। उन क्षेत्रों में अनेक व्यक्तियों के माता-पिताओं के विवाह 50-60 वर्ष पहले अंतर्जातीय पद्धति से हुए थे, यह याद आता है। महाराष्ट्र में सामाजिक समता का प्रश्न प्रमुख प्रश्न है। एक जाति का व्यक्ति, दूसरी जाति के व्यक्ति से उच्च या नीच है, ऐसी जाति व्यवस्था की मानसिकता कहती है। यह एक विशुद्ध और जानलेवा अंधविश्वास है। आधुनिक विज्ञान यह बताता है कि विश्व के सभी मनुष्यों का जिनोम पैटर्न 99.97 एक ही है। लेकिन इस वैज्ञानिक सत्य को गाड़कर उच्च-नीचता की भावना कठोर रूप से शेष है। सावरकर के सहभोजन, एक गाँव एक पनघट आंदोलन, साने गुरुजी का

उपोषण, संविधान के प्रावधान, सरकार के प्रयत्न, इन सबसे जाति की मानसिकता को बदलने में यश प्राप्त नहीं हो पाया है। जाति यह व्यवस्था के साथ एक भौतिक रचना भी है और इस व्यवस्था से निर्माण विषमता पर भौतिक उपाय-योजनाओं की आवश्यकता भी है। लेकिन इसी के साथ जन्म के आधार पर उच्चता-नीचता की एक मानसिकता भी है। अन्यथा आज भी जाति आधारित बस्तियाँ दिखाई नहीं पड़तीं। भूचाल से उध्वस्त हुए गाँव फिर से बनाते समय जाति आधारित बस्तियों का आग्रह नहीं किया जाता। अंतर्जातीय विवाह का आज भी जिस मात्रा में और जिस प्रकार से विरोध होता है, वह इस संबंध में सामाजिक आंदोलन की असफलता और जाति व्यवस्था का जहर कितना जालिम है, इसका दर्शन कराता है। यह चुनौती विकट है, फिर भी उसे स्वीकारना जरूरी है। 'जहाँ जाएँ वहाँ मेरे भाई-बंधु हैं। सभी जगह मुझे मेरे घर के चिह्न दिखाई देते हैं' यह वारकरी संप्रदाय की मनोभूमिका है। पूरा विश्व मानव के कृत्रिम बंधन टूट जाने के या तोड़ने के स्वप्न देख रहा है। ऐसे समय सामाजिक समता से परिवर्तन की बात वारकरी संप्रदाय अगर दिल पर ले तो इक्कीसवीं सदी के महाराष्ट्र को वह बड़ा उपहार होगा।

विवेकवाद और आध्यात्मिक गुरुडम

विवेकवादी आंदोलन का मार्ग जटिल और चुनौतीभरा है। उसमें से एक चुनौती आध्यात्मिक गुरुडम की है। पारंपरिक गुरुडम से इसका रूप भिन्न है। भाषा आधुनिक है। अपवाद छोड़ें तो चमत्कारों को स्थान नहीं है के नैतिक उन्नति का आश्वासन है। आध्यात्मिक तत्त्वज्ञान का अधिष्ठान है। सेवाकार्य की जोड़ है। इसमें अनुचित क्या है? ऐसा प्राथामिक रूप में मत बने ऐसा माहौल है।

इस देश की मानसिकता में अध्यात्म शब्द का और उसके आधार पर किए जाने वाले क्रिया-कर्मों का अत्यधिक आकर्षण है। आध्यात्मिक तत्त्व के स्वरूप को लेकर मत भिन्नता होने के बावजूद लोगों में इसकी बड़े पैमाने पर स्वीकृति है। वह इस प्रकार है—आध्यात्मिक तत्त्व भौतिक तत्त्व से भिन्न चेतन तत्त्व है। वह अलग-अलग कारणों से अज्ञान का शिकार होता है, अशुद्ध बनता है, बंधनों में कैद होकर दुखी होता है। इस चेतन तत्त्व का आत्मज्ञान होने पर, उसका (यानी आत्मा का) परमात्मा से (यानी ईश्वर से) मिलन होने से अपार सुख की प्राप्त होती है। यह कल्पना आकर्षक है, इसमें कोई संदेह नहीं। वह वैज्ञानिक दृष्टि से सत्य है या नहीं इस विवाद में नहीं जाते। फिलहाल इतना ही विचार करते हैं कि ऐसा उन्नत आध्यात्मिक व्यक्ति आपकी समझ में कैसे आता है? इसका उत्तर सर्वस्वीकृत है। यह व्यक्ति संयमी, सदाचारी, अपरिग्रह व्रत का आचरण करनेवाला होता है। सत्य और अहिंसा ही उसके जीवन की प्रेरणा होती है। दूसरों के दुख से शोकाकुल होकर वह करुणा से मानव केंद्रित कार्य करता है। उसका पूरा जीवन शुचिता और पवित्रता का आदर्श उदाहरण होता है। भौतिक दुनिया में ही वह रहता है लेकिन भौतिकता से परे जीवन की एक सफलता है और वह भौतिकता से कई गुना मौलिक है, इसका प्रत्यक्ष रूप ऐसे व्यक्ति की जीवनशैली से दिखाई देता है। स्वामी विवेकानंद, गाडगे बाबा, गांधी, विनोबा इसके कुछ आदर्श उदाहरण हैं।

महाराष्ट्र में इस विचार के संतों और समाजसुधारकों ने व्यापक सामाजिक कार्य किया है। संत साहित्य में दया, क्षमा, सत्य, परोपकार मूल्यों का सर्वोच्च स्थान है। गाडगे बाबा कहते हैं, "भगवान मंदिर में नहीं है, वह मनुष्य के हृदय में है।"

इस परिप्रेक्ष्य में आज समाज में जो आध्यात्मिक गुरुडम फैलता जा रहा है, उस पर विचार होना चाहिए। इसमें एक ओर गाडगे बाबा मानदंड की तरह खड़े हैं, तो दूसरी ओर कथित आध्यात्मिक बाबा, महाराज, स्वामी और आचार्य। इस मंडली ने कभी सामान्य लोगों को दीनता, भुखमरी, अज्ञान, बीमारी, शोषण, कर्मकांड की उपासना से मुक्त करने का विचार नहीं किया। श्रम प्रतिष्ठा का मंत्र नहीं दिया, विवेकशून्य अंधविश्वासों पर प्रहार नहीं किए अथवा सामान्य मनुष्य की ईश्वर और धर्म संबंधी धारणा साफ नहीं की। अपाहिज, निराधार, जरूरतमंद लोगों को गले नहीं लगाया बल्कि उनसे अधिकार और हक से सेवा करवाई गई। कर्मकांड के कीचड़ से सामान्य जनता को बाहर तो नहीं निकाला लेकिन सकाम पूजा विधि के आधार पर निरंतर खुद की ख्वाहिशें पूरी कीं। स्वयं के गले में मालाएँ पहनीं लेकिन सामान्य व्यक्ति के गले में पड़ा फंदा नहीं निकाला। अर्थात जीवन व्रत के रूप में झाड़ू हाथ में लेना, गटर साफ करना, झोंपड़ी में रहना, चिथड़े ओढ़ना और सूखी रोटी हथेली पे लेकर पानी के साथ खाना तो दूर ही रहा। गाडगे बाबा ने यह सब जीवन व्रत मानकर जिंदगी भर किया है।

हाल ही में दक्षिण के एक बाबा के ८० वें जन्मदिन का प्रचंड उत्सव सभी जनसंचार माध्यमों ने बड़े पैमाने पर प्रसारित किया। 'हिंदुस्तान टाइम्स' जैसे नामचीन दैनिक में वीर संघवी नामक विख्यात पत्रकार ने 'उससे संबंधित सत्य' लेख में कुछ प्रश्न उपस्थित किए। उन्होंने लिखा, 'इंटरनेट पर गूगल सर्च इंजन में जाने पर आपको इस बाबा की समलैंगिक विकृति के अनेक सबूत मिलते हैं। वे सभी एक समय उनके भक्त थे। उनमें से कुछ के फर्जी होने की संभावना को मान लेते हैं। लेकिन सारे युवा झूठे कैसे हो सकते हैं? जाहिर तौर पर लैंगिक गुनाह की शिकायतों की संख्या सैकड़ों में कैसे हो सकती है? इसी के साथ बाबा शून्य से सोने की चेन और मूल्यवान घड़ियाँ निकालते हैं। उनके मुख से अपने आप शिवलिंग बाहर आता है। ये सब कुछ उनमें होनेवाले ईश्वर तत्त्व के चिह्न माने जाते हैं लेकिन ऐसे चमत्कार तो कोई भी जादूगर करता है। इसके पीछे दैवी कारण हो तो स्वयं जाँच की अनुमति देकर फिर बाबा चमत्कार क्यों नहीं करते? उन्हीं के भक्तों ने उन पर हमला किया तो यह प्रतिईश्वर बाथरूम में जाकर क्यों छुपा?

गुजरात के सूरत में एक महाराज के प्रतिष्ठान को 40 करोड़ रुपये की जमीन केवल 29 लाख रुपये में दी गई, इस पर गुजरात उच्च न्यायालय ने कड़ा रुख अपनाया और तीन महीने के अंदर आश्रम का अतिक्रमण दूर कर पूरी जमीन जिलाधीश को सौंपने का आदेश दिया। मध्य प्रदेश, छत्तीसगढ़, बिहार ऐसे अनेक स्थानों पर के अनेक आश्रम विवाद में हैं।

एक महाराज खुले रूप से हिंदू राष्ट्र का निर्माण कर संविधान विरोधी भाषा बोलते रहते हैं और अपने विरोधियों के हाथ-पैर तोड़ने की बात करते हैं। हवाई

जहाज में नियम के अनुसार उनका धर्मदंड दूसरे स्थान पर रखा गया, तो उनके अनुयायी हवाई अड्डे पर दंगल कर तोड़-फोड़ करते हैं।

मुंबई के एक 'बापू' महाराज दावा करते हैं कि वे उनके भक्त उनका पूर्वजन्म एवं पुनर्जन्म जानते हैं और वे उन्हें अलग-अलग देवताओं के रूप में दर्शन देते हैं।

योग साधना करनेवाले बाबाओं के बेबसाइट पर कर्करोग, एड्स, मिरगी एवं कई असाध्य रोगों की सूची है और प्राणायाम एवं आयुर्वेद के द्वारा ये रोग ठीक किए जाते हैं यह उनका दावा है। सौ करोड़ रुपयों का योगपीठ खड़ा करनेवाले इन बाबाओं को अपने आयुर्वेदिक औषधि निर्मिति कारखाने के मजदूरों को न्यूनतम वेतन देने की आवश्यकता महसूस नहीं होती और उसका समर्थन न करने में भी गलती महसूस नहीं होती। ये और ऐसे कई उदाहरण होने के बावजूद इन्हीं मंडलियों का रौब और सब कुछ चलता है। इसीलिए इनके कठोर जाँच की आवश्यकता है, क्योंकि ये गुरुडम समाज के मूलभूत प्रश्नों का महत्त्व एवं उन्हें हल किए जाने के एहसास को ही बदल देते हैं और उससे संबंधित उचित कृति को दूर कर देते हैं।

आज का समाज आत्मकेंद्री और आत्मलुब्ध बन गया है। उसे सामाजिक प्रतिबद्धता, समता की भाषा रास नहीं आती। स्वयं के प्रश्न और तनाव पर उसे तत्काल उत्तर चाहिए। इसीलिए उसके प्रश्नों को सुलझाने का आभास उत्पन्न करनेवाले 'आधुनिक आध्यात्म' को लोगों का और शिक्षित नई पीढ़ी का प्रचुर मात्रा में समर्थन मिल रहा है। दरअसल यह मार्ग 'मोक्ष' नामक ओयासिस के पीछे दौड़ लगाकर विचार-प्रक्रिया को खंडित करनेवाला है। उसमें सामाजिक विघटन के ही बीज छुपे हुए हैं। आध्यात्मिक गुरुडम की ओर आकर्षित यह प्रवाह प्रगतिवादी सामाजिक संस्था-संगठनों की ओर प्रवाहित हो, तभी वह व्यवस्था और सामाजिक परिवर्तन की ओर जाएगा। आजकल 'बाबा', 'महाराज' और 'आचार्य' इन तीन प्रकार के प्रतिगामी सामाजिक संगठनों की ओर जनता आकर्षित हुई है। बहुजन समाज का उपेक्षित तबका जीवन का दुख, दरिद्रता दूर करने के लिए बाबाओं की ओर जाता है। शिक्षित सुखवस्तु, मध्यवर्ग 'जीओ और जीने दो' ऐसी बात कहनेवाले 'महाराज' लोगों की ओर जा रहे हैं और उच्च शिक्षित, उच्च मध्य वर्ग 'जीवन जीने की कला' की खोज में 'आचार्य' लोगों के पास जाता है। ये तीनों प्रकार की संस्थाएँ व्यक्ति केंद्रित होती हैं। व्यक्ति में परिवर्तन होगा तो समाज में परिवर्तन होगा, इस प्रकार उनकी शुरुआत होती है। इसके बाद स्वयं की उन्नति, विकास करें यह उनका उपदेश होता है। अंततः अपने जीवन के सभी प्रश्नों की जिम्मेदारी मेरी आध्यात्मिक सामर्थ्य पर सौंपकर मेरी शरण में आओ, उसी में तुम्हारा भला है, यह धारणा पक्की की जाती है।

यह व्यक्ति को धीरे-धीरे असामाजिक बनाने की प्रक्रिया है। आज प्राथमिक अवस्था के अंधविश्वास विरोधी लड़ाई में ही आंदोलन की सारी शक्ति जाया होती

है। जो लोग खुले रूप से धोखा नहीं करते, लेकिन उनके विचार और कृति प्रतिगामी हैं, ऐसे 'महाराज', गुट के व्यक्ति के संदर्भ में कुछ नहीं किया जा सकता और आचार्यों के खिलाफ की लड़ाई तो बहुत दूर है। ऐसे बाबा व्यक्तित्व विकास शिविर आयोजित करते हैं, स्वास्थ्य विषयक सुविधाएँ देते हैं, कुछ और समाज उन्मुख कार्य करते हैं, इसे नकारा नहीं जा सकता। लेकिन उनके कारण आंदोलन, सरकार, समूह जीवन, व्यवस्था के प्रति उदासीनता, अलगाव उत्पन्न होता है। प्रसंगानुरूप धर्म द्वेष भी तैयार होता है और युवा शक्ति की विचार प्रक्रिया खंडित होती है। उनमें गलत दिशा विकसित होती है। यह बहुत बड़ा धोखा है। एक ओर इसका उत्तर आसान नहीं है। उत्तर की दिशा संक्षेप में इस प्रकार है 'सच क्या है' और 'इष्ट क्या है?' इसका उत्तर देने की जिम्मेदारी कई सदियों तक धर्म की थी। सत्यान्वेषण के क्षेत्र में वैज्ञानिक दृष्टिकोण ने यह जिम्मेदारी ढंग से निभाई। वैज्ञानिक दृष्टिकोण का यह सर्वोच्च अधिकार धर्म ने भी स्वीकार किया। लेकिन किस प्रकार का जीवन जीना चाहिए? उचित और अनुचित क्या है? शिव और अमंगल क्या है? मानवी जीवन का आदर्श कौन-सा है? इन प्रश्नों का उत्तर आचरण के क्षेत्र में विवेक शक्ति की सहायता से वैज्ञानिक दृष्टिकोण ने दिया है। यह अध्यात्म कर पाएगा लेकिन इस नैतिक क्षेत्र में धर्मग्रंथों के वचन, प्रेषितों की बात—ये भी भिन्न और परस्पर विरोधी होते हैं और कई बार उससे नैतिकता का तत्त्व खोकर कर्मकांड की थोथी बातों पर ही लक्ष्य केंद्रित होता है। इस वास्तव का रोजाना अनुभव होता है। इसलिए नैतिक क्षेत्र में अच्छे जीवन की मीमांसा करने का काम भी विवेक को ही करना होगा। दूसरी ओर कृति के स्तर पर यह संकल्प करना होगा कि मैं स्वयं का विश्वास नहीं खो दूँगा। स्वयं की मर्यादा में मानवीयता के आधार पर प्रामाणिक और धैर्य से जीने में ही व्यक्ति की प्रतिष्ठा है। स्वयं के प्रश्न कौन-से हैं, वे कैसे और कहाँ तक हल होंगे इसकी समझ हमें विवेकवाद देता है। स्वयं को सजग, समर्थ, विवेकी बनाने के लिए स्वयं की विवेक बुद्धि के रूप में एक गुरु हर एक के पास होता है। उससे पाथेय लेकर आगे बढ़ना इसी में व्यक्ति के जीवन की सार्थकता, आध्यात्मिक गुरुडम से मुक्ति और स्वस्थ समाज सुधार की संभावना है।

अंधविश्वास उन्मूलन आंदोलन की सफलता-असफलता

ऐसे कैसे बने हैं भोंदू। कर्म कर कहते हैं साधू॥
तन को मले है राख। आँख मूँदकर करते हैं पाप॥
दिखावें वैराग्य की वेदना। भोग करें विषयों का उत्सव॥
तुका कहे बताये कितनी बार। छोड़ दो उनकी संगत॥

संत तुकाराम के ये विचार व्यर्थ हुए यह स्पष्टता से महसूस होता है। तीर्थों में पत्थर और पानी। भगवान बसता सज्जनों में' ऐसा बतानेवाले संत तुकाराम को महाराष्ट्र लगभग भूल गया है। ऐसा कहा जाता था कि शिक्षा, विज्ञान का प्रसार और आधुनिक जीवन पद्धति के स्वीकार से अंधविश्वास की बेड़ियाँ स्वाभाविक रूप से टूट जाएँगी या कम से कम उनकी पकड़ तो ढीली होगी। लेकिन एक विपरीत चित्र दिखाई देता है कि इस पूरे सफर को हजम कर अंधविश्वास के बुर्ज मजबूती के साथ खड़े हैं। विज्ञान के विकास के साथ जो अंधविश्वास नष्ट होंगे ऐसा माना था वे यातु निर्भर (जादूप्रधान) अंधविश्वास आज भी मजबूत हैं। भारत में ही नहीं, प्रगतिवादी परंपराओं का हरदम जप करनेवाला महाराष्ट्र भी धर्म संज्ञा का तात्विक अर्थ देखने को उत्सुक नहीं है। धर्म श्रद्धा यानी यातु श्रद्धा स्वरूप का आचरण ऐसा जनमानस में पारंपरिक धर्म श्रद्धा का रूप है। छोटे हिस्सों के नागर समूह, संतों के प्रयास, यह कुछ अपवाद छोड़ दें तो अधिकांश भारतीय लोकसमूह यातु श्रद्धा पर ही जी रहे हैं। देवी-देवता की उपासना, विवाहोपरांत की विधि, तंत्र-मंत्र, शगुन, फलज्योतिष विद्या, तावीज, जाति भेद, इन बातों का प्रभाव राजा से लेकर रंक तक, गाँव से लेकर शहर तक, कथित प्रगतिशील जातियों से लेकर अति शूद्रों तक और स्त्री-पुरुष दोनों में भी दिखाई पड़ता है। अधिकांश के मन में भक्ति का स्वरूप कभी पशु की बलि देना, कभी कोई मंत्र से अभिषेक करना, तो कभी विशिष्ट क्षेत्र में जाकर देवताओं को प्रणाम करना, इसी प्रकार का है। इससे पुण्य प्राप्त होगा, ईश्वर मनौती मनाने पर प्रसन्न होगा

यह यातु निर्भर कामनापूर्ति की आशा भक्तों के हृदय में होती है।

भारत के किसी भी राज्य को ईर्ष्या हो ऐसी समाजसुधारकों की मजबूत परंपरा महाराष्ट्र में है। लेकिन प्रत्यक्ष रूप में कुछ इस परंपरा की उपेक्षा की जा रही है। महात्मा फुले ने फलज्योतिष पर कठोर हमला किया। "हर लड़ाई के लिए शगुन देखे बगैर बाहर न पड़नेवाली पेशवाई खत्म हुई और किसी भी लड़ाई से पहले शगुन न देखने वाले गोरे जीतते रहे। यह क्यों घटित हुआ?" यह प्रश्न जोतीराव फुले ने किया है। उस महात्मा का बुत विधान सभा के आगे खड़ा किया गया है लेकिन वहाँ काम करने वाले अधिकांश लोकप्रतिनिधि स्वयं के चुनाव का फॉर्म तक शगुन देखे बिना नहीं भरते हैं। सुधारक गोपाल गणेश अगरकर ने सौ साल पहले यह प्रश्न पूछा था, "भाइयो, आप विचार की लड़ाई से क्यों डरते हो?" आज सभी ओर सुविधाजनक मौन रहने का प्रचलन शुरू है। स्वयं को बड़े गर्व से कट्टर हिंदुत्ववादी कहलाने वाले सावरकर भी वटसावित्री व्रत का पंचनामा कितनी बेबाकी से करते हैं, यह उल्लेखनीय है। सावरकर कहते हैं, "बरगद का पेड़ जब तक खड़ा है, तब तक उसके नीचे बैठे मुसाफिर को वह छाँव देगा और जिस समय वह जीर्ण होगा, उस समय वही पेड़ उस मुसाफिर के सिर पर गिर जाएगा। मुसाफिर को छाँव देना है या उसके सिर पर गिरना है यह पेड़ नहीं समझता।"ऐसे पेड़ की स्वयं की मनोकामनाओं की पूर्ति के लिए पूजा करना 'असत्य की पूजा है।' 'सत्यमेव जयते' भारत का बोधवाक्य है और असत्य की पूजा पर अधिकतर अभिमान और आग्रह करना वास्तविकता है। इस असफलता को क्या कहा जाए?

महाराष्ट्र में (और भारत में भी) अंधविश्वास उन्मूलन का प्रश्न जाति व्यवस्था से संबंधित प्रश्न है, इस पर गौर नहीं किया जाता। यह रिश्ता बड़ा गंभीर और घनिष्ठता से जुड़ा हुआ है। इसलिए अंधविश्वास उन्मूलन की असफलता खत्म करने के लिए और सफलता पाने के लिए जाति व्यवस्था के षड्यंत्र पर प्रहार करना ही होगा। यूरोप में नवजागरण काल में धर्म की पुनर्रचना और वैज्ञानिक दृष्टिकोण के उदय के बाद बड़े पैमाने पर धर्म की चिकित्सा हुई है। पूँजीवाद का उदय, प्रोटेस्टेंट पंथ की बगावत, धर्मयुद्ध के कारण छिन्न-विच्छिन्न हो रही महाजनी सभ्यता, विज्ञान के विविध अनुसंधान ये सारी बातें उसके लिए कारण बनीं। भारत में पूँजीवाद यहाँ के ब्रिटिश उपनिवेशवाद की आनुषंगिक पैदाइश के रूप में आया है। पूँजी साहूकारी, दलाली से मिल गई। भारत का धर्म असल में धर्म था ही नहीं। वह असंख्य जातियों का गट्ठर था। उसकी चिकित्सा और विरोध, महात्मा फुले के आगमन तक और उनके बाद डॉ. बाबासाहब आंबेडकर एवं राजर्षि शाहू महाराज के यह विचार अधिक कृतिशील करने तक, हुआ ही नहीं। जातीय विशेषता के अनुसार एक बड़े जनसमूह को ज्ञान प्राप्त करने पर पूर्णतः पाबंदी थी। इसी के साथ संपत्ति धारण करने

की भी इजाजत नहीं थी। श्रम करवाया जाता था लेकिन श्रम को प्रतिष्ठा नहीं थी। 500 वर्ष पहले यूरोप में नवजागरण काल में जो उथल-पुथल और अंधविश्वास पर कड़ी मार पड़ी, उस प्रकार की उथल-पुथल भारतीय समाज में जाति व्यवस्था के कारण नहीं हुई; लेकिन उसके बाद भी संत, समाजसुधारक, तेज गति से बढ़नेवाला विज्ञान, इन सबके कारण भी वह दिखाई नहीं पड़ती। स्वाभाविकत: नई चिकित्सक वैज्ञानिक वृत्ति निर्मित होना और उसके द्वारा अंधविश्वास पर कड़े आघात नहीं हो पाए हैं। अंधविश्वास उन्मूलन की सफलता सीमित क्यों है और असफलता अधिक क्यों है, इसके पीछे होनेवाली इस पृष्ठभूमि पर गौर करना होगा।

संतों की भक्ति और सीख, धर्म का नैतिक उन्नत रूप सिखाने वाली है। व्यक्ति को अपना कर्तव्य करना चाहिए। कर्तव्य बुद्धि से उसे ईश्वर को समर्पित करना चाहिए। ईश्वर संबंधी आस और उसमें निर्मित अंत:करण की शुद्धि को प्रधानता दें। शूद्र देवताओं की उपासना छोड़ दें। अर्थहीन कर्मकांड में न फँसें। मनुष्यता और करुणा से आचरण करें यही संतों ने कहा और उसका आचरण किया। उसके बाद ही महाराष्ट्र में महान समाज सुधारक हुए। न्यायमूर्ति रानडे, महात्मा ज्योतिबा फुले, विट्ठल रामजी शिंदे अव्वल दर्जे के धर्म प्रबोधनकार थे। लेकिन यह गहरा मौलिक चिंतन और आचरण भी मराठी मन को व्याप्त नहीं कर पाया। पाप-पुण्य की कल्पना और उसके लिए किए जाने वाले कर्मकांड का साम्राज्य कायम ही रहा।

आज महाराष्ट्र की यात्रा विपरीत दिशा में हो रही है। अशिक्षित लोग बकरे की बलि देते हैं और उच्च विद्या विभूषित नारायण नागबलि की पूजा करते हैं। घर के दरवाजे और खिड़कियाँ किस ओर होनी चाहिए यह पर्यावरण की दृष्टि से नहीं बल्कि भाग्य उदय की दृष्टि से भ्रामक वास्तुशास्त्र निर्धारित करता है और लोग भी उसे भक्तिभाव से मोटी राशि देते हैं। वैभव महालक्ष्मी जैसे नए-नए व्रतों का पालन करने को शिक्षित महिलाएँ अपना भाग्य मानती हैं।

आजकल सभी धार्मिक उत्सव एक 'इवेंट' के रूप में गाजेबाजे से, ठाट-बाट से मनाए जाते हैं। काला पैसा और दो नंबर का व्यापार करनेवालों के सहयोग के बगैर वैभव सम्पन्न धर्माचरण का लाभ पाना कठिन ही है। भजन-पूजन-कीर्तन संस्कृति के भी अच्छे दिन आ गए हैं। पिछले पाँच-दस वर्षों में महाराष्ट्र के शहरों-गाँवों दोनों ओर किस कार्य के लिए अधिक चंदा इकट्ठा किया गया इसकी पड़ताल करने पर यह समझ में आया कि प्रतियोगिता के तौर पर होनेवाले हरिनाम सप्ताह, पारायण उत्सव, मंदिरों के जीर्णोद्धार तथा जाति निहाय नए मंदिरों का निर्माण के लिए प्राय: धनराशि जमा की जाती है। महाराष्ट्र के बहुजनों की शिक्षा गंभीर रूप से संकट में है। शिक्षा मंदिर के दरवाजे उनके लिए हमेशा के लिए बंद हो रहे हैं। देवी-देवता-धर्म-मंदिर बनानेवालों को इसका कोई गम नहीं है। अंधविश्वास उन्मूलन की यात्रा उलटी दिशा में तो नहीं हो रही है न, यही आशंका उत्पन्न होने की स्थिति है।

इस असफलता के लिए तीन बातें प्रमुख रूप से जिम्मेदार हैं। सबसे पहली जिम्मेदारी शिक्षा क्षेत्र की है। अंधविश्वास उन्मूलन यानी उचित शब्दों में वैज्ञानिक दृष्टिकोण का स्वीकार। वैज्ञानिक दृष्टिकोण की शिक्षा के मूलभूत तत्त्वों में ही है। मूल्य शिक्षा में है। लेकिन यह दृष्टिकोण अपनाकर श्रद्धा की जाँच करें, इसकी सजगता बिलकुल दिखाई नहीं देती। जो विज्ञान के उपासक होने का दावा करते हैं, उनके पास अनुसंधान दृष्टि होने के बावजूद निर्भयता नहीं है। 'चिकित्सा करोगे तो याद रखना' यह धमकी देनेवाले और उसे मूर्त रूप देने वाली स्वयंघोषित श्रद्धा रक्षकों की टोलियाँ सभी ओर हैं। उनका रोष मोल लेने के लिए कोई तैयार नहीं है। जिस क्षेत्र के अध्यापकों की संख्या केवल महाराष्ट्र में ही लाखों में है, वह क्षेत्र नैतिक जिम्मेदारी के रूप में यह रोष मोल लेने के लिए तैयार नहीं है। दूसरी शक्ति जनसंचार माध्यमों की है। धनशक्ति के साथ हाथ मिलाकर जिसकी ज्यादा माँग, उसी की जयकार करने में जनसंचार माध्यम धन्यता मानते हैं। विवेक, सत्य व लोक हितों का समाचार देने से अधिक चटपटे और सनसनीखेज समाचार देना उन्हें अधिक महत्त्वपूर्ण लगता है। आज के जमाने में राजनेता लोगों ने पूरी तरह धंधे की दुकान खोल दी है। जहाँ भीड़ अधिक वहाँ उनकी जयकार करने में वे सार्थकता मानते हैं। चुनाव की सफलता-असफलता से उनका संबंध जुड़ा होता है। अंधविश्वास उन्मूलन की सफलता-असफलता उनके लिए एक बाधा ही होती है। संक्षेप में कहें तो शिक्षा क्षेत्र, मीडिया और राजनीतिक नेतृत्व का पलड़ा वर्तमान में तो अंधविश्वास उन्मूलन आंदोलन को असफल बनाने की ओर झुका हुआ है।

परिवर्तन कैसे होगा

अंधविश्वास, असल में अविवेकी अंधविश्वास का एक तूफान ही समाज में मंडरा रहा है। पिछले केवल चार महीनों में पुणे, नंदुरबार, औरंगाबाद में पाँच नरबलि दी गई। जादू-टोना, भूत-प्रेत, भानमती जैसे खुले तौर पर मिलनेवाले अंधविश्वास भी विज्ञान या शिक्षा के प्रभाव के कारण कम नहीं हुए हैं। महाराज, बापू, नाना, बाबा, स्वामी, ओझाओं का धंधा बड़ी तेजी में चल रहा है। अपने भक्तों की भौतिक संपन्नता, अलौकिक कल्याण, आध्यात्मिक उन्नति की ठेकेदारी लेकर यह मंडली घूम रही है और बड़ी संख्या में अनुयायियों को इकट्ठा कर रही है। ताज्जुब तो यह कि पुणे, पिंपरी-चिंचवड जैसे महानगर निगम धूमधाम से इन बाबाओं का सम्मान कर उन्हें मानपत्र दे रहे हैं। शिर्डी के साईंबाबा की प्रचंड भीड़ पास के शनि-शिंगणापुर में भी जमा हो रही है। कई स्थलों पर शिर्डी जैसे वैकल्पिक धार्मिक स्थल बनाए जा रहे हैं और उपराष्ट्रपति उनका उद्घाटन कर रहे हैं। अंगारकी संकष्टी को दादर के सिद्धिविनायक के भक्तगण रात के 12 बजे से कतार में खड़े रहते हैं और 12 घंटे से ज्यादा खड़े रहने की तपस्या के बाद बुद्धिदाता गणेश का दर्शन करने पर स्वयं को भाग्यशाली मानते हैं। उपनगर से तो बिना चप्पल के पैदल चलकर तड़के सिद्धिविनायक के दर्शन लेने के लिए झुंड के झुंड रवाना हो रहे हैं। एक स्नान में जीवनभर की पापमुक्ति करने वाला सिंहस्थ मेला शुरू हुआ है। सन् 1991 में जिस जगह सुविधा निर्मिति के लिए 30 करोड़ रुपये की व्यवस्था थी, वहीं पर आज 448 करोड़ रुपये मंजूर हुए हैं। लाख-डेढ़ लाख साधु इकट्ठा हुए हैं। उनमें से कई गांजा भरी चिलम पी रहे हैं, बड़ी मात्रा में प्रदूषण बढ़ा है। नागरी सुविधाओं पर प्रचंड दबाव आ रहा है। लेकिन यह सब श्रद्धा का हिस्सा मानकर स्वीकार किया जा रहा है। श्रद्धा का यह क्षेत्र कुछ देर के लिए दूर रखें तो भी अन्य स्थानों पर क्या दिखाई देता है? मुंबई विश्वविद्यालय की भूतपूर्व कुलगुरु रहीं स्त्री रोग विशेषज्ञ महिला ने खुलेआम माता के गर्भ से संपर्क बनाकर उसे रामरक्षा एवं गायत्री मंत्र सुनाएँ तो जन्म लेनेवाला शिशु तोतला नहीं बोलेगा, ऐसा दावा कर रही हैं। पिछले 20 वर्षों से मैं इस संदर्भ के आंदोलन में कार्यरत एक कार्यकर्ता हूँ। लेकिन पिछले सालभर

में मुझे कई लोगों से यह आलाप बार-बार सुनाई दे रहा है कि यह सब देखकर नैराश्य आता है। बात हद से ज्यादा बढ़ रही है और इस समाज में परिवर्तन लाना असंभव हो रहा है, ऐसी भावना बन रही है। मैं इससे बिलकुल भी सहमत नहीं हूँ।

इन सबसे संघर्ष करते समय दो प्रकार की सलाह निरंतर मिलती है। उनमें से एक ऐसी कि पिछले दशक में वैश्वीकरण और निजीकरण के कारण बड़ी अस्थिरता निर्मित हुई है। शिक्षा प्राप्त होगी? नौकरी मिलेगी? वह मिलेगी तो बनी रहेगी? इनमें से किसी का भी भरोसा नहीं रहा है।

इस तनावग्रस्त स्थिति में आपसी मानवी संबंध भी अमानवी, अमानुष हो गए हैं। ऐसे समय किसी न किसी स्वरूप के अंधविश्वास का आधार पलभर सांत्वना देनेवाला लगता है। इसलिए यह मूल स्थिति बदले बगैर अंधविश्वास विरोधी संघर्ष व्यर्थ है। दूसरा मुद्दा यह है कि आज धर्म के नाम पर राजनीति करनेवाली शक्तियों का समाज पर प्रभाव बढ़ता जा रहा है। राजनेता लोगों की धर्म भावना के कच्चे माल का उपयोग कर मतपेटी से सत्ता का पक्का माल बाहर निकालना चाहते हैं। इसके लिए लोगों की धर्म भावना को नैतिकता से अधिक धर्मांधता की ओर मोड़ने में उन्हें अधिक रस है। परिणामस्वरूप उन्हें बाबा-महाराजों के बढ़ते प्रभाव, कर्मकांड और धर्म उत्सवों के उछाहभरे आयोजनलते जल्लोष उपकारक और जरूरी लगते हैं। एक और बात बताई जाती है कि भोगवाद अत्यधिक मात्रा में बढ़ गया है। समाज के जिस वर्ग को बड़े पैमाने पर आर्थिक संपन्नता प्राप्त हुई है, उसे बनाए रखने के लिए उन्हें इसकी आवश्यकता पड़ती है। पूजा-प्रार्थना, व्रत-उपवास करनेवाले बहुसंख्यक वंचितों के इस देश में शोषण से निर्माण होने वाले प्रक्षोभ से कोई दैवी शक्ति हमारा बचाव करेगी, इस भ्रम में वे उनकी शरण में जाते हैं। जो भ्रष्टाचार से संपत्ति जमा करते हैं, उन्हें यह अपराधी भावना नष्ट करने के लिए, कुछ पुण्यकर्म करने के लिए संतों-सज्जनों के संगत की जरूरत होती ही है। स्वयं को अप्राप्त भोगवाद प्राप्त हो इसलिए वंचितों में से असंख्य आशा रखनेवाले भी इसी मार्ग की शरण में जाते हैं। लेकिन इस पूरे वास्तव से अंत में यह निष्कर्ष निकाला जाता है कि समाज में क्रांतिकारी स्वरूप के राजनीतिक, आर्थिक, सामाजिक परिवर्तन के बगैर यह ऐसा ही रहेगा। अब इस परिवर्तन के कोई चिह्न आज के समय में दिखाई नहीं देते। इसलिए प्रश्न कैसे निर्माण हुआ है, इसका तात्त्विक समाधान उपयोगी नहीं है। इसलिए तत्काल कुछ दूसरे उपाय करने होंगे। वे अधूरे होंगे, यह स्पष्ट ही है लेकिन आवश्यक निश्चित हैं। मुख्यत: आज की चौखट में अमल में लाये जा सकते हैं। इससे प्रत्यक्ष परिवर्तन के लिए कुछ मात्रा में क्यों न हो शुरुआत होगी और अपेक्षित व्यापक परिवर्तन के लिए भी मानसिक परिवर्तन निश्चित रूप से आश्वासक होगा।

अंधविश्वासों के विविध संदर्भ सामने रखकर उससे संबंधित कार्य की कुछ रूपरेखा सहज निश्चित की जा सकती है। पिछले सालभर से महाराष्ट्र के विभिन्न

जिलों में लगभग दर्जन भर नर बलि के वाकये घटित हुए। इन सभी स्थानों पर मांत्रिक के सुझाए हुए उपायों के लिए ही बलि दी गई। यानी इन मांत्रिकों को दैवी आतंकवादी या अपराधी ही कहना होगा। ऐसे ओझा, मांत्रिक, भगत इनका संबंधित पुलिस थाने में रिकॉर्ड होगा, यह आश्वासन गोपीनाथ मुंडे ने गृहमंत्री के रूप में विधानसभा में दिया था।

अंधविश्वास निर्मूलन समिति इसकी निरंतर माँग कर रही है। पुलिस के रिकॉर्ड में अपना नाम है और हम पर उनकी नजर है, यह डर भी पुराने मांत्रिकों की कार्रवाइयों पर अंशतः रोक लगा सकता है और नए भगतों की निर्मिति को रोक सकता है। शिक्षा के मूल तत्त्वों में, वैज्ञानिक मानसिकता की निर्मिति एक महत्त्वपूर्ण तत्त्व है। मूल्य शिक्षा में भी वैज्ञानिक दृष्टिकोण का समावेश है। बिलकुल खुले रूप में, लेकिन शोषण करनेवाले अंधविश्वासों के संबंध में स्कूल-महाविद्यालयों द्वारा अपने छात्रों का प्रबोधन कर उनके द्वारा अभिवावकों तक और समाज तक सही भूमिका क्यों न पहुँचाई जाए? हस्तस्पर्श से और मंत्र उच्चारण से नि:सतान को संतान देनेवाली पार्वती माँ, आँखों की कोई भी बीमारी, दृष्टांत से प्राप्त औषधि से ठीक करनेवाले गुरव बंधु, हाथ की उँगलियों से ऑपरेशन करनेवाले अस्लम बाबा जैसों ने महाराष्ट्र की जनता के साथ लंबे समय तक गंभीर घोखाधड़ी की है। कानून के अभाव में उन पर कार्रवाई करने के संबंध में सरकार ने असमर्थता जताई। आंदोलन के जरिये इन प्रकारों को रोक दिया है। लेकिन संबंधित क्षेत्र के हजारों स्कूलों के लाखों बच्चों तक यह आडंबर है, इतनी बात भी सीधे पहुँच जाती तो उन्हें नई दृष्टि मिल जाती। लोगों तक सही संदेश पहुँच जाता।

इसमें जनसंचार माध्यमों की जिम्मेदारी महत्त्वपूर्ण है। वे सनसनीखेज समाचार देने की बजाय स्पष्ट और कठोर भूमिका लें, तो ये प्रकार जल्द ही रुक जाएँगे। जिन क्षेत्र के लोगों के साथ धोखा होता है, वहाँ के जनप्रतिनिधि को भी अधिक सजगता दिखानी चाहिए। इनमें से किसी भी बात के लिए रुपये खर्च करने की आवश्यकता नहीं है। कुछ अंधविश्वासों के संबंध में समाज के विद्वान वर्ग द्वारा ली हुई भूमिका उपकारक सिद्ध होती है। फलज्योतिष के संबंध में समाचार-पत्रों द्वारा पूछने पर महाराष्ट्र के विद्वानों ने उचित भूमिका ली लेकिन वे स्वयं आगे आ जाते तो अधिक स्वागतार्थ होता। छद्म विज्ञान (स्यूडो सायन्स) का तो आजकल अधिक बोलबाला है। दैवी वास्तुशास्त्र, फेंगशुई, गर्भ संस्कार जैसी अनेक बातों का उस क्षेत्र के बुजुर्गों द्वारा कड़ा विरोध करना चाहिए। इस संदर्भ में सबसे महत्त्वपूर्ण एवं संवेदनशील हिस्सा धर्मचिकित्सा का है। इस संबंध में प्रगतिशील वैचारिक भूमिका का उद्घोष करने वालों को ये घटनाएँ घटित होते समय उस संबंध में ठोस, आग्रही और सच कहें तो कृतिशील भूमिका लेनी चाहिए। वे वैसा नहीं करते इसका मुझे खेद है। महाराष्ट्र में इन दिनों सिंहस्थ हो रहा है इसलिए यह बड़ी दृढ़ता से महसूस

हो रहा है। इन सब पर यह आक्षेप लिया जाता है कि अक्सर केवल विरोध ही क्यों? विधायक विकल्प दीजिए। यह माँग उचित है और कुछ मात्रा में उसकी पूर्ति करना संभव है।

यह सारा कैसे बदलेगा, इस अस्वस्थता से उसमें शामिल होकर, उद्वेग से केवल गुस्सा करके और आक्रामक भाषणबाजी करने से कुछ साध्य नहीं होगा। लेकिन बिलकुल कुछ भी नहीं होगा ऐसा मानकर निष्क्रिय होने का भी कोई कारण दिखाई नहीं देता। उपर्युक्त हर घटना में महाराष्ट्र अंधश्रद्धा निर्मूलन समिति ने कुछ न कुछ कृति की है और उसे कम-अधिक मात्रा में ही सही लेकिन निश्चित रूप से सकारात्मक प्रतिसाद मिला है। यह परिवर्तन कैसे होगा? इसका उत्तर 'कृति करने से परिवर्तन होता है, पहले वह करनी चाहिए' यही है।

विवेकवाद के सामाजिक आधार

भारतीय संविधान में नागरिकों के कर्तव्यों का समावेश है। इनमें से एक महत्त्वपूर्ण कर्तव्य वैज्ञानिक दृष्टिकोण की शोध वृत्ति, सुधार एवं मानवतावाद का अनुपालन एवं संवर्धन करना है। लेकिन इन कर्तव्यों के अनुपालन के लिए आज की परिस्थिति प्रतिकूल है। सामाजिक जीवन पर जमातवादी और मूलतत्त्ववादियों का प्रभाव धीमी गति से ही सही लेकिन बढ़ चुका है। धर्म के संबंध में समाज के लोगों का मन संवेदनशील बनाया गया है। लोगों के प्रश्नों के उत्तर पूर्ण रूप से और सदैव देने का दावा करने वाला आध्यात्मिक गुरुडम बढ़ रहा है। उससे मिलनेवाला प्रतिसाद भी डरावना है। सभी प्रकार की वस्तुओं का अधिकाधिक लोभ निर्माण करने वाली और उसके पीछे व्यक्ति को घसीटकर ले जानेवाली भोगवादी बाजार व्यवस्था को प्रतिष्ठा मिल रही है। जीवन के सभी क्षेत्रों में हिंसा का समर्थन अप्रत्यक्ष और प्रत्यक्ष रूप से किया जा रहा है। इस स्थिति में समाज को विवेकी बनाने का संवाद कठिन होने का एहसास इस क्षेत्र के कार्यकर्ताओं को हरदम हो रहा है।

कोई भी विज्ञानवादी, विवेकवादी विचार प्रत्यक्ष-अप्रत्यक्ष, जाने-अनजाने धर्म श्रद्धा से संबंधित है ऐसा आभास निर्माण करना संभव होता है। किसी भी घटना के साथ 'श्रद्धा' शब्द जोड़ने से उसकी चिकित्सा बंद करो, ऐसा अप्रत्यक्ष इशारा ही दिया जाता है। अभिव्यक्ति की स्वतंत्रता का प्रश्न उठाया जाए तो कानून-सुव्यवस्था के अधिकार षड्यंत्र के रूप में खड़े किए जाते हैं। इससे गतिरोध तैयार होता है। महाराष्ट्र में धर्म के कालबाह्य कर्मकांड और रूढ़ि के पड़ताल की लंबी परंपरा रही है। वटसावित्री व्रत के बारे में सावरकर ने कड़ा रुख अपनाया है। लेकिन इसी महाराष्ट्र में पिछले पाँच वर्षों में मार्गशीर्ष मास में वैभव महालक्ष्मी का नया व्रत महानगरों से लेकर छोटे-छोटे कस्बों तक फैला है। पर्यावरण को बाधित करनेवाले और पूर्णतः निरर्थक इस व्रत के विरोध में जनता ने एक शब्द भी नहीं निकाला। इसके पीछे उनका अनदेखापन नहीं तो आतंक है। तथाकथित बुवा-बाबा की वैचारिक समीक्षा यानी श्रद्धा पर आघात मानकर वे बात तुरंत विमर्श से मारपीट पर ले आते हैं। उनके खिलाफ कुछ छापा जाये तो मानहानि

का मुकदमा दायर किया जाता है। सगुण साकार बाबा-बुवा ही नहीं, उनके और देवी-देवताओं के फोटो तक चमत्कार करते हैं। लेकिन उनकी चिकित्सा श्रद्धा पर आघात मानकर अस्वीकार की जाती है।

कई धार्मिक विधियाँ सामाजिक समस्याओं का निर्माण करती हैं। उदाहरण—गणेश विसर्जन के समय पानी में न घुलनेवाले, उसी प्रकार गंभीर जहरीले रासायनिक रंगों का हजारों टन प्लास्टर ऑफ पेरिस उपयोगी पानी के स्रोतों में फेंका जाता है। इसके विरोध में सर्वोच्च न्यायालय का स्पष्ट आदेश है। इस संबंध में लोगों को जाग्रत करने की मुहिम सत्याग्रह की पद्धति से चलाई जाए तो भी धार्मिक परंपराओं के पालन के नाम पर उसका पुरजोर तरीके के से विरोध होता है। प्रचंड रूप में बढ़ते और बढ़ाये गए छोटे-मोटे मेले, धार्मिक त्योहार और उत्सव, हरिनाम सप्ताह, मंदिरों के जीर्णोद्धार और नये मंदिरों का निर्माण, इन सभी स्थानों पर काफी कम मात्रा में धार्मिकता होती है। इनमें होता है व्यापारीकरण, बाजारीकरण और कम-अधिक राजनीति। लेकिन इन सबके पीछे लाखों भक्तों का झुंड होता है। इससे उन्हें वैचारिकता के कुछ विचार बताना तो दूर तटस्थ रहना भी असंभव होता है।

इन सभी बातों को समाज की जवाबदेह इकाइयाँ, सच कहें तो जिन पर यह मानसिकता बदलने की जिम्मेदारी होती है, वे लोग ही उन्हें फुसलाते रहते हैं। समाचार-पत्र बड़े पैमाने पर उनके समाचार प्रकाशित करते हैं। दृक-श्राव्य माध्यम रसीले दृश्य दिखाते हैं। नई अनुभूति देने की जिम्मेदारी वाले शिक्षा संस्थान, उनमें होनेवाले छात्र, अध्यापक, संचालक और छात्रों के अभिभावक इस विविधोन्मुखी धार्मिक सत्संग में शामिल होकर स्वयं को कृतार्थ मानते हैं। प्रशासन 'लोकभावनाओं का आदर' के नाम पर उन्हीं को अधिक सहूलियत देता है। इन सभी परिस्थितियों में संविधान में नागरिकों का ऊपर उल्लिखित कर्तव्य सहमकर रह जाता है। विवेकवादी आंदोलन के कार्यकर्ता बड़ी अस्वस्थता से यह सब बर्दाश्त करते हुए यथासंभव संघर्ष करते हैं। दरअसल संविधान के कर्तव्यों का पालन करने की सबसे बड़ी जिम्मेदारी शिक्षा क्षेत्र, मीडिया और प्रशासन की होती है। इनकी निश्चित, स्पष्ट एवं संयुक्त भूमिका विवेकवादी आंदोलन को बड़ी शक्ति देनेवाली सिद्ध होगी।

शिक्षा क्षेत्र

महाराष्ट्र में 72 हजार प्राथमिक स्कूल, 15 हजार मिडल स्कूल और 2 हजार महाविद्यालय हैं। छात्रों की संख्या भी बड़ी मात्रा में हैं, शिक्षक एवं प्राध्यापकों की संख्या भी परिणामकारक होगी इतनी उल्लेखनीय है। साथ ही वैज्ञानिक दृष्टिकोण शिक्षा के मूलभूत तत्त्वों एवं मूल्य शिक्षा का एक महत्त्वपूर्ण हिस्सा है। इसके बावजूद

इस संबंध में खामोशी ही नहीं तो अनास्था दिखाई देती है। इसका एक कारण यह है कि अध्यापकों में ही वैज्ञानिक दृष्टिकोण को लेकर स्पष्टता नहीं है। दूसरे, यह विचार छात्रों में संक्रमित करने की प्रशिक्षा भी उन्हें नहीं है। वैज्ञानिक शिक्षा दी जाती है वह भी कृत्रिम रूप में। उसमें किसी भी घटना के पीछे कार्यकारण सिद्धांत होता है और वह खोजा जा सकता है, इस वैज्ञानिक दृष्टिकोण के बुनियादी तत्त्व की जानकारी ही नहीं दी जाती। प्रस्थापित अंधविश्वासों की, रूढ़ि-कर्मकांड-परंपराओं की कालोचित चिकित्सा भी धर्म पर हमला है, यह गलतफहमी बनाकर इनसे संबंधित संगठन आक्रामक रुख अपनाते हैं और फिर कोई समस्या न हो इसलिए परिस्थिति को यथावत रखा जाता है। अर्थात चिकित्सा रुक जाती है। अंधविश्वास, अवैज्ञानिकता अविवेक जारी रहता है। इस संबंध में सरकार, शिक्षा संस्थान, संचालक, अध्यापक एवं अध्यापक संगठन, छात्रसंगठन और जाग्रत अभिभावक इन सभी को आग्रह के साथ अधिकृत और मजबूत भूमिका लेनी चाहिए। हमारे द्वारा शिक्षा क्षेत्र की वैज्ञानिक अनुभूति और अंधविश्वास उन्मूलन का घोषणा-पत्र तैयार कर, सरकार से मान्यता प्राप्त कर संबंधित पेच समाप्त करने का प्रयास किया जा रहा है।

प्रशासन

लोकतंत्र व्यवस्था में प्रशासन के पास व्यापक यंत्रणा होती है और शक्ति भी होती है। कानून की चौखट में रहकर भी नागरिकों के संवैधानिक कर्तव्य-पालन के लिए वे प्रभावी रूप से सहयोग दे सकते हैं या उसी चौखट में अनेक अवरोध भी निर्माण कर सकते हैं। लेकिन प्रशासन के अधिकारियों का, वे पुलिस अधिकारी हों या प्रशासकीय अधिकारी, उनका यह अनुभव है कि उनकी भूमिका एवं दृष्टिकोण में बड़ी अनभिज्ञता होती है। अधिकांशतः इस तरह के आग्रह को बेवजह के झमेले के रूप में या कानून सुव्यवस्था के प्रश्न की दृष्टि से देखा जाता है। एक उदाहरण से यह मुद्दा स्पष्ट करते हैं। वैज्ञानिक दृष्टिकोण, अंधविश्वास निर्मूलन, धर्मचिकित्सा इस संबंध में जहाँ पर अन्य संस्थाएँ भाषण आयोजित करती हैं वहाँ पर अविवेकी शक्तियाँ एक चाल हमेशा चलती हैं ऐसा अनुभव आता है। आयोजक संस्था और पुलिस को वे एक अर्जी देते हैं कि इन भाषणों से लोगों की धार्मिक भावना आहत होने से गंभीर परिस्थिति निर्माण हो सकती है। ऐसी अर्जी मिलने पर पुलिस व्यवस्था पुलिसिया अंदाज में आयोजक संस्था और वक्ताओं को एक नोटिस जारी करती है। लेकिन दूसरी ओर धमकी देनेवाली संस्था को आप कार्यक्रम में हुड़दंग, गड़बड़ी नहीं कर सकते, यह समझाने और संयोजक संस्था का इस गुंडागर्दी से कोई नुकसान नहीं होगा, यह हामी देने में खाकी वर्दी कमजोर पड़ती है। इससे संयोजक हार मानकर भाषण रद्द कर देते हैं। अभिव्यक्ति की स्वतंत्रता

को ताक पर रखकर विवेकवाद का प्रचार रोका जाता है। इस संदर्भ में पुलिस एवं अन्य प्रशासकीय अधिकारियों को प्रशिक्षा देना अधिक महत्त्वपूर्ण होगा। इस प्रकार की प्रशिक्षा न होने पर भी स्वयं की प्रगल्भ समझ रखने वाला अधिकारी उल्लेखनीय परिवर्तन कर सकता है। मांढरदेवी की दुर्घटना के बाद सतारा जिले के जिलाधीश ने भानमती, पशुहत्या, देवी का संचार होना, जटा निकलना ऐसे अनेक अंधविश्वासों की रोकथाम की। जिले में प्रतापगड़ के अफजलखान की कब्र के कारण होने वाला बवाल भी रोक दिया। कई बार जनप्रतिनिधि ऐसी कार्रवाइयों को समर्थन नहीं देते। लेकिन उपलब्ध कानून और ठोस, साफ-स्पष्ट भूमिका के आधार पर विवेकवाद और धर्मनिरपेक्षता का समाज में पालन हो इसके लिए प्रशासन महत्त्वपूर्ण भूमिका अदा कर सकता है।

मीडिया

समाचार-पत्रों में और विविध चैनलों पर जो बार-बार दिखाया जाता है, उसे अनजाने में ही मान्यता प्राप्त हो जाती है। धार्मिक उत्सव, भारी भीड़ वाले मेले, उर्स इन सभी का एक बिक्री मूल्य होता है। क्योंकि इन सबसे लाखों जनसमुदायों की भावना जुड़ी होती है। इससे धंधे का गणित सफल होता है। लेकिन ऐसी घटनाओं की इष्टता-अनिष्टता के संबंध में चिकित्सक की भूमिका नहीं ली जाती। प्रबोधन के लिए प्रसंगानुरूप विरोधी भूमिका लेना तो दूर ही, अपितु पिछले 15 वर्षों से उल्टी दिशा में बदलाव हो रहा है। 1991 और 2003 के नासिक कुंभ मेले की रिपोर्टिंग देखने पर यह स्पष्ट रूप से महसूस होता है। अंधविश्वासों के प्रकार, चमत्कार, ये बातें तो चटकीले समाचार हैं। इस संबंध में यह भूमिका ली जाती है कि हम जो हैं वही पहुँचा रहे हैं और इसीलिए हम समाचार लिखने और उसे दिखाने में निष्पक्षपाती हैं। समंदर का पानी मीठा होने के उन्मादपूर्ण दृश्य दिखाए जाते हैं। लेकिन लोगों को ऐसा पानी नहीं पीना चाहिए, पुलिस हस्तक्षेप करे। फिर भी वैज्ञानिकों से बार-बार सत्य कहलवाने के विपरीत जो हो रहा है उस पर लोक मनोरंजन की भूमिका ली जाती है। इससे भी आगे जाकर सनसनीखेज खबरों से परहेज करना चाहिए। कई वजहों से चिकित्सक विचार न करने की या टालने की लोगों की मानसिकता होती है। इस परिस्थिति में यह प्रवृत्ति बढ़ेगी, यह भूमिका तो मीडिया न ले। व्यक्ति को सावधान, सजग, चिकित्सक बनानेवाली अनेक घटनाएँ और उपक्रम आस-पास होते हैं। मीडिया उन्हें भी स्थान देता है लेकिन वह रिपोर्टिंग और उसमें निहित मूल्यों का प्रक्षेपण मूल अर्थ के साथ उच्च स्तर का होना चाहिए।

विवेकवादी बुद्धि से विचार करना सच्चे अर्थों में स्वाभाविक और मानवता की उन्नति का दिशादर्शक है। लेकिन इससे मनुष्य के विकास से विवेक की राह खुल

जाती है, उसी का कइयों को डर लगता है। फिर श्रद्धा, धर्म इसकी घेराबंदी कर विवेक की राह का विरोध करना शुरू करते हैं। विवेकवादी आंदोलन स्पष्ट रूप में अल्पमत में है। उसका ऐसा होना समाज के हित में नहीं है। इसके लिए शिक्षा, प्रशासन और जनसंचार माध्यम इन सभी को अपनी जिम्मेदारी समर्थ रूप से निभानी चाहिए। संविधान में उद्घोषित नवभारत के निर्माण के लिए यह आवश्यक है।

विवेकवादी आंदोलन : भविष्य की चुनौतियाँ

पुणे में भारत के विवेकवादी आंदोलनों का राष्ट्रीय अधिवेशन होने जा रहा है। महाराष्ट्र अंधविश्वास आंदोलन जैसे 12 से 15 राज्यों के संगठन इकट्ठे होकर विचार कर रहे हैं। संभवत: महाराष्ट्र अंधविश्वास निर्मूलन समिति यह स्वाभाविकत: विवेकवादी आंदोलन है। संगठन की वैचारिक प्रस्तुति में हमारे संविधान के परिवर्तन को सहायता करना और विवेक के आधार पर नैतिक जीवन का आचरण, इन बातों को अनिवार्य रूप में रखा गया है। विवेक व्यक्ति की स्वाभाविक प्रवृत्ति होने के बावजूद, उसका उपयोग करने में अधिकांश लोग टालमटोल करते हैं। 'यह मार्ग ही गलत है' ऐसा गला फाड़कर चिल्लानेवाले लोगों का गुट भी छोटा नहीं है। इसी कारण विवेकवाद का मार्ग अच्छा लेकिन कठिन और एकाकी है ऐसा दिखाई देता है। इसलिए विवेकवाद के अनुसरण का प्रयास किस प्रकार हो रहा है, उसका किन शक्तियों द्वारा विरोध हो रहा है, इन चुनौतियों का मुकाबला किस प्रकार हो सकता है, इसके लिए कौन-सा नया चिंतन और व्यूह रचना करनी होगी इसकी प्रस्तुति इस अधिवेशन में होगी। इसमें तीन अत्यधिक महत्त्वपूर्ण बातें हैं—आधुनिक आध्यात्मिक गुरुडम, धर्मनिरपेक्षता का नया आकलन एवं विवेकवादी आंदोलन के संभाव्य शक्ति स्रोत।

आधुनिक आध्यात्मिक गुरुडम और उन्हें मिलनेवाली मान्यता जनसामान्य को अचंभित करनेवाली और विवेकवादियों को चिंतित करनेवाली है। आजकल देश में भक्तों के सभी प्रश्नों पर पक्का और स्थायी इलाज बतानेवाले महाराज, स्वामी, आचार्यों की संख्या बढ़ती जा रही है। समाज के सभी स्तरों में अस्वस्थता और अस्थिरता है। गरीब, अमीर, स्त्री-पुरुष, देहाती-शहरी सभी संकट में हैं। जो अच्छी स्थिति में हैं, उन्हें वह स्थिति बनी रहेगी या नहीं इसकी चिंता और वे जो विलासिता भोग रहे हैं उन्हें उसके बारे में अपराधबोध है। दूसरी ओर भारतीय जनसंख्या के 7 से 10 प्रतिशत लोग कमोबेश मनोरुग्ण हैं और मनोचिकित्सकों की संख्या केवल कुछ हजारों में हैं। इन सभी को आध्यात्मिक बाबाओं का आधार उचित एवं सुखकर लगता है। एक बाबा ने कहा कि "भक्तों की भौतिक समस्याओं का निराकरण गुरु

ही करता है। वह उसका प्रारब्ध भी बदल देता है। जन्म-मृत्यु के फेरे से भी उसे मुक्त कर देता है और उसके विकार नष्ट कर उसकी नैतिक उन्नति करवाता है।" अब प्रत्यक्ष ईश्वर के काम ही गुरु करने लगे तो वह भगवान का सगुण साकार रूप ही बन जाता है। लेकिन यह सब इतना सहज सरल नहीं होता। अधिकतर बाबाओं के पास पैसा, प्रेस, नेता, गुंडे आदि की चौरंग सेना होती है। उनके इस रूप के शिकार होनेवाले दिग्गजों के नाम देखें तो बुद्धि भ्रमित होती है।

जनमानस में गुरु परंपरा का प्रभाव, पवित्र मानसिकता से शास्त्रीय संवाद करने वाले विशेषज्ञों की असाधारण कमी, राजनीति की मतपेटी पर इन बाबाओं का बढ़ने वाला दबाव और सामान्य जनता द्वारा संपूर्ण रूप से शरण जाने का स्वभाव, इन सबके विरोध की जंग लड़ें कैसे और जीतें कैसे, यह बड़ी चुनौती है। देश की आजादी के 60 साल पूर्ण होते समय एक नई और घातक मानसिक दासता की बेड़ियों में यहाँ का मनुष्य स्वखुशी से स्वयं को जकड़ता जा रहा है। इसका मुकाबला करना ही चाहिए।

समाज एवं प्रशासन में धर्मनिरपेक्षता का एहसास कैसे बने और इस एहसास का कौन-सा स्वरूप अपेक्षित है, यह विवेकवादी आंदोलन और देश की सामाजिकता का केंद्रीय मुद्दा है। विवेकवादी संगठनों के समक्ष धर्म का विवेकी आकलन कैसे किया जाए यह मूल प्रश्न है। व्यक्ति को होनेवाली धर्म पालन एवं उपासना की स्वतंत्रता, उसी के साथ सार्वजनिक स्वास्थ्य, नैतिकता, राष्ट्रीय एकात्मता, कानून एवं सुव्यवस्था, सामाजिक विकास एवं लोकमंगल, इनके लिए धर्म में हस्तक्षेप करने की सहूलियत, भारतीय संविधान की धर्मनिरपेक्षता को लेकर ठोस प्रस्तुति है। यह घटित होने हेतु लोगों के साथ संवाद आवश्यक है। इसे राजनेता टालते हैं। सुविधा के अनुसार अवसरवादी भूमिका लेते हैं। विवेकवादी आंदोलनों को धर्म अर्थहीन लगता है। इसलिए संवाद की आवश्यकता महसूस नहीं होती, कृति तो दूर ही। दूसरी ओर लोगों की धार्मिकता को राजनीति के लिए धर्मांध, कम-से-कम धर्म अभिनिवेशी बनाने की प्रकिया अखंड रूप से चल रही है। इससे जनता की धार्मिक मानसिकता की और उनकी चुनी हुई सरकार धर्मनिरपेक्ष है, ऐसी परिस्थिति तैयार होती है। जिस समय धर्मनिरपेक्षता की हामी देनेवाली यह राजसत्ता और प्रशासन ही धर्मांध बन जाता है, तब गुजरात में कुछ साल पहले जो घटित हुआ, वैसा वास्तव निर्माण होता है।

इस संबंध में विवेकवादी संगठनों की भूमिका से अलग सोच धर्म चिकित्सा के क्षेत्र में कृतिशील रह चुकी महाराष्ट्र की अंनिस रखती है। उसके अनुसार शोषण करनेवाले, इतना ही नहीं तो अवैज्ञानिक, अर्थहीन, काल से विसंगत ऐसे धर्म आचरण की चिकित्सा करें और जहाँ संभव हो सके वहाँ संघर्ष भी करें, यह स्वीकार ही है। जनता के प्रश्नों पर आंदोलन खड़े किए जाएँ तो उन जनआंदोलनों

से धर्म निरपेक्षता का आशय व्यवहार में कुछ आगे बढ़ता है, यह भी अनुभवजन्य है। लेकिन उससे धर्मनिरपेक्षता को जनाधार प्राप्त नहीं होता। इसके लिए ख्यातलब्ध विद्वान दि. के. बेडेकर जो कहते हैं उसके अनुसार कला, विज्ञान, तत्त्वज्ञान की तरह ही धर्म भी मनुष्य का स्वाभाविक आविष्कार है, इस भूमिका पर चिंतन करना होगा। यह आविष्कार स्वतंत्रता, समता, बंधुता से सुसंवाद करनेवाला हो तो धर्मनिरपेक्षता के अंग के रूप में स्वीकार करना चाहिए। एक ही परिवार के चार भाई चार धर्मों के हों, यह था महात्मा फुले का सपना, स्वयं को धर्मनिष्ठ सनातन हिंदू कहने के बावजूद जिनकी धर्मनिरपेक्षता पर सभी को विश्वास था वे थे महात्मा गांधी और उनका वर्तन और डॉ. बाबासाहब आंबेडकर का बुद्ध धर्म की ओर जाना, यह सब धर्मनिरपेक्षता का सबलीकरण ही माना जाए। यह अपेक्षा है कि उन्नीसवीं सदी के महाराष्ट्र में धार्मिक प्रबोधन के आंदोलन ने व्यक्ति की यात्रा ईश्वर केंद्रित धर्म से मानव केंद्रित धर्म तक ले आने का प्रयास किया। यह यात्रा कितनी उपयुक्त है इसका विचार भारत के विवेकवादी आंदोलनों के विचारमंथन से हो, ऐसी अपेक्षा है।

शिक्षा, प्रशासन और जनसंचार माध्यमों में आध्यात्मिक गुरुडम, धर्मांधता से मुकाबला करने की सामर्थ्य है। महत्त्वपूर्ण बात यह कि भारतीय संविधान में नागरिकों के कर्तव्यों में इनका उल्लेख होने से यह सभी की संवैधानिक जिम्मेदारी है। भारतीय संविधान में 'वैज्ञानिक दृष्टिकोण, चिकित्सक बुद्धि, सामाजिक सुधार और मानवतावाद का समर्थन' यह हर भारतीय का कर्तव्य बताया गया है। उपरोक्त तीनों शक्ति स्रोत इस संदर्भ में आग्रही भूमिका लें तो उल्लेखनीय परिवर्तन हो सकता है।

अकेले महाराष्ट्र में कुछ लाख अध्यापक हैं। उनके हाथों में संवेदनशील खिलते हुए मन हैं। शिक्षा के मूल तत्त्व और मूल्य शिक्षा में विवेकवाद, धर्मनिरपेक्षता का समावेश है। आधुनिक राष्ट्र निर्माण के लिए ये मूल्य आवश्यक हैं। अध्यापक वर्ग नौकरी में स्थिर एवं आर्थिक सुस्थिति में है। इन सभी से एक आशादायी चित्र सामने आता है। समिति का अनुभव यह बताता है कि स्वयंसेवी पद्धति से अध्यापकों को प्रशिक्षा दी जा सकती है और उससे उल्लेखनीय परिवर्तन होता है। जरूरत है सरकार की सामाजिक इच्छाशक्ति की। यह इच्छाशक्ति हो तो एक नया पैसा खर्च किए बगैर प्रभावी रूप में बदलाव हो सकता है। प्रशासन केवल शिक्षा के संबंध में ही नहीं तो कुल मिलाकर कितनी दृढ़ भूमिका लेगा इस पर विवेकवादी परिवर्तन की राह कितनी आसान होगी यह निर्धारित होगा। अत: प्रशासन की सर्वव्यापी यंत्रणा अधिक सजग होनी चाहिए। समस्याओं का विचार केवल खानापूर्ति के रूप में 'कानून-सुव्यवस्था' की दृष्टि से न करें। संविधान का आशय कौन प्रस्तुत कर रहा है और यह पोषित और तैयार न हो इसलिए कूटनीति से कौन ललकार रहा है, कौन भ्रम फैला रहा है, यह स्पष्ट ही होता है। इससे वैसे देखा जाए तो प्रशासन का काम अधिक कठिन नहीं होता। लेकिन यह अनुभव है कि प्रशासन का व्यवहार 'सब घोड़े बारह टके'

होता है। इसका फायदा परंपरावादियों को होता है और विवेकवादियों का नुकसान होता है। पुलिस अधिकारियों और वरिष्ठ सरकारी नौकरों की प्रशिक्षा में इन बातों का समावेश होना चाहिए। इसी के साथ कुछ अधिकारी स्वयं प्रेरणा से चौखट में रहकर प्रभावी रूप से काम करते हैं, उसको खारिज नहीं करना चाहिए। उसकी समझ होनी चाहिए। मीडिया तीसरी ऐसी प्रभावी शक्ति है कि जो इष्ट परिवर्तन करने में मदद कर सकता है। समाचार की पवित्रता रखने के साथ उसके पीछे के यथार्थ पर उचित दृष्टिकोण से प्रकाश डालने का कर्तव्य भी जनसंचार माध्यमों को निभाना चाहिए। इस स्वरूप के समग्र विचार मंथन से भारतीय स्तर पर विवेकवादी आंदोलन के सामने होनेवाली चुनौतियों को बेधने और उस संबंध में कृतिशील बनने हेतु दिशा मिलेगी, यह उम्मीद है।

✪✪✪